教师阅读

——浸润成长的力量

李桂荣 主编

中国文联出版社

图书在版编目（CIP）数据

教师阅读：浸润成长的力量 / 李桂荣主编. —北京：中国文联出版社，2023.6
ISBN 978-7-5190-5225-6

Ⅰ.①教… Ⅱ.①李… Ⅲ.①中小学—教师—阅读辅导 Ⅳ.①G635.12

中国国家版本馆CIP数据核字（2023）第119990号

主　　编	李桂荣
责任编辑	刘　旭
责任校对	秀点校对
装帧设计	刘贝贝　李　娜

出版发行	中国文联出版社有限公司
社　　址	北京市朝阳区农展馆南里10号　　邮编　100125
电　　话	010-85923025（发行部）　010-85923091（总编室）
经　　销	全国新华书店等
印　　刷	北京四海锦诚印刷技术有限公司

开　　本	710毫米×1000毫米　1/16
印　　张	17.25
字　　数	298千字
版　　次	2023年6月第1版第1次印刷
定　　价	58.00元

版权所有·侵权必究
如有印装质量问题，请与本社发行部联系调换

编委会

主 编：李桂荣

编 委：王晓葵　李玉萍　宋彦菊　梁千昭　曹卫振
　　　　侯建华　张志华　孙利革　王　利　孟现静

序言

在阅读与分享中持续成长

中原名师李桂荣老师主编的著作《教师阅读——浸润成长的力量》出版了,可喜可贺!这是李桂荣老师继《从阅读走向悦读——如何提升学生的阅读兴趣与能力》《让学生站在课堂中央》《让成长花开有声》等书之后的又一部著作,是"中原名师李桂荣小学语文工作室"的老师们在李桂荣老师的带领下阅读学习、交流分享的成长见证,也是学习成果的结晶。读书就要扎扎实实,不是为读而读,而是真读、真学、真用。"李桂荣名师工作室"的读书活动,为我们树立了老师集体读书的范例。

老师的专业发展有多条路径,其中阅读是必不可少的一种。阅读是让我们照见自己的重要方式,是促进自我反思的重要契机,是打破固定思维模式、重构自我发展目标的重要手段。

阅读方式有自读与共读两种。自读即个体根据需要自选书目、自由阅读的活动。共读是一群人在特定时间里,一起阅读同一本书的活动。这两种阅读方式在老师专业发展中都是需要的,也是必要的。在这本书里,我们既看到了老师们自读的成长,也看到了共读的成果。

自读可以根据个人的兴趣爱好、专业需要,随意为之;共读则往往是大家共同商定书目,或接受推荐书目,再在此基础上展开阅读。共读往往会有一定的条件约束与相关要求,比如多少人参与共读、读多长时间,读完后要不要写读书笔记、要不要阅读分享等。共读需要组织，而自读不用。这是共读与自读的一个重要区别。虽然，共读组织起来要费时费力，但共读具有自读所不具备的一些作用。

一方面，共读有助于同侪之间相互切磋、互学共长。《礼记·学记》云："独学而无友，则孤陋而寡闻。"一个人的苦思冥想，不如多个人的交流碰撞。学友们在相互切磋、共同探讨中，可以更好地释疑解惑、互相激发，从而更快地提升认识、开拓视野、增长智慧。

另一方面，共读有助于学习共同体、教研共同体的形成与发展。因为读相同的书，大家容易形成共同的教育理念，拥有共同的理论基础，具备共同的知识背景，形成共同的话语体系，从而凝聚成强有力的学习共同体、教研共同体。而这样的共同体反过来又有助于促进个体的成长，同时完成个体所不能完成的任务，造就出集体才能创造的成果。

共读对书籍是有要求的。自读时，自己想读什么就读什么，随己意而定；而共读的书籍，一般是经典著作，即在某一领域受到广泛认可并经过时间检验的作品。经典是高智慧、高能量的著作，经典具有穿越时空的力量。经典著作才值得大家精读、反复咀嚼，经典著作才有助于从中汲取高质量的精神营养。这本书里，老师们共读的叶圣陶的《叶圣陶语文教育论集》、苏霍姆林斯基的《给教师的建议》、卡尔维诺的《为什么读经典》等书籍就是经典作品，值得反复阅读，切己体察，实践运用。

当然，共读也并非只读经典著作，有些新书，内容合适，也可共读。毕竟，"经典与前沿相结合"是读书的一条基本原则。新书一般代表了学术研究、学科发展的前沿。通过阅读新书，可以使我们尽快地把握学术前沿，掌握最新的理论，接受最新的知识，形成新思想、新观念，从而跟上发展的步伐，并在研究与实践中不断开拓创新。老师们共读的《给教师的阅读建议》《从阅读走向悦读——如何提升学生的阅读兴趣与能力》《让学生站在课堂中央》《第56号教室的奇迹——让孩子变成爱学习的天使》等著作，就有助于学习新思想、新理念，借鉴他人的好经验、好做法，从而丰富自己，不断发展创新。

共读有不同的方式，常见的有以下三种。

一种是只共读不交流，即只规定共读的书目，大家各自阅读同一本书，读后不组织阅读者交流。它的好处是给了阅读者最大的自由，但共读效果仅仅取决于阅读者个人感悟，由于没有交流，难以了解其他阅读者的见解，共读效果往往大打折扣。

一种是分散阅读，共同交流，即在各自阅读同一本书的基础上，共读者之间展开交流。它的好处是，各自阅读比较自由，可以自由安排阅读的时空；不足是共同交流的时间有限，有时难以达到充分交流、深度交流的效果。

还有一种是同步阅读，即时交流，即共读者在同一时段里，集中在一起，选取书中的某些章节，一起阅读，一起交流。这种方式适用于对某些章节内容进行精读。它的好处是，可以在集中时间里，对某些内容进行深度解读，达到深入认识的目的；不足在于需要各位阅读者，同时间，甚至同空间出现，协调难度比较大，而且一般需要多次共读，才能读完一本书。

一般情况下，人们多采取后两种共读方式，因为它们往往能够取得更好的共读效果。

阅读的交流分享也有不同方式：书面交流与言语交流，言语交流又分为线上交流与现场交流等。交流分享还可分为单纯分享与问题研讨。单纯分享就是各自发表完自己的感受、见解就结束，分享者之间不再对某些问题，或某个话题，展开进一步深入交流与探讨。交流的效果除了取决于分享者分享的质量，还取决于聆听者的自我感悟。问题研讨则是大家围绕某一话题或问题各抒己见，如有疑惑则互相探讨、辩论，进行充分而深入的互动，从而促进认识深化，达到深度学习之目的。问题研讨型的交流有助于深度参与、深度交流，往往给人以深刻的印象，同时有助于释疑解惑，解决问题。不论哪种分享，都指向一个共同的目标：促进教师的成长。

教师的阅读可以如此的丰富多彩，丰富的内容、多彩的方式、多样的形式，需要在阅读实践中落地开花。李桂荣老师主编的这本书就是一本将老师阅读落地开花的书。从书中可以看出，他们有丰富的阅读内容，运用了共读与自读的阅读方式、书面分享与读书交流会等交流形式，为我们提供了教师共读与自读的样例，为组织教师阅读、促进教师阅读，提供了很好的榜样。

不仅如此，阅读本书过程中，我们还可以感受到老师们在阅读中找到知音的喜悦，在交流中受到启发的激动，体会到阅读与分享带来的成长的快乐。由此，我们也享受到阅读本书的快乐。

在阅读与分享中持续成长，我们将会遇到更好的自己，更好的同伴，更好的未来。

愿大家多读书，读好书，多分享，同成长！

李冲锋

2022年12月23日晚于六楼居

目 录

第一辑
阅读，过一种幸福而完整的教育生活
——读《给教师的建议》

阅读启智，书香醉心 / 孙利革 …………………………………… 2
阅读·成长·做人 / 宋彦菊 …………………………………… 6
《给教师的建议》二三思 / 杨文娟 …………………………… 10
做一个有情怀有智慧的教师 / 彭芳慧 ………………………… 15
与苏霍姆林斯基对话 / 唐瑞锦 ………………………………… 19
书香致远，奋力前行 / 周 杰 ………………………………… 23
慢慢地陪着你走 / 赵 娟 ……………………………………… 26
眼中有学生，心中有目标 / 武雪君 …………………………… 29
"学困生"转化的思与行 / 孟现静 …………………………… 32
读课外书，把世界打开 / 李桂荣 ……………………………… 37

第二辑
阅读，语文教师的必修课
——读《叶圣陶语文教育论集》

学习叶圣陶先生做语文教师 / 梁千昭 ………………………… 42
阅读经典 常读常新 / 崔菁蕾 ………………………………… 45

与书籍同行，促教师成长 / 董小莉 …………………………… 47
读写相融　相得益彰 / 董小莉 …………………………………… 50
跟着叶老学教语文 / 杨玉莹 ……………………………………… 53
做学生的引路人 / 罗宏钟 ………………………………………… 55

第三辑
阅读，让思想去远行
——读《第56号教室的奇迹——让孩子变成爱学习的天使》

众里寻他千百度，知音却在灯火阑珊处 / 曹卫振 ……………… 60
走进经典　向暖而行 / 王淑兰 …………………………………… 65
小教室，大容量 / 袁登芳 ………………………………………… 69
让孩子成为爱学习的天使 / 付荣华 ……………………………… 73
做一个生动的人 / 陆俊 …………………………………………… 77
真爱的力量 / 张志华 ……………………………………………… 80
我们，还可以做得更好 / 赵娟 …………………………………… 82
爱心创造奇迹 / 张艳霞 …………………………………………… 86

第四辑
阅读，遇见更好的自己
——读《给教师的阅读建议》

爱阅读，爱写作，爱教书 / 侯建华 ……………………………… 90
阅读，让教师的生命走向美好 / 李彩云 ………………………… 93
好书润泽心灵　美文促进成长 / 王峥 …………………………… 96
选择过一种阅读的生活 / 宋彦菊 ………………………………… 101
让读书像呼吸一样自然 / 程建红 ………………………………… 105
在阅读中学会阅读 / 杨艳云 ……………………………………… 107

阅读，生命中最重要的遇见 / 周 杰 …………………………… 111
好书不妨重读 / 李桂荣 …………………………………………… 114

第五辑
阅读，做孩子的点灯人
——读《从阅读走向悦读——如何提升学生的阅读兴趣与能力》

悦读，一件美妙的事 / 王晓葵 …………………………………… 120
阅读悦美 / 尚淑丽 ………………………………………………… 125
阅读启迪智慧 / 孟现静 …………………………………………… 128
激发兴趣 快乐写话 / 庞自娟 …………………………………… 131
让读书成为一件美好的事 / 李玉萍 ……………………………… 134
做孩子的点灯人 / 司培宁 ………………………………………… 138
让孩子爱上阅读，必须要正确引导 / 张清杰 …………………… 143
书香润心灵 / 支俊花 ……………………………………………… 145
不畏任重求童趣，飒沓诗书生浩气 / 张志华 …………………… 148
阅读，智慧的源泉 / 武晓娜 ……………………………………… 150

第六辑
阅读，走向未来的基石
——读《让学生站在课堂中央》

书，指引前进的方向 / 王 利 …………………………………… 154
让课堂更闪亮 / 司培宁 …………………………………………… 156
你在课堂中央 / 杨文娟 …………………………………………… 160
把课堂还给学生 / 宋彦菊 ………………………………………… 163
C位出镜，唤醒潜能 / 任中娜 …………………………………… 166
那方舞台，你最闪亮 / 闫昱臻 …………………………………… 170

让课堂充满情趣 / 彭芳慧 ………………………………… 173
聚焦素养，回归本真 / 梁千昭 …………………………… 176
做卓越教师，创智慧课堂 / 杨玉莹 ……………………… 178

第七辑
阅读，让教育充满爱的情怀
——自读书目

多一把尺子量学生 / 李玉萍 ……………………………… 182
重读陶行知，坚守精神的家园 / 杨艳云 ………………… 185
让教育充满爱的情怀 / 武雪君 …………………………… 189
用爱做教育，用心立德行 / 王淑兰 ……………………… 191
有效的鼓励 / 程建红 ……………………………………… 194
做一个"三心"班主任 / 鲁慧霞 ………………………… 198
和孩子一起读 / 李桂荣 …………………………………… 201

第八辑
阅读，向下扎根向上生长
——自读书目

上有灵魂的课 / 董小莉 …………………………………… 206
抓语文要素，寻最佳路径 / 付荣华 ……………………… 210
最好的教育是学生自主成长 / 尚淑丽 …………………… 214
刻意练习，向善向上 / 王　峥 …………………………… 216
爱如空气 / 侯建华 ………………………………………… 219
阅读，最好的备课 / 王晓葵 ……………………………… 221
为什么要多读"无用"的书？ / 李桂荣 ………………… 223

第九辑
阅读，为了更好地选择
——李桂荣名师工作室读书交流活动掠影

努力做一个学生喜欢的老师
　　——《做一个学生喜欢的老师——我的为师之道》读书交流会 / 尚淑丽 … 228
假日里，与书共舞
　　——《为什么读经典》读书交流会 / 王 利 ………………………… 233
相约百年华诞，共赴研究之路
　　——《教师如何做课题》读书交流会 / 尚淑丽 …………………… 237
让课堂发声，让学习发生
　　——《让课堂说话——朱煜阅读教学策略与实践》阅读分享会 / 闫昱臻 … 239
聊聊"悦读"的那些事
　　——《从阅读走向悦读——如何提升学生的阅读兴趣与能力》
　　　读书交流会 / 李玉萍 ……………………………………………… 241
寻求通向"明师"之道
　　——《名师的起跑线——做好"明师"的五项修炼》读书交流会 / 司培宁 … 245
低年级学生自主教育的策略探究
　　——《孩子，你自己来——低年级学生自主教育策略探究》
　　　读书交流会 / 彭芳慧 ……………………………………………… 248
畅所欲言谈习作，更新理念促教学
　　——《教你发现语言密码——小学生习作提升招招鲜》读书交流会 / 唐瑞锦 … 251
享受绘本阅读，快乐与我同行
　　——《绘本课程这样做》读书交流会 / 闫昱臻 …………………… 254

后　记 ……………………………………………………………………… 258

第一辑

阅读，
过一种幸福而完整的教育生活

——读《给教师的建议》

　　阅读启智，书香醉心。阅读苏霍姆林斯基的《给教师的建议》这本书，就会真正明白为什么它会成为"鲜活的"教育经典。读着苏霍姆林斯基的教育箴言，循着苏霍姆林斯基的教育足迹，我们也在书写着自己的教育故事：陪伴学生阅读，我们看到了"春暖花开"；一次次耐心等待，我们惊喜地发现潜能生在悄然改变；一项项校园活动的淬炼，学生的综合能力得到提升；坚持每日劳动，学生逐渐拥有了责任意识；在教育教学中遇到的一个个困难，也在阅读中迎刃而解。读书丰盈了我们的大脑，涵养了我们的性情，启迪了我们的智慧。阅读改变了我们的生活，使我们的教育生活幸福而完整。

阅读启智，书香醉心

濮阳市实验小学　孙利革

一本好书能启迪人的智慧，荡涤人的心灵。我觉得苏霍姆林斯基的《给教师的建议》这部教育经典就是这样的一本好书。我反复品读了很多遍，还把100条建议全部录制成了音频。它仿佛是我的一面镜子，时刻映照着我；它又像是我的导师，时刻给我以指引，不知不觉中已成为自己教育生活不可或缺的一部分。

一、砺炼"淘金术"

苏霍姆林斯基在《给教师的建议》第6条"谈谈对'后进生'的工作"中，讲述了费佳的故事，这个故事一直感动着我。我感动于苏霍姆林斯基对于学生的不放弃，感动于阅读给费佳的人生带来的转变。费佳在上三年级时是一名后进生，他遇到的最大障碍是算术应用题和乘法表。用苏霍姆林斯基的话说：

这孩子简直是来不及记住应用题的条件，在他的意识里，来不及形成关于作为条件的依据的那些事物和现象的表象，当他的思想刚刚要转向另一件事物的时候，却又忘记了前一件事物。

这样的孩子或许教师都遇到过，也或许是非常头疼甚至不想管的孩子，但是苏霍姆林斯基用他博大的教育情怀改变了费佳的一生。

苏霍姆林斯基为这样的孩子专门编了一本特别的习题集，他在编辑习题集的时候，有意避开了后进生的短处，特别关注培养学生的智力发展。起初他们只是简单地读读这些习题，就像读有趣的故事一样，他并不对学生做过高的要求。渐渐地，费佳对这些故事有了兴趣，不久，他就明白了，这些故事就是习题，这一发现成为他人生最大的转折点。后来，在苏霍姆林斯基的帮助下解答了一些简单的题目。从此，解除了畏难感的他开始整天抱着那本习题集，每天研究，每天解题，而且还有了自己的解题的方法，这多么让人欣喜！

苏霍姆林斯基还给费佳搜集了一套专门供他阅读的书籍，这些书和小册子有些是跟课堂上所教内容有直接联系的，另一些书虽然没有直接的联系，但是也能提升他的智力。大量的阅读带来了奇迹，费佳的数学成绩不仅赶上来了，还对物理产生了兴趣。他读的书越来越多，书让他有了成就感。此后，在学习上，他每一次遇到的困难都是靠阅读来克服的。

从费佳的例子能够感受到阅读的力量，也就是苏霍姆林斯基在《给教师的建议》第5条里提出的第二套教学大纲——为学生创造智力背景的阅读。我的身边也不乏费佳一样的学生，我只是知道一味地为他补课、补课、再补课，付出了很多，虽也有一些成效，但收效甚微。看了苏霍姆林斯基教育费佳的例子之后，才发觉我的补课只不过是暂时解决了孩子的困惑，从长远看很不利于学生的发展。

教育之路漫漫，对于这些"难啃的硬骨头"，循着苏霍姆林斯基的足迹，我要砺炼自己的"淘金术"，期待自己能像苏霍姆林斯基一样淘出费佳这样的"金子"来！

二、思考和识记知识之母——观察

苏霍姆林斯基在《给教师的建议》第17条指出："请你教给学生观察和看见周围世界的各种现象吧。"

我特别赞同苏霍姆林斯基的观点。

如果说复习是学习之母，那么观察就是思考和识记知识之母。学生在观察中不仅能习得知识，还可以使学生的旧知识运用到生活中，让学生的旧知识变得更加牢固，从而促进学生的智力发展。

苏霍姆林斯基指出：在低年级，观察对于儿童是必不可少的，正如阳光、空气、水分，对植物来说必不可少是一样的。

所以，他在教小学生的时候，把观察作为平时教学的一门课程，定期带领学生到大自然中，教学生如何观察和发现，然后让学生通过自己学过的词表达出来。读到这，在大循环教学中目前正处于低学段教学的我，如醍醐灌顶。教会学生观察是我需要努力的目标。学生只有在低年级进行了观察力的训练，才能学会区分理解的和不理解的东西，而最重要的是，他们能够对词的运用拥有积极的态度，还能从学生那里听到许多出乎意料的哲理性的问题。

教高年级时，我常常抱怨学生不留心观察生活，导致作文写得一塌糊涂。认真想想，问题出在哪儿？我们只是在口头上提醒学生要留心观察生活，但是我们并没有具体地教学生怎样去观察。学生对观察这个概念是很模糊的，更不知道怎样去观察。所以，在低年级的观察训练，是学生智力发展必不可少的条件。反观我多年的教育教学，我也没有把观察看作一种积极的智力活动以及发展智力的途径，而是把观察肤浅地放在口头上，或者说急需完成某项任务的时候才会提醒学生去观察，并没有把观察作为一门课程长期坚持去做。

在以后的教学中，我会把观察作为一门课程扎扎实实去训练，教会学生观察，让观察真正成为学生思考和识记知识之母。

三、家长的智力兴趣决定孩子智慧

苏霍姆林斯基在《给教师的建议》第31条中指出：在教一年级之前，至少必须对每个儿童的思维进行一年的研究，只有在这个条件下，才能对一年级的教学工作有充分的准备。

这对于刚刚教过一年级的我来说，觉得确实很有必要。苏霍姆林斯基指出：在研究中教师应该了解每一个未来的学生，那么怎么才算了解呢？首先就是了解他的健康状况。这个健康不仅指身体的健康，还指心理的健康。在了解健康状况的同时，最重要的是要了解清楚家庭中的相互关系是否有利于预防疾患，或者说在儿童由于某种原因已经有病的情况下，是否有利于儿童身体的康复。儿童的神经系统和心脏的健康状况与家庭情况的关系特别密切，那些在叫骂、训斥、无情对待、互不信任、受到侮辱的环境下长大的孩子，是特别难教育的，这种儿童处于焦躁不安的状态，很容易疲劳。

对于这样的孩子，我深有感触。原来我带的班的小昌就是属于这种特别难教育的孩子。上学想上就上，不想上就不上。与家长沟通后发现，原来是因为孩子得不到父亲对他的爱，才导致他今天的为所欲为。当然还有很大一方面的原因是家长的智力引导不到位，孩子在上幼儿园的时候，一哭闹，家长就给予孩子一个手机，任由孩子去摆弄，以此来抑制孩子的哭闹，久而久之，孩子就迷上了手机，迷上了手机游戏，导致现在沉迷其中而不能自拔。家长到现在已经是手足无措了，再改掉这个恶习真的是难上加难。

因此，苏霍姆林斯基建议孩子入学一年级之前，就应该做好学前教育，把父母召集起来，进行专业培训，父母不仅要创造有利孩子身心发展的家庭环境，还要创造孩子智力兴趣发展的有利环境。这一建议，作为老师也是家长的我也很受启发，我的儿子也是刚经历了一年级，在孩子的教育过程中，家庭环境的影响确实不可小觑。让书籍成为我们家庭生活的主题，同时让我们一同创造积极的智力兴趣，引导孩子智慧发展。

阅读开启了我的教育智慧之门，弥漫在心间的阵阵书香，让我对教育深深迷恋。这本宝藏书籍也会一直引领我智慧向前。

阅读·成长·做人

濮阳市实验小学　宋彦菊

苏霍姆林斯基的《给教师的建议》是一本放在枕边的书，只要有时间，我便会随时翻阅，厚厚的书上，到处留有批画的圈圈点点，而圈点最多的是和阅读有关的经典语句。这些天再次认真品读这本书，每每读到这些经典的语句仍然心潮澎湃，感慨良多。

怎样进行这种准备呢（准备一节课）？这就是读书，每天不间断地读书，跟书籍结下终生的友谊。

如果你想有更多的空闲时间，不至于把备课变成单调乏味的死抠教科书，那你就要读学术著作。

——《教师的时间从哪里来？一昼夜只有24小时》

对于上课，从走上讲台的第一天起，我还真没有害怕过。就算是刚刚毕业，18岁的我给十五六岁的学生上化学课也没有一丝怯场，我总是信心满满地和学生一起走进知识的殿堂。为什么对自己充满了信心？因为我备好了课呀。记得毕业后，领导让我这个师范生带毕业班的化学课，什么？毕业班？化学？我这个刚刚师范毕业的学生很是措手不及，赶紧推脱。可领导说学校唯一教化学的教师被调走了，而我是那年分过去的唯一的化学教师，只好让我教了。这不是赶鸭子上架吗？我这只"鸭子"迫于无奈只好勉强"上架"。领了一本教材和一本教学参考书，回到宿舍兼办公室，我迅速把教材从头到尾认真阅读了一遍，先把知识点做到心中有数，再认真阅读一遍教材，对整册教材就有了全面把握，接下来，又细致地解读教学参考书。虽然对化学教材内容有了大致把握，但要上好每一节课，我还是不能做到心中有数。好在离正式上课还有一周的时间，我还有时间阅读跟化学有关的内容。于是我跑到乡一中（我在乡四中教学），找到教了20多年化学的韩老师请教，从韩老师那儿借来好几本有关的书。接下来的一周，我白天黑夜地啃那些我并不太好懂的专业知识，背那些生涩的专业术语，并根据韩老师的指导写出了我的第一个教学设计，并牢牢地记在了心里。

我知道，能不能让学生喜欢上我，我的第一节课至关重要。上课铃响后，我只拿着一本教材进了教室。师生问好后，我没有看一眼教材，而是和学生聊化学的神奇，聊化学的有趣，聊化学和生活的关系。就这样，45分钟不知不觉地过去了，我分明看到学生百分之百地参与了课堂，他们的眼睛里闪烁的是好奇的光芒。下课后，一大群女生围了过来，喊喊喳喳地问这问那，而男生则站在外圈对我指指点点。我知道，我的开头过关了，我抓住了学生的心。接下来一年的化学课，我一边学，一边教，上得还算顺利。这使我深深懂得，都是阅读给我带来的开门红，从此我更是和书结下了不解之缘，和书结下了终生的友谊。

只有每天不断地补充自己的科学知识，你才有可能在讲课的过程中看到学生们的脑力劳动：占据你的注意中心的将不是关心教材内容的思考，而是对于你的学生思维情况的关心……

教育——这首先是关心备至地、深思熟虑地、小心翼翼地去触及年轻的心灵。要掌握这一门艺术，就必须多读书、多思考。你读过的每一本书，都应当好比是在你的教育车间里增添了一件新的精致的工具。

——《给刚参加学校工作的教师的几点建议》

在农村中学待了5年，我被调入了濮阳市实验小学，教毕业班语文课。这所学校是全市基础教育的一面旗帜，这里汇聚的是教育的精英，正如我们的老校长给老师们开会时说的："别说你是一匹良马，能到这里来的都是骆驼。"而初生牛犊不怕虎的我，仍然带着刚刚踏上工作岗位时的那份自信踏上了实验小学的讲台，但是很快我就败下阵来。市里的孩子见多识广，知识面丰富，思维灵活，而且小学生比中学生更多了一些调皮，单靠我掌握的那一点点知识已经不够用了。但我明白，我现在需要的是马上阅读，阅读有关小学教育的专业知识。于是我边教学，边向学生请教以前的语文老师怎么给他们上课，边利用业余时间开始大量地阅读，《教育学》《心理学》再次放在了案头床头，《小学语文教师》《小学语文教学》《青年教师》等学校图书室里的杂志我每期都看。就这样，边揣摩边行走，尽管有些磕磕绊绊，但总算较为顺利地完成了我在实验小学第一年的教学任务，而且领导还比较满意，又让我接了一个毕业班。我不敢怠慢，暑假里就开始备课，除了阅读跟教材有关的知识，我还利用暑假里充足的时间这一得天独厚的条件，阅读了不少文学书籍，丰富我的文学底蕴。这样，第二年的教学和第一年相比，就顺利多了，而且学生的成绩也稳步前进。我再次深深地明白了，阅读对于一个教师的成长是多么重要。

如今，我已经在实验小学这块肥沃的土壤中扎下了根，我成了学生喜欢的教师。给学生上课的时候，我考虑最多的不再是我的教学设计的每一句话，而是我的学生听课的状态，我怎样根据学生的听课状态随时调整我的教学方向。而这根基来源于我每天不间断地阅读。作为一个教师家庭、工薪阶层，我们并不富裕。80多平方米的居室里，没有高档家具，甚至在买房的10多年时间内，连地板砖都没有铺设……唯一令我自豪的是装满了书籍的一面墙书橱，好像满橱的知识放射着耀眼的光芒，照亮了整个房间。

"教学相长"是一条不变的教学规律，其实，在阅读中成长，更是一条千古不变的良训。

真正的阅读能够吸引学生的理智和心灵，激起他对世界和对自己的深思，迫使他认识自己和思考自己的未来……

我坚定地认为，青少年中间发生的那些日益使社会感到不安的不良现象——酗酒、流氓行为、毫无意义地浪费时间等，产生这些东西的最重要的原因，就在于学生在上学时代里，他们的智力兴趣就很狭窄和空虚，而在毕业之后，这种精神生活的空虚、狭窄和局限性就更加严重起来了。

——《"思考之室"——我们的阅览室》

苏霍姆林斯基把阅览室称为"思考之室"，阅读之重要可见一斑呀。哦，原来是这样：我们给阅览室起了这样一个名称，是为了强调表现书籍巨大的精神力量。是啊，书籍给读者带来的绝不只是积累了一些词语句子，绝不只是提高了写作能力，绝不只是开阔了视野，更重要的是能给人以巨大的精神力量。近些年青少年犯罪现象屡见不鲜，而追根究底，往往是他们在家庭中缺乏家长的关心，因为习惯不好，在学校又缺乏教师的关注，因此，他们感受不到学习生活的乐趣，没有奋斗目标，久而久之，便走向了犯罪的边缘。

要减少这种现象发生，需要家长、老师从小给他们以正确的引导，而引导的一个不可忽视的方法，就是让孩子从小就爱上阅读，让书籍滋养孩子的心灵。正如苏霍姆林斯基接下来说的那样：

只有当一个人在上学年代里就爱上书籍，学会从书籍里认识周围世界和认识自己的时候，他在毕业后的自我教育才有可能。如果在学校年代里没有打下这个自我教育的基础，如果一个人在走出校门后不知阅读为何物，或者只局限于那些侦探小说，那么他的精神世界就是粗鲁的，他就会到那种毫无人性的地方去寻找刺激性的满足。

一个从小生活在书籍中的孩子，他的家庭生活一定是幸福的、温馨的，因为只有爱读书的父母才能熏陶出爱读书的孩子，爱读书的父母一定是善于经营温馨小家的好父母。有了温馨的家庭氛围，有了阅读润泽心智，孩子怎么可能思想空虚？怎么可能无所事事？怎么可能走向犯罪？

一个从小生活在阅读中的孩子，他一定从书籍中汲取了丰富的营养，分得清什么是真善美，什么是假恶丑，必定有崇高的理想，有明确的奋斗目标。这样的孩子每天都有很多事情要做，有很多书要读，哪里有时间去做一些低俗的事？

必须教给学生读书，教他在读书的同时认识自己，教他从书籍里受到教育，并且生活在书籍的世界里，追求思想的美，享受文化的财富，使自己变得更加高尚。

如果年轻人都能做一个读书人，享受阅读带来的快乐，让书籍中丰富的营养润泽心灵，也许，我们的社会目前还不能对付的许多棘手问题就会迎刃而解。

所以，老师们，带领学生读书吧；家长们，和孩子一起读书吧；孩子们，让阅读伴随你一生吧！

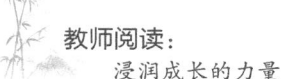

《给教师的建议》二三思

濮阳市实验小学　杨文娟

第一次见到"苏霍姆林斯基"这个名字，还是在准备招教考试的时候。非师范专业出身的我那时正在为记住各类派系不同的教育家们而费尽脑汁。《给教师的建议》在当时的我看来不过是无数本晦涩难懂的教育理论书籍之一，记住它或许能使那渴盼至极的分数高一点。真正揭开面纱开始阅读这本书，却是在走上教师岗位之后。

小时候，"教师"这个职业在我眼中是有层层滤镜的：老师们是那么的优雅、自在，课堂上几句点拨就可以让学生学到无穷的知识，作业随批几笔就能挑出我们的问题所在……真正走上教师岗位后，我才发现原本以为单纯的"教书育人"比起小说中西天取经难度不差几分，初入教育之路可谓是万壑千岩，焦虑、彷徨、不知所措……

每每翻阅《给教师的建议》，焦躁不安的我就进入了一个安静祥和的世界，那里鸟语花香，无忧无虑，连空气中都洋溢着甜甜的味道。这本书的构建主要来自与年轻老师们几百次的会面与谈话，几千封困惑不解的信件，出自深耕教育、博爱胸襟的苏联教育家苏霍姆林斯基之手。翻开这本书，就好像是一位智慧老人，春风化雨般，轻拍着我的肩膀，和蔼地为我指点迷津。渐渐地，读得多了，我总愿亲切地称他为"苏老"。后来，每当我有了问题，总想听"苏老"给我讲一讲。这不仅是一座充满教育经验的宝库，更是指导教师的"百科全书"。正是有这本《给教师的建议》，才使我虽感万难，却依然坚定地走到了今天。

一、做笃学不倦的能量源

对我们的学生进行言传身教，不是机械性地把知识从自己的头脑中搬到我们所教的人的头脑中去。时刻不要忘记，我们帮助别人认识周围世界时，我们自己也作为最重要的因素呈现于他的智慧和心灵面前。

——《给教师的建议》

人人都说："要给学生一杯水，教师要有一桶水。"教师的学识是学生无穷无尽的财富，而这宝贵财富的积累，并不是一朝一夕就可以完成的，也不是哪年哪月就到了尽头的。我常常向朋友"诉苦"："当了教师以后，才发现我以前学会的和现在需要用到的相比，真是九牛一毛！如果当年学习有现在这个劲头，何愁不进211、985。"

桶水之源，取于百川。作为教师要读的书太多太多，教育理论、教材解读、教学设计、学习活动设计、作业指导、阅读指导、班级管理、儿童心理、名著经典等，此外还要有不同程度的天文、地理、历史、政治等角度书籍涉猎。虽然要读的书种类繁多，但正是这些专业的阅读、广泛的阅读让教师的视野走向开阔与丰富，能以一个智慧之师的形象立于学生面前。作为教师，要让学生有所崇拜，只有这样，才会激发学生亲师、向师。同时学生的成长是需要榜样的，而我们教师就是学生身边最易长成的模样。

人们常说，孩子是家长的复印件，可是也不要忘了，学生也是教师的镜子呀！说到这里不禁想起自己的座右铭：要把学生造就成什么人，自我就应当是什么人。我们教给学生的不仅仅是书本上的知识，更有在未来人生中做事的原则，做人的态度，积攒与社会和谐相处的能量。

近年来，不时会看到一些孩子不堪学习或家庭、环境的压力，做出了令人悲痛的选择。为什么在面对这些时，学生会如此脆弱？究其原因，是缺少能量支撑，被负面情绪击溃。这种能量是面对困难的正确心态、解决问题的实际能力以及对美好生活坚定不移的信念。

我们要做一个自身充满能力的教师，这样才能向学生传递出积极、乐观的讯息，而积极、乐观正是我们生活中精神力量永不枯竭的源泉。作为教师，面对学生要心怀善意，面对生活工作要心怀美好，我们在为学生遮风挡雨的同时也要不竭地引导学生勇敢地成为能够遮风挡雨的人。

笃学不倦，我们要用书籍、智慧和信念征服儿童的心灵。

二、做持之以恒的记录者

> 我建议每一位教师都来写教师日记。教师日记并不是什么对它提出某些格式要求的官方文献，而是一种个人的随笔记录，在日常工作中就可以记。这些记录是思考的源泉。
>
> ——《给教师的建议》

写什么好呢？话题太小了，好像不值得记录。话题大了吧，简单的记录又好像衬不起这个选题。归根究底，就是思虑过重。教学反思可以记，听课感想可以记，家校沟通可以记，班级事务处理可以记……无论是颇为自得的体验，还是饱受挫折的经历；无论是琐碎的小事，还是精彩的活动，都可以成为日记的主角。

回想起初入实小，学校专门建立的"长成骆驼"群就是为了给我们青年教师反思、交流用的。说实话，起初感觉到压力很大。由于刚刚接触新的岗位，每天能按照要求完成既定任务都已经非常艰难，回到家以后直接累得瘫在床上，直接入睡，更不要提再对当天的工作认真反思记录了。有时一天的工作错综复杂，千头万绪，想要说点什么，却抓不住着力点，更不能进行深刻的反思总结，感觉内容意义分量严重不足。一篇篇观察日记如雨后春笋：今天某某听课状态好，要想办法帮他保持；某某的衣服不太整洁，要对他进行卫生教育；某某的作业错误太多，要帮助他培养良好的作业习惯……这些教育中如萤火般再小不过的点，都可以引发我们对教育的思考。虽然现在每班是五六十名学生，但是一天一个，就这样观察下来，记录下来，日积月累，将这些材料比较提炼，也是一件很有趣的事。

不过，记日记最关键的还是要持之以恒。一时兴起洋洋洒洒几千字，一段拖拖拉拉，三五天也不见两句话，这样的做法是不可取的。不用给自己强加压力，要达到多少字以上，能记录自己的核心想法即可。我还特意在旁边留下位置，为以后做"批注"用。也许在不同时期，对同一问题，我的看法却不再相同了，并且这些零零碎碎的小文字也许在不经意间就会派上大用场。

总之，不要把这当成负担，点滴观察，细心记录。未必每每都能得到教育启示，总结出怎样高明的教育心得。但是，教育留痕，记录心声，苔如米小，终将花开。

三、做快乐王国的缔造者

要让学校成为快乐的王国，不仅需要靠大量的书籍，还需要靠组织活动，靠示范，靠集体劳动来安排使学生入迷的事，从而发展他们的思维，丰富他们的知识和技能，激发他们的情趣。

——《给教师的建议》

如果问我小学阶段学了哪些知识、上了哪些课，说实话我已模糊不清。但如果问我在上小学时参加过哪些活动，"歌咏比赛""六一儿童节演出"等就会浮现在我的脑海。可见校园活动给人的印象多么深刻。至今每当有人夸我上台不怯场、落落大方时，我都要感谢那些曾经帮助我锻炼、给予我自信、陪伴我成长的活动历练。

只有你想不到的，没有实验小学做不到的，实验小学真的会给你提供实现梦想的舞台。《给教师的建议》中所提到的让学校成为快乐王国的方法在这里从书面走向了现实。"校园吉尼斯""新时代好少年""水韵少年开讲了"……一个个活动应接不暇，一批批少年发光出彩，一棵棵小树茁壮成长。

其中通过阅读和活动，让学校变为快乐的王国，在学校教育戏剧展演活动中体现得淋漓尽致。这是一场由学生自己精心打造的视觉盛宴，学生在这个特别的节日里共享才艺空间，在实验小学的舞台上绽放属于自己的精彩。

我们带领学生编写剧本、认真排练、制作道具、设计场景，不惜牺牲一次又一次的休息时间，见证了一个又一个晨曦与星光的交替。展演中，一出出戏剧精彩纷呈，一幕幕表演高潮迭起，一阵阵掌声震耳欲聋。舞台上，小演员们倾心投入，一个个动作惟妙惟肖，一个个表情鲜活生动，一个个场景震撼非凡。舞台下，小观众们目不转睛，时而捧腹大笑、乐不可支，时而屏住呼吸、凝神深思……

在我们班这个小王国中，我总是竭尽全力地为学生营造轻松、舒适的氛围：开学惊喜小礼物的等候，期末考试或者公开课后的录抖音庆祝，六一教室观影会过一把在学校敞开吃零食的瘾，砸金蛋、扑克牌抽零食等，看着学生满脸的笑容，我觉得自己也是一名快乐无忧的小学生，竟也意外地弥补了自己单调无味的小学生涯的遗憾。

像这样的感慨还有很多很多。这样有意义的活动给学生带来的不仅仅是难忘的童年记忆，更有参与的快乐、能力的提升和品质的培养。这不正是作为教师所希望的吗？

做一个有情怀有智慧的教师

濮阳市实验小学　彭芳慧

我向一年级学生和毕业生提出我最终的愿望：在回忆起学校的铃声和你的课桌时，在回忆起教科书和肃静的课堂时，要让那激动和崇敬的感情一辈子保留在你的心里。在长大成人之后路过学校时，你们要摘下帽子，带着爱恋和感激的深情，怀念在学校里度过的岁月。

——《跟苏霍姆林斯基学当老师》

我想，这是所有教师都向往的理想境界，这是一种深厚的教育情怀，是把教师当成毕生的事业去挥洒青春努力奋斗的源泉和动力。读起《给教师的建议》这本书，透过文字我仿佛看到了一位智者，更看到了一位教师带领学生走进田间地头，走进广袤自然，感受到了一位教育家爱的情怀和智慧。

一、多管齐下，集中注意力

控制学生的注意力，使学生保持一种情绪高涨、智力振奋的精神状态，才能随着教师的引导高效地内化知识。但是，在外界环境纷繁复杂的前提下，诸多诱惑促使学生很难集中注意力或者集中时间短暂。今年接的一年级新班，与之前带的高年级学生相比，虽年龄不同，但普遍都存在惰性，学生懒于思考，大脑处于缓慢迟钝的状态。教师除了传授知识以外，更要帮助学生克服惰性，培养良好的思维习惯和思维方式。在课堂教学中，使学生注意力集中可以着重以下两点。

1. 重视预习

预习可以让学生有准备地走进课堂，将已有的知识储备与教学新知建立链接，随意注意与不随意注意相结合，生成新的完成知识模块，一种自豪感与成就感会反作用于内生动力，形成学习的良性循环。依据所学知识的类型，预习方式可以是多样化的，例如读书准备、实践操作、访谈调研、提问质疑、查找资料等。

2. 善于激励

由于个体注意力的科学规律，学生注意力集中的时间有限，适时真诚的激励可以反复调动学生兴趣，在一节课上始终保持精神振奋的状态。首先要善用"指引性表扬"，通过具体可感的评价语，引导学生不受他人干扰、端正态度、会用时间、充满斗志。摒弃无针对性的"你读得真好！""你真棒！""你说得真好！"改为"我注意到了，你在读课文的时候嘴巴张得圆圆的，所以不用发很大的力气，发音也很清晰，大家都听得很清楚""你读书时拿书的姿势、站姿都很精神，就是嘴巴没有像身体一样完全舒展开，再读一次"，每位学生都得到了来自教师的一份期许，一个清晰的要求，再读课文时就能自觉改进了。

二、直观感知，内化知识学习

苏霍姆林斯基说，只有当识字对儿童来说变成一种鲜明的、激动人心的生活情景，里面充满了活生生的形象、声音、旋律的时候，读写教学的过程才能比较轻松。因此，教师要善于运用直观性手段，促进注意力的发展和深入。

1. 根据学生身心发展规律，有年段意识

低年级的学生主要以直观性思维为主，包括视觉、听觉和感受。对于现代教学的实际情况来说，带领学生走进田野，拥抱自然似乎不太现实，但是可以尽可能地为学生创设真实的情境，调动学生的多种感官，让学习充满形象、声音或旋律。以低年级识字教学为例，多样趣味识字学生更感兴趣，记忆更牢固，教学也更轻松。教师可以利用多媒体进行图片识字、动画识字、字源识字。除多媒体外，还可以编顺口溜、编儿歌识字，运用识字卡片、挂图识字，做动作识字等，把识字与生活实际联系起来，充分发挥学生的直观感知能力。

2. 注意直观手段向抽象思维的逐渐过渡

直观性思维虽然观察各个年段，但是当学生积累了一定的由直观性思维带来的积极情绪记忆，获得一定情绪发展的时候，就应当逐步引导学生向抽象

思维过渡。例如，由展示"桃子"的实物到绘画"桃子"的转变，先是仿真图画，再到简笔画、示意图、草图，最后再转化为词语，逐渐发展学生的抽象思维。

三、快乐读书，构建阅读体系

阅读不仅是获取信息、认识世界、思想提升的重要手段，也是陶冶情操和修身养性的重要载体。随着中高考的改革，阅读的重要性日益凸显，学生具备一定的阅读速度和广泛的阅读面，掌握阅读方法，提高阅读能力至关重要。

首先，从发展学生读书兴趣出发，打开读书的大门。从小学一年级开始，阅读就扮演起重要角色。教师可以从图文并茂的绘本入手，采用师生共读、亲子共读的方式进行。低年级教师可以坚持每天为学生讲一个故事，从童话故事的听读开始，逐步培养学生对读书的兴趣，也拉近了与学生的距离。

其次，注重拓展阅读。教材中的阅读篇目有限，教师可以根据教材主题、年段特点，选择合适的拓展篇目和数目。例如，低年级以《日有所诵》《三字童谣》《三字经》等这一类短小精致的阅读为主，中年级以童话故事等想象类文章为主，高年级以经典名著、诗词散文为主，结合每一单元的阅读主题适当拓展，可以逐步建立学生的阅读体系。

再次，要关注后进生的阅读发展。苏霍姆林斯基说，阅读是对学习困难的学生进行智育的重要手段。学习困难的学生读的书越多，脑力活动越频繁，思考越频繁，思维发展就越快。而现实教学中，教师和父母往往会忽略这一点，通过大量知识的强制"传送"或"补课"来挽救后进生免于不及格。对于学习困难的学生，更要通过有计划、有针对性的阅读指导和反馈，逐步培养他们的阅读能力。

最后，时刻关注学生的学习状态，抓住其"愤悱之处"启发阅读策略，并充分尊重学生的主体地位，让学生自主尝试运用阅读策略来解决问题，并用习得的知识拓展阅读，在拓展延伸中感悟阅读策略的规律，真正做到有"路"可循，希望每个学生都能在浓厚的书香氛围中，掌握阅读方法，通过高效的阅读之路走向知识的海洋。

读一本好书，是一次美丽的遇见。读一本经典，是一场漫长的修行。在这本书中，我遇见了博学多识、善学善思的教育大家；遇见了经久不衰、鲜活实用的教学理念；遇见了通俗易懂、实用性强的教学方法；遇见了教育即生活的精神境界。在这本书中，我领略到了教育家的智慧与情怀；领略到了一个个攀登育人高峰的小小基石的精妙；领略到了读书与写作的完美呈现；领略到了一颗颗点亮孩子的童年、热忱教育的美好心灵。教育是慢的艺术，今后我愿在教育之路上，静心阅读，渐渐成长，做一名有智慧、有情怀的教师。

与苏霍姆林斯基对话

濮阳市实验小学　唐瑞锦

"书籍是人类进步的阶梯。"作为一名基础教育工作者,我十分相信书籍的力量,我时常与书为伴,从书中找寻前进的办法;与智者对话,从书中找寻前进的智慧;与先贤对话,从书中找寻前进的力量。读苏霍姆林斯基的《给教师的建议》这本书,他的这句话让我铭记在心:

"一个真正的人应当在灵魂深处有一份精神宝藏,这就是他通宵达旦地读过一二百本书。"

一本好书,犹如一杯香茗,愈久弥香;一本好书,犹如夏日里的凉风,沁人心脾;一本好书,犹如冬日里的暖阳,给人以温暖和力量。

停课不停学,充电正当时。这个假期成了"加长版",但绝不是玩耍休息的"娱乐版",而应该是教师弯道超车的加油站,是好好开启阅读书籍的珍贵时段。近段时间,濮阳市实验小学的校长们用富有磁性的声音分享了一期期的"五色领读坊"——读苏霍姆林斯基的《给教师的建议》,为特殊时期带来了精神食粮。我带着教学中遇到的问题和困惑认真阅读了《给教师的建议》一书,获益匪浅。

"教师的时间从哪里来"这条建议引起了我的共鸣。作为教师,的确感觉时间总是不够用。我在备课时,总是花大量时间备教材甚至通宵达旦,然而,到讲完课之后有时感觉学生收获却不大。这种现象困扰着我,而读完苏霍姆林斯基的这条建议,我恍然大悟,找到了原因——那就是需要汲取丰富的文化知识及思想,需要大量地阅读书籍,拓宽自己的知识面。唯有不断积累知识,才能实现从数量向质量的转变,小溪潺潺,每日不断,才能注入思想的大河。

对于第3条建议，我也是感同身受的。课堂教学过程中，我很想培养学生边读边思考的习惯，可是，效果并不好。读了苏霍姆林斯基的这条建议，我更加坚定了我的决心：虽然培养学生边读边思考的好习惯需要克服重重困难，付出更多时间，但是也要培养学生良好的阅读习惯，因为这个习惯对学生以后的学习至关重要。

当读到"第一次学习新教材"这一部分时，我似乎看到了学生学业落后的根源，就是第一次学习新教材没有学好。之前每看到学生作业的正确率不高、检测成绩不理想、纠正了四五遍的错误还是不能正确改正，我总认为是他们上课不注意听讲或者做作业粗心导致的结果。但是，读了这一部分，我有所顿悟，第一次学习新教材是由不知到知、由不懂到理解的过程。所以，不管是教师的教，还是学生的学，都要重视"第一次"，在"第一次"中夯实学生的基础，培养学生的独立思考能力，帮助他们真正理解教材内容。

苏霍姆林斯基说："没有也不可能有抽象的学生。"他在书中提了一个问题，为什么一年级就常有成绩不好、落后的学生，而到二三年级时还会遇到不可救药的后进生，难道教师对他已经不抱希望了吗？苏霍姆林斯基的思考是，在学校生活的最重要领域，即脑力劳动领域对小学生不能有个别对待，不能对所有学生机械地搬用一切教育和教学的规律。的确如此，每个学生都是独一无二的，具有差异性，都有自己的认知特点。有的学生学得慢，有的学得快，有的擅长文学语言，有的擅长数学逻辑。因此，教师需注重因材施教，分层教学。想让所有的学生完全按照教师的标准，在同一时间完成同样的学业任务，达到同样的学业水平是不现实的。就像身体强壮的孩子轻而易举就能提一桶水，而身体瘦弱的孩子提半桶水就已经累得筋疲力尽了。苏霍姆林斯基强调教育和教学的艺术是发挥每个学生的力量和可能性，使他们感到在脑力劳动中取得成功的喜悦。这就是教师应该遵循的教育宗旨。

我们倡导全面和谐发展的学生观，就是要发掘每一个学生的潜能，让每一个学生得到与之相适应的全面综合发展，让每一个学生都能品尝到自己努力后带来的成功，学生才能保持学习的兴趣，这也是最根本的学习动力。强制性的、注入式的学习会让学生产生厌倦。长期得不到成功的喜悦，学生容易丧失学习的激情和内驱力，造成习得性无助。所以进行分层教学，给不同的学生分配不同的任务，照顾到每个学生的具体学习需要，这是教师教学必须做到的，否则难以产生好的教学效果。不让任何一个学生掉队，要给予学生多一把衡量的尺子，量体裁衣，能吃什么样的饭，就给什么样的饭，因材施教，这才是好的教育。只有让学生尝到成功的甜头，他才会继续努力去争取成功。让学生积极、主动、自主地学习，才是教育的目的。

苏霍姆林斯基强调教师要赢得学生的思想和心灵。他在书中提道：

教师不应该只是照本宣科、把知识传递给学生，眼中只看到一节课的学习任务。教师还有一个重要的任务，要力求激起学生对自己学科的兴趣，确立自己学科的吸引力，让学生燃起对自己那门最有趣的学科的喜爱之火。

只有这样，每个学生的天赋才会显露出来，逐渐产生自己的爱好、培养不同的能力、树立自己的志向和显现独特的才干。学习的教育作用，首先表现为每个学生，在基础科学知识的和谐乐队中，都能找到自己擅长的乐器和自己喜爱的旋律。其实，苏霍姆林斯基所说的要赢得学生的思想和心灵，实际上就是要激发学生学习的兴趣，让学生从内心深处自发地喜欢课程，对课程、对学习产生浓厚的兴趣和爱好。只有这样，学生才会主动学、乐于学，并发展出一定的能力，进而培养某一方面的特长，长大以后才会成为所擅长领域的有用人才。

为了赢得学生的思想和心灵，苏霍姆林斯基设立的"思维之角、难事之角、向往之角"很有意思，值得教师借鉴和学习。正如苏霍姆林斯基所说，在学生对待知识的态度上，最令教师苦恼的是漠不关心。学生在这门或那门课程上落后或成绩不良还不算可怕，真正可怕的是冷漠的态度。要唤醒漠不关心者的意识，最正确的方法就是思维。教师对漠不关心知识和脑力劳动的学生，应当使出浑身解数、用自己的一切智力手段，把学生从智力惰性中拯救出来，使学生在某件事情上展现自己的知识，在智力活动中表现自己，从而唤醒对学习持有冷淡态度的学生。

读着苏霍姆林斯基的《给教师的建议》这本书，感觉就像和一位智者促膝长谈。那一行行睿智的文字，一条条中肯的建议，犹如黑夜中划过的一道道流星，又恰似冬日里一缕缕温暖的阳光，慢慢擦亮我迷蒙的眼睛，拂去我思想上的尘埃，启迪出心灵的智慧之光。苏霍姆林斯基是一位伟大的教育家，他的教学经验值得教师潜心学习，不仅要学习理论知识，而且要在实际教学中加以运用。启迪学生智慧、培养更多的优秀人才，让学生得到全面发展。

莫道春风归来晚，浮云过后艳阳天，今年春天的美不同往年，不仅有"燕归花开，莺飞草长"的美景，还有预示着代表胜利的曙光。老师们，阅读吧。也许，读书未必能让我们在教育之路走向出色、成就卓越，但不读书就注定与出色和卓越无缘。一起读书，让阅读点亮我们的生活。

书香致远，奋力前行

滑县留固镇西街小学　周 杰

暑假期间，我再次拜读了苏联著名教育家苏霍姆林斯基的《给教师的建议》一书，100条建议，每条谈一个问题，既有生动的具体事例，又有精辟的理论分析，很多都是苏霍姆林斯基教育教学中的实例。每读一遍都有每一遍的欢喜，众多理论对我影响深远。

苏霍姆林斯基在《给教师的建议》一书中讲得最多的，就是读书。无论是针对教师本身提高专业素养，还是对待教师如何进行教育研究，抑或是如何带动学生、管理学生都离不开"阅读"这个话题。

世界上还有什么事情能比阅读更重要更美好的呢？苏霍姆林斯基说：

把每一个学生都领进书籍的世界，培养起对书的酷爱，使书籍成为智力生活中的指路明星——这些都取决于教师，取决于书籍在教师本人的精神生活中占有何种地位。

——《给教师的建议》

是呀，要给学生一碗水，自己至少要有一桶水。少年时代的我，迷恋上了播音主持，还买有相关的书籍。当时抱着它，在校园操场上、草地上，一本书不知要读多少遍，仿佛读它梦想就会实现。那时，我就有读书记录本，对于印象深刻的话，我都有随手摘抄和记录的习惯。那时的我，同时迷恋上了写作。我希望自己躺在向日葵上，即使沮丧，也总是朝向太阳。我的文字开始出现在鹤壁经济广播电台，安阳经济广播电台等，直到今天，我还珍藏着当初发表文章时的录用通知单。

后来我站在了三尺讲台，成为一名小学语文教师。教学之余，我把更多的时间和精力用于跟大师"交谈"。阅读的书籍也由原来只是自己喜欢的情感美文延伸到专业的教育教学书籍。魏书生老师的《教学工作漫谈》,李镇西老师的《爱心与教育》,苏霍姆林斯基的《给教师的建议》……阅读让我明白,教书育人不是一件简单的工作,而是一项值得付出毕生心血的大事业。

正是这无数次的阅读,正是这无数次的"交谈",使我懂得了,教育就是要让教师和他的学生感觉到教育的幸福。教师,就是那个积极引导学生、永远让学生记住并学习的人。

自己喜欢读书,希望班里的学生也能养成良好的读书习惯。

我去年刚刚送走的那届毕业生,从一年级开始就培养他们养成良好的读书习惯。6年来,我教他们"不动笔墨不读书",随时摘抄和做批注的读法;我教他们"尽信书则不如无书",鼓励他们独立思考要有自己的远见;我教他们"敏而好学,不耻下问",要做谦虚而又好学的人。课堂上学生常常用分角色朗读、情景剧课本剧表演、读书辩论赛、读书交流会等形式去演绎文本,诠释母校内涵。

如今,学生最喜欢上的课就是我们班的读写课。在这样的课堂,有时我会安排学生声情并茂地朗诵,有时是学生嘹亮激昂地歌唱,有时是学生幽默风趣的情境表演。在这样的课堂,学生无拘无束,随心所欲,往往在聆听、对话、梳理中,一篇篇有主题的日记就轻轻松松地完成了。

阅读,如一颗小小的种子,悄悄地种在学生的心中,改变着每一个孩子。

春暖花开的季节,在一个宁静如水的清晨,在一家农院的门口,不远处就是一望无际的青青麦田。近处,一个用半截砖垒成的砖头墙菜园子里,油菜花缤纷盛开,叶子墨绿的叶子,油菜花的金黄燃尽了菜园。有一个手捧课本的小女孩,坐在砖头墙上,如痴如醉地沉浸在童书的世界里。她悦耳的读书声引来几只小鸟,在她身旁小树上叽叽喳喳地叫来叫去。菜园里有蝴蝶在飞,蜜蜂在歌唱,而小女孩全然不知,她朗朗的读书声在清晨的朝阳里荡漾。麦浪,读书女孩儿,油菜花……构成了乡间动人的景致线……

——《给教师的建议》

有谁能想到,这竟然是班里一个调皮到没一个人和她玩的女孩子写的。

琅琅书声,就是学生的朗朗乾坤。在每一个美丽馨香的清晨,这个爱读书的小女孩梦涵,都会来这里赴一场阅读之约。阅读不仅带给这个乡村女孩快乐和智慧，还让她成为一个追光的少年，向班里的每一个人传递着温暖和阳光。

阅读苏霍姆林斯基的《给教师的建议》，使我和我的学生收获颇多。书中还有很多好的建议，在以后的日子里我会继续品读，用心领略书中精髓，用大师的教育精神鞭策自己，用大师的实践经验指导自己。

慢慢地陪着你走

新乡市卫滨区平原镇育英小学　赵　娟

苏霍姆林斯基的《给教师的建议》这本书，对于每个教师来说，应该是教科书的"天花板"。初为人师时读之，教学迷茫时读之，教育困顿时读之，这一读就是近30年。每次读，都会有新的感受、新的收获，都能捕捉到与我心意相通的支点，都能助我擦出教育智慧的火花。

一、陪你一起迎接未来

海涅说过："每一个人就是一个世界，这个世界是随他而生，随他而灭的。每一块墓碑下面，都躺着一部整个世界的历史。"读到这句话，我被深深地震撼了。教育的核心是什么？我想，那一定是人！

《给教师的建议》一书第86条"致未来的教师"中说："学习，首先是教师跟儿童之间的活生生的人的相互关系。"促使儿童学习，激发他的学习兴趣，是他刻苦顽强地用功学习的最强大的力量，是对自己的信心和自尊感。当你的学生能够感受到这股力量的时候，你就是教育的能手，你就会受到他们的敬重。可见，树立学生的自信和自尊是多么重要啊！然而，在校园里，你是否经常能够听到这样的话，"你怎么这么笨呢，这道题我都讲了多少遍了""你说说，你还能做点啥，简直就是笨蛋""这个学生呀，没法说，真是一无是处，这辈子也不会有啥出息，就这样了"……唉，比这更刺耳的话也许还有很多，甚至于有时候不需要我们说话，你的一个眼神、一声叹息，都能泯灭一个孩子的自信，摧毁一个孩子的自尊。每每听到这样的话，看到这样的情景，我的心就被深深刺痛着，更何况是时刻仰望着我们的可爱的学生呢？是的，或许是身高不够，在小学的校园里，学生时时刻刻都在仰望着自己的教师，他们对待你可以称得上是"小心翼翼"。如果教师轻视甚至无视这种"仰望"和"小心翼翼"，那该是有多么的残忍。

"我已经尽到了自己最大的努力和操劳，这个学生已经这样了，我不想在他身上再浪费力气了。"这样的话是不是很熟悉？我想用我自己的亲身经历去反驳它。我上初中时学几何，刚开始真的是一头雾水，怎么也搞不清楚，什么证明关系，简直要命，考试也总是不及格。但是奇迹就那么不可思议地发生了。偶然有一节课，我在数学教师肯定的眼神中仿佛找到了证明方法，突然感觉自己懂了，好像突然打开了一扇门，用一个词就叫"恍然大悟"，证明关系原来如此简单。接下来，我的几何成绩直线上升，每次考试分数都在90分以上。这或者就是一种延迟的觉醒吧。所以，作为教师，任何时候都不要操之过急，更不能灰心失望，请把目光放得柔和一些，把话语变得绵软一点，用你的手轻轻抚摸一下学生的小脑袋，你一定能收到学生反馈回来的充满敬仰的信号。你给予学生的信任和尊重，会伴随学生的一生，使他的世界熠熠生辉，那将是一种富有人情的相互尊重的美妙和谐。

都说教育是一方净土，我想，那是因为在这片土地上有学生纯洁的心灵和教师无私的信任的爱。

二、陪你一起爱上读书

在第87条"谈谈教师的教育素养"中，苏霍姆林斯基这样说：

如果没有深刻的科学知识，就谈不上教育素养。那么怎样才能使每一位教师不仅懂得一点教学的常识，而且深知本门学科的渊源呢？读书，读书，再读书——教师的教育素养的这个方面正是取决于此。

——《给教师的建议》

的确，现在的校园里充斥着太多非教学的声音，教师在学校几乎始终处于一种奔跑状态，跑着去上课、教研、填表、问卷、上报、拍照、截图、处理突发情况等，这确实客观存在。能够给予教师静心思考、认真阅读的时间，更是需要挤时间的。教师更需要用读书去丰盈精神需求，需要在书本面前停下来，深入地思考，更需要去寻找、积累、沉淀多种多样的知识，甚至开阔"旁门左道"的视野。这样才能做一个具有匠心的教书人，才能在课堂上游刃有余地与

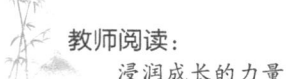

学生对话,才能用自己的积累给予学生科学的解答,才能以学生的眼光看教材、教学问,才能在讲课时直接诉诸学生的理智和心灵,而不是只想着教案教到哪儿了。

苏霍姆林斯基谈及教师的教育素养中的语言修养,我认为非常重要。其实教师和主持人一样,语言修养应该是职业素养的必修课。"教师的语言修养在极大程度上决定着学生在课堂上的脑力劳动的效率。"然而,现在很多教师因为缺乏良好的语言素养变得在课堂上"不会说话",继而导致课堂语言的混乱、贫乏、空洞,没有逻辑顺序,教材的讲解也模糊不清。面对抽象的事物,有的教师不善于通过语言来创造鲜明的形象,使之具象化,这就让听课的教师听得云里雾里,甚至感到焦虑和疲惫,更不要说是学生了。解决这个问题,正如苏霍姆林斯基建议的,那就要"读书,读书,再读书",从真正意义上让读书实现从量变到质变的飞跃。知识的储备量达到了,认知也会相应地提升,自我监督、审视的能力才能提高,也才能有话可说、有话能说、有话会说,因为教育的最终目的就是——会说话,在课堂上说学生能够听得懂的话。

所以,现在的你,请带上自己的学生用心读书、畅游书海吧。

《给教师的建议》这部教育名著闪耀着智慧的光芒,让我这个从教近30年的教育人每每阅读都如沐春风、受益匪浅。

"长风破浪会有时,直挂云帆济沧海。"在日新月异、高速发展的新时代,党和国家对教育事业又提出新要求,在党的二十大报告的第五部分提出"实施科教兴国战略,强化现代化建设人才支撑",这是党代会报告第一次单独成章对教育、科技、人才工作进行的一体化部署。作为一名普通的义务教育工作者,我深受鼓舞,也更加坚定了自己为党育人、为国育才的使命担当。

教育之路悠悠,育人之路漫漫。那就慢下来,再慢一点,慢慢地陪着你走……

眼中有学生，心中有目标

濮阳市实验小学　武雪君

一本好书就像一盏明灯，能够照亮人们前行的道路，指明前行的道路。正如苏轼所说"旧书不厌百回读，熟读深思子自知"。近段，我又一次拜读了教育大师苏霍姆林斯基的《给教师的建议》，又有了不少的启发和感想。

这一次读后，对自己的印象最深或者说在今后的教学中启示最大的，是在讲课的过程中"占据你的注意中心的将不是关心教材内容的思考，而是对于你的学生的思维情况的关心。这是每一个教师教育技巧的高峰，你应当努力向它攀登"这句话，给我的启示很大。

《义务教育语文课程标准（2022年版）》提出，语文课程应该紧紧围绕核心素养，体现课程性质，确立课程目标。而核心素养是学生通过课程学习逐步形成的正确价值观、必备品格和关键能力，是课程育人价值的集中体现，是文化自信和语言运用、思维能力、审美创造的综合体现。反思自己的教学，难道不是停留于仅仅关注教材的内容吗？上课的时候，总是想着，这节课我将向学生教一些什么知识内容，只要传达给学生，他们知道了，就达到了教学的目标了。至于学生要掌握到什么程度，通过什么样的方式去获得知识信息，该借助于什么样的手段来让孩子去体悟、去理解、去获得呢？我却没有考虑到，只是站在自己的角度去教，而不是在学生学的角度去设计备课，现在看来这种备课是极其失败的，最致命的一点就是这种课学生往往不需要进行思考，只是停留于对知识的接受，而这种接受由于没有过大脑，忘得快，所以课堂效率往往不高。

所以，教师要对学生思维敏锐地洞察，要充分地认识到你的面前是几十个活生生的人，要时刻关注他们的表情、动作、语言，从而了解他们是不是在学，是不是乐意学，是不是在学的过程中思维参与到了其中。

首先，教师得是一个自己所任教学科专业的专家。其实建议中很明了地告诉教师不要将注意力停留于教材的内容上，但是设想一下，如果一个教师连教材的内容都没有透彻掌握，都不能流利、清晰地表述，那么能够撇开内容去注意学生的思维吗？因此注意学生思维的前提，是教师对所教学的内容已经胸有成竹，并且能够采用不同的方式进行表达，乃至与内容相关联的内容、内容的变式也了然于胸了，可以说对教材的内容的表述已经达到了自动化的程度。只有这样，才可以在上课的时候，观察学生的反应，注意学生的思维，在教学中不断地调整自己的行为。

其次，要千方百计关注学生的思维。《义务教育语文课程标准（2022年版）》中，思维能力就是核心素养内涵之一。学生进行学习不是接受知识、了解知识，教师不能把知识倾倒给学生，用记忆来代替思考，而是要创设生活情境，关联孩子的生活和知识，搭建好引发学生思考的平台、媒介或交集点，激发引导学生自己去思考，通过思考有收获，从而激励学生的再思考，这也更能形成一个良性的循环。这种学习的过程看起来要比灌输慢得多，效率低得多，但是从长久的眼光来看，激发的是学生的好奇心、求知欲，勇于探索创新的好习惯，是学生核心素养的必备能力和素质，关系着孩子的可持续发展。

再次，要关注学生学习的情感。学生是课堂的主体，是学习的主人，学习的过程，学生要愿意参与、乐于参与，学得有兴趣、有期待、有收获。教师要善于观察，从学生的眼神中发现他们的思维是否参与活动，他们的兴趣是否持久？当发现学生学得勉强、思维停滞的时候，就应当想到隐藏我们的教学目标，曲径通幽，蹲下来以学生的眼光读教科书，采取不经意的方法，搭建学习的平台，消除学生的畏难情绪，让学生乐于参与到学习过程中来，并能体验到成功的快乐，直到他们的思维豁然开朗。

这本书中作者在反复地教导教师"没有也不可能有抽象的学生"。是啊，世界上没有完全相同的两片树叶，孩子们更是有差异，教师往往"一视同仁"，以分数论孩子，成绩落后的同学常常是被批评的对象，总是"恨铁不成钢"。学生会有明显的优差生等级，那就是没有做到因材施教，因人而异。使课堂中产生了很多的无效劳动，课堂环节没有深入每一个孩子的内心，没有调动起每一个孩子内心的积极性,所以课堂效率不高,课上花费了大量的时间整顿纪律,课下花费了大量的时间为差生补课,事倍功半。教师应当在学习中采取不同的评价标准,作业、练习、问题都要分层设计,对于慢的孩子要多鼓励,给他们合适的能够通过努力做到的,对于快的孩子,可以加大数量和难度,调动他们的好胜心,引导他们进一步思考钻研。用不同的尺子去量学生,量出学生的自信,量出学生的价值,教师一定要做到尊重不同,承认差异。

教师还要记住苏霍姆林斯基说的这句话:

儿童的学习越困难,他在学习中遇到的似乎无法克服的障碍越多,他就应当更多地阅读。

书是人类进步的阶梯,阅读可以开阔孩子的视野,拓宽孩子的知识面,开拓思维,帮助智力发展,提升理解能力,培养孩子想象力,提升写作能力,书读得越多,对知识的感受性就越敏锐。而你,当教师的人,工作起来就越容易了。

苏霍姆林斯基还要求教师要读书,每天不间断的读书,不是为了应付明天的课,而是出自内心的需要和对知识的渴求。读书能滋养教师的底蕴和灵气,有丰厚的文化底蕴才能在教学中游刃有余,给学生一杯水,教师得有一桶水。

读到这些建议,想到自己,的确是那么的倦怠,常常为自己的不上进找理由:工作忙,没时间。不读书,更不博览群书,只关注我所教给学生的教科书里那点基础知识,岂不知这只是沧海一粟。我们完全可以在闲暇之余读读手边的书,挤时间去听听同行们的经验,在晚上清闲的时候写写一天的教学日记,及时关注、学习专家教授或名师工作室的讲座,与团队常研讨,让自己尽快跟上新课标、新理念,做一个新时代的教师。这本书教导我们,心中要有目标:读书、写作、钻研业务。

这本书虽然几十年前就问世了,但今天读来,在课堂教学中的许多观点,还值得我们教师去思考,去学习。

"学困生"转化的思与行

濮阳市实验小学　孟现静

每个班都有学困生,正如苏霍姆林斯基所说:对"后进生"的工作是"最难啃的硬骨头"之一。读了《给教师的建议》这本书,我接受了学生之间的差异,改变了对学困生的偏见,同时也针对不同情况"对症下药",想办法帮助他们。

一、赏识激励,激发动力

苏霍姆林斯基在书中这样说:

在学习中取得成就,这一点,形象地说,乃是通往儿童心灵中点燃着"想成为一个好人"的火花的那个角落的一条蹊径,教师要爱护这条蹊径和这点火花。

是啊,每个孩子都想把自己最可爱的一面展现出来,希望得到别人的肯定,这种愿望会比成人更强烈。于是我开始拿起放大镜去发现学生的优点和点滴进步,让他们在赏识中建立自尊感,形成学习的内驱力,对于"学困生"更是如此。

这学期我新接了一个班级,开学第一周我就发现小轩是个需要被特殊关注的孩子。他下课疯跑、爬高上低,可是一上课就打瞌睡,能认真听讲的时候少之又少。我请家长到学校沟通孩子的情况,得知小轩6岁以前生活在农村爷爷奶奶家,父母外出打工很少陪在孩子身边,上小学后他的爸爸妈妈才把他接到了身边,但他们迫于生计每天早出晚归无暇照顾孩子,小轩经常自己做午饭,晚上也是一个人在家做作业,有时该睡觉了爸爸妈妈还没回到家。了解了小轩的家庭情况和成长经历后,我对他多了一些同情,也暗下决心给予他特殊的关爱和鼓励。当他坐姿好了、听讲认真了我会马上夸奖他，他的字写得有进步时我也会及时向他伸出大拇指。还记得在一节练习课上，我让小轩上台板演、讲解，他不仅算对了而且讲解思路清晰，我和同学们发自内心地给他鼓掌，当小轩在同学们的掌声中回到座位上时，脸上露出了自信的笑容。接下来的一段时间他每天都专心听讲、积极发言，作业也工整了很多，有两次计算测试竟然还得了满分，我借机把他的进步写成报喜信息发给他的家长，也赢得家长的积极配合。给后进生一次展示的机会，一句鼓励的话语，他们便能在这间教室找回自信和自尊感。

像小轩这样的孩子，班里还有好几个，作为教师能做的就是给予他们更多的关爱和帮助，让他们找回自信和学习的乐趣。

再如小濮，他的家长文化水平低，不知道怎么教育孩子，孩子做错了事父母经常破口大骂或拳打脚踢，所以小濮从小习惯不好、缺乏自信。但是他热爱劳动，乐于帮助同学。记得一次正上课时，一个女孩因吃坏肚子，吐得书上、桌子上、地板上到处都是。大部分孩子都捂着鼻子说难闻，但是小濮却赶紧拿起簸箕、笤帚等工具，来到了这个孩子跟前帮她收拾。我在全班同学面前表扬了他，让大家向他学习，一件小事却让小濮在同学心目中树立了威信。接下来的一节课小濮听得特别认真，书写也非常工整，我就顺势给全班同学展示他的作业说："瞧，小濮写得多工整呀！"在表扬中我看到了小濮挺直的腰板和自信的笑脸，之后也看到了他一天一天的进步。

每个孩子都渴望得到尊重、赏识、掌声和认可，学困生更是这样，对他们多一分赏识，我们就能收获一分信任和成功的希望。善于表扬，就意味着会赢得教育上的主动权。会欣赏学生的教师是最幸福的，被教师赏识的学生是最快乐的。所以，请时常跷起我们的大拇指，让孩子在赏识中快乐成长吧！

二、阅读引领，开启智慧

苏霍姆林斯基《给教师的建议》第6条是"谈谈对'后进生'的工作"，在文中，他分享了自己结合30年教学工作的经验得出的结论——最有效的手段是扩大他们的阅读范围。苏霍姆林斯基指出：

我从来没有、一次也没有给这样的学生补过课，补课的目的就是让学生学会在正课上没有掌握的教材。我只教他们阅读和思考。阅读好比是使思维受到一种感应，激发它的觉醒。阅读能教给他思考，而思考会变成一种激发智力的刺激。书籍和由书籍激发起来的活的思想，是防止死记硬背（这是使人智慧迟钝的大敌）的最强有力的手段。学生思考得越多，他在周围世界中看到的不懂的东西越多，他对知识的感受性就越敏锐，而你，当教师的人，工作起来就越容易了。

我很赞同苏霍姆林斯基这一观点，并想办法扩大学习困难的学生的阅读范围。我们不得不承认孩子之间的智力差异，有的学生理解力较差，对新知识的感知很慢，知识在记忆中保持得不久而且不牢固。我们班有两个女孩——小喆和小晗就是如此，她们很遵守纪律、每节课都坐得很端正，但是对于老师讲解的知识理解起来却比较困难，有时好不容易学会了，一旦把几个知识点放在一起进行对比练习时就又混为一谈了。这两个孩子的家长特别用心，每天认真检查批改孩子的家庭作业，给孩子讲解课堂上没学会的知识、出练习题等。但是孩子学习依然很吃力，跟不上。

针对这样的孩子，我往往会跟家长沟通：要多阅读、多思考，阅读能使思维受到一种感应，激发它的觉醒。并定时给家长推荐一些数学方面的阅读书目：

一年级：《你好！数学》《奇妙的数学文化》《老狼老狼几点了》（时间观念），《奶奶的红裙子》（部分和整体），《真正的魔法师》（序数），《让谁先吃好呢？》（排序）；

二年级：《数学帮帮忙》《蜘蛛和糖果店》（统计与概率），《我的一天》（学看钟表），《成为好爸爸》（时间）；

三年级：《李毓佩数学故事系列》《面包公主三姐妹》（测量工具），《公主殿下来的那天》（面积比较）；

四年级：《万物有数学》《数学星球》《数学家的故事》；

五年级：《走进奇妙的几何世界》《趣味数学》；

六年级：《数学王国奇遇记》《写给青少年的数学故事》《数学中的趣味与魅力》。

在我的鼓励和家长的配合下，小喆和小晗对数学绘本及科普读物产生了浓厚的兴趣，两年来孩子的理解能力和思维能力都有了明显的提高，学习取得了很大的进步。记得刚上一年级时小喆连加减法都不理解，三年级思维考试却考了满分。我还发现，尽管她的接受能力还是比别的孩子慢一些，但是她一旦学会了就掌握得很牢固。

三、家校沟通，形成合力

有的孩子虽聪明但是专注力差，导致成绩落后，而这些孩子的家长往往不能客观分析孩子注意力不集中的原因，对孩子除了批评指责束手无策，这就需要我们和家长及时沟通，找到解决问题的有效方法。

小博是个十分聪明的孩子，课堂上却很难集中注意力听讲。一天上课时我发现他又在玩东西，走近一看才发现他在用自己造的钓鱼竿钓鱼呢，用笔当鱼竿、用口罩上的绳子一节一节系在一起当鱼线，把口罩鼻夹里的铁丝弯成鱼钩状……能动手做出这样创意十足的玩具充分说明了他的聪明，怎样让他的聪明用到学习上呢？我感觉到了教育的契机。我把这件事告诉了他的妈妈，并请她到学校谈一谈孩子的学习情况。

放学后，我和小博以及他的妈妈促膝长谈了很久，在肯定孩子聪明的同时我也指出了一些不足，在与妈妈沟通的过程中找到了孩子注意力不集中的原因。他们家住在县城，家长忙于做生意中午不能接他回家，孩子中午就在学校附近的午托部吃饭、午休，午托部经常有大孩子欺负他，小博很怕他们所以不敢告诉家长（说到这里，孩子委屈地哭了起来）；晚上回家写作业时小妹妹总是捣乱，自己写作业慢了还要被家长批评，久而久之学习成了负担。针对这些问题，我给家长提了几点建议，并对小博提出了殷切的期望。小博委屈的眼泪变成了感动的泪水，同时我感到了他对我的信任。

第二天我看到了小博久违的笑容、端正的坐姿、工整的书写和高高举起的小手，还收到了家长发来的感谢信息："孟老师谢谢您，周五的谈话让我明白了把孩子教育好是做父母最重要的责任，这几年店里生意和教育孩子无法兼顾，又不知道如何平衡，但是那天和您沟通后我找到了重心。我在学校旁边租到了房子，下个星期搬过去。孩子昨天一天不知道在学校怎么样，但是回家后心情很好，我看得出他喜欢孟老师，周五您说的话他听进去了！我相信在您的教导下孩子会越来越好！感恩有您。"

就这样，在赏识鼓励、阅读引领、家校合力中，"学困生"得到了更多的关爱和呵护。爱的情感可以让孩子找回自尊，爱的力量可以让孩子对学习更有信心和方法，爱的力量可以让家长克服困难、用心陪伴。相信学习暂时落后的孩子在这种特别的关爱下，即使遭遇挫折，亦可一次次重新跃起。

每个孩子都是一颗花的种子，只不过花期不同。有的花一开始就会灿烂地绽放，有的花需要漫长的等待。要相信，是花，都有自己的花期。细心呵护自己的花，慢慢地看他长大，陪着他沐浴阳光，也迎接风雨，这何尝不是一种幸福呢？相信孩子，静等花开，也许你的种子永远不会开花，因为他是参天大树！

读课外书，把世界打开

濮阳市实验小学　李桂荣

著名教育家苏霍姆林斯基在《给教师的建议》一书中有这样一句话：

让学生变聪明的方法不是补课，不是增加作业量，而是阅读，阅读，再阅读。

我想，没有哪一个教师或家长不希望孩子的学习成绩提高些，关键在于思想上的认识，先要弄清楚存在问题的根源，坚定一个信念"选择在阅读上花费时间"的路子是正确的，并以持之以恒的决心、耐心和毅力引领鼓励孩子多阅读。

记得女儿从小到大的学习，好像没怎么让人特别操心，其原因之一，就是及早渗透读书意识，在小学阶段逐步养成读书习惯，促使她在之后的读书、学习中能够自主地发展。

女儿从小就比较活泼，爱玩的天性得到了最大化的张扬。她刚上小学时，因为当时作业很少，即使有点作业也早在学校写完了，所以放学一回来，仍与上幼儿园一样，就和小朋友一起在楼下的大院子里，或是旁边的小花园里玩各种有趣的游戏，印象中她总是玩得很开心的那个，家长不呼唤的话，一般不会主动上楼。当时感到小学时间如此充裕，得引导她多读书，于是就从她喜欢的图文并茂的书开始了。作为教师，比较清楚对于读书不能抱有急功近利、立竿见影的思想，而要坚信读任何的书都能对学习有所帮助，只不过是见效时间长短而已。孩子的学习成绩一般处于班级前十名，基本上在年级第十名左右，她所在班综合素养在年级处于优秀。我觉得，课内的学习固然重要，而从小引领孩子多读课外书，激发读书兴趣，拥有一个快乐童年，对于孩子的一生更是可贵的财富，所以，我很欣慰女儿在小学阶段能有许多的时间在书海里徜徉。

我从未因为孩子的学习成绩不是第一名而不悦，反倒庆幸不是第一名，而是第十名，因为我很相信小学里"第十名现象"的说法。能处在年级前十名就已证明孩子学习力还是比较强的，这时候，就无须硬往第一二名上拔高，而是要把孩子的学习力引向读书等感兴趣的事情，这对于孩子的终生发展都很重要。如今仍有家长因为孩子考得不太好就着急送去补习班，以为只有补习才能帮助孩子。有时候，非但事与愿违，还恰恰相反，白白浪费了孩子的时间，实在令人惋惜。

女儿一上初中，就被较大的课业量包围起来，九门学科的课程设置，一摞摞堆成了小山似的辅导资料，不像小学时期拥有那么多可以自由支配的时间，即使在这种情况下，孩子一直没有间断阅读课外书，因为她已经养成了习惯，像吃饭一样自然，如饥似渴地读她自己喜欢的书，读需要延展的书，读教师推荐的书等。书店成了常去光顾的地方，只要有需求就一定要买到，比如六角丛书的书都看遍了。而且，学习桌、床头柜上等在她活动范围之内，目之所及，都是她的书。最重要的是，她自己有序安排，能做到课内课外的合理兼顾。正是这种既把学习生活调节得张弛有度，又使课内课外的学习达到了相互补充，进行持久的学习与阅读，才使女儿在初中的四年里，学习成绩一直处于上升趋势，到初三时就名列前茅了。而且，更让我们吃惊的是，在初四两学期共四次的大考中，她竟然获得三次年级第一。而这时任课教师提醒道："不能让她再努力了，要给孩子泄泄劲儿。"教师对孩子如此细微的关注着实令人感动。教师是唯恐孩子用功过度，好在孩子也没有像教师担心的那样。我觉得这就是孩子在小学处于"第十名现象"带来的正向效应，是一个良性的发展。

所以，在我看来，小学的课业量比较小，正是孩子储备自己的大好时机，那么，我们首先要树立强烈的读书意识，并抓住这个最适宜的时间段把孩子引入阅读的门。只要孩子在这几年里养成了良好的阅读习惯，你就会惊喜地发现，想让孩子停下来都不可能了，这是惠及孩子一生的"福利"。

随着年级的升高，学生的学业压力和竞争都会不断增加，绝大部分时间被作业占据，剩下零星的时间可能也被耗费在各种各样的辅导班和兴趣班。孩子的视野和知识储备会被限制在课本有限的内容上，从而被禁锢在义务教育的象牙塔中。我们要帮助孩子改变这一僵局，逆行而上，最容易也是最直接的办法便是给孩子打开阅读课外书之门。让孩子透过多彩的书发现一个全新的世界，去大量阅读，以弥补教程内容的局限性，使孩子在潜移默化中拓展视野、增长知识，同时产生对书的兴趣和阅读愿望。

有研究发现，人的阅读，也是有关键期的。6—12岁，是阅读能力长足发展的关键期。小学阶段的阅读是开发孩子天赋的保证，如果一个孩子不喜欢阅读课外书，而且把大量的时间都投入课本和大量作业里去了，那么这个孩子的天赋聪明就被饿死了。因为，小学课本的单一性和肤浅性，远不能满足一个孩子大脑成长的需求，只有博览群书，才可以让孩子的智慧不断成长，最终形成一种强大的发展能力。苏霍姆林斯基说："凡是那些除了语文书以外什么也不读的学生，他们掌握的知识就非常肤浅。"

这就是说，对于教科书以内的学习要想达到深度理解，就一定要多读课外书，鼓励孩子涉及各个领域，从而获得强有力的背景知识作支撑。学习的好与坏，主要在于背景知识的多与寡。博览群书就是将别人的经验内化成自己的，用有限的生命去学习无限的知识，帮助对学业知识更深层次的建构与理解。课外阅读显然很重要。

教科书的学习和课外书的阅读不是非此即彼的选择，非但不矛盾，反而相辅相成。其实，知识也是不分课内课外的，是彼此关联的，也许在读的那本书与目前正学习的课本没有关系，但是只要它是好书，将来都会派得上用场，因为，课外书提供了学习教科书所需的背景知识，使学生更容易理解吸收教师的讲课内容。有经验的教师都善于抓好课外阅读，大量地读课外书，还要多写，写日记，有话则长，无话则短，但要坚持写。

所以，对于学生在教科书与课外书所占的分量，不能存在急功近利的思想，认为读课外书是在浪费时间，就只注重阅读带来的近期效果，奢望阅读能够立竿见影，有用即读之，无用则弃之，而要从长远发展的眼光看，站在人的精神层面的高度看待阅读。

依据孩子读教科书和课外书的情况，朱永新教授把孩子分成了四种类型。第一种孩子既不爱读教科书，也不爱读课外书，这样的孩子肯定是愚昧无知的；第二种孩子既爱读教科书又爱读课外书，这样的孩子必然发展潜力巨大；第三种孩子只读教科书不读课外书，这样的孩子可能成绩不错，但是却没有什么发展潜力；最后一种是不爱教科书只爱课外书，这种孩子也许成绩不理想，但还是有希望的。

苏霍姆林斯基在实际工作中始终把握住两套教学大纲：第一套是学生必须熟记和保持在记忆里的材料；第二套是课外阅读和其他的资料来源，这两套大纲绝不是相互矛盾的，而是相互促进与补充的。

我也曾在学生中做过关于"你喜欢教科书还是课外书？"的调查，很多学生选择了课外书。可见，让学生爱上阅读课外书是有基础的，对于课外书，作为教师要能够引导他们给予特别的爱。

第二辑

阅读，
语文教师的必修课

——读《叶圣陶语文教育论集》

　　读经典书籍，做智慧教师。在中原名师李桂荣教师的组织和指导下，依托中原名师李桂荣工作室培育河南省名师共读了《叶圣陶语文教育论集》。这本书是叶圣陶先生从事语文教育教学工作的结集，凡是关心当前语文教育问题的人，都有必要阅读这本书。

　　本辑的文章，是教师们共读《叶圣陶语文教育论集》的读书感悟、心得收获，既有引起共鸣的叶老闪光思想的语句精选，又有阅读这本书受到的深刻启发；既结合自己语文教学实践进行评述，又展示深耕语文教育"仰之弥高，钻之弥坚"的信念。读来，见到的是语文教师的教学智慧与教育情怀。

学习叶圣陶先生做语文教师

新乡县小冀镇京华社区小学　梁千昭

阅读经典，追逐更好的教育人生。在中原名师李桂荣教师的指导下，我们开展了"共读一本书"活动，共读内容是《叶圣陶语文教育论集》。叶圣陶是我国著名的作家、教育家、文学出版家和社会活动家，在《叶圣陶语文教育论集》这本书中，他既从宏观上谈了语文学科的任务，又从多个方面讲了语文教学应该如何有效进行。叶老围绕教学中的实际问题展开学术探讨和论述，语言质朴自然，如同邻家的老先生平和言谈、静水流深，又似多年的老同事促膝长谈、倾囊相赠。读之，让人沉浸其中而不能自拔。

"教是为了达到不需要教。"这是叶老语文教育思想的核心观点。他的意思很明白，即教师不是把现成的知识交给学生，而是把学习知识的方法教给学生，这样学生就可以受用一辈子。叶老的语文教育思想，最重要的有两点：一是关于语文学科的性质，语文是人生日用不可缺少的工具；二是关于语文教学的任务，教语文是帮助学生养成使用语文的良好习惯。叶老注重调动学生的积极性，培养学生分析问题和解决问题的能力。这一思想的指向正是学生的核心素养。今天的课堂，我们要达到"不需要教"的程度，就须正确处理师生之间的关系，坚持以"学生为本"。叶老认为："凡是合乎儿童天性的，他们就愿意知道它、学习它；与他们的天性不相侔合的，他们就不想知道，不高兴学。""教师教各种科目，教各种教科书，并不是教过了就完事了，还要以教育的价值为出发点，适应着学生的天性，拣那学生需要的给他们指导。"这些论述言简意赅，一语中的。学生是学习的主人，教学"以生为本"，这些新课程理念，与叶老的教育思想可谓相承致远。

《叶圣陶语文教育论集》中的诸多思想论述都是叶老实践所得。"语言文字的学习，就理解方面说，是得到一种知识；就运用方面说，是养成一种习惯。""语言文字的学习，出发点在'知'，而终极点在'行'，到能够'行'的地步，才算具有这种生活的能力。""阅读是吸收，写作是倾吐，倾吐能否合于法度，显然与吸收有密切的关系。单说写作程度如何是没有根的，要有根，就得追问那比较难以捉摸的阅读程度。"叶老这些语文教育的论述，既讲学术理论又讲实践方法，具体而实际，具有极强的指导性、启发性和实践性，犹如一道强光穿过层层迷雾直射语文教学的田园。怎样教语文，如何具体开展阅读教学，怎么指导吟诵，怎样进行有效的读写结合，先生均有真知灼见。

语文教学要注重语言的积累、感悟和运用，重视和加强语文实践。叶老指出，要引导学生在读写中比较、揣摩、欣赏和体会，"必须面对它本身，涵泳得深，体味得切，才有得益"。反思曾观察到的教学，一些教师有时候还是会不自觉地"多讲""深讲""细讲"，唯恐学生听不懂、学不透、理不顺，其实这恰恰剥夺了学生学习的权利，消灭了学生学习的主体性，占据了学生读、思、悟、说的时间和空间，学生失去了自主探究、涵泳、体味的机会。长此以往，不敢想象，令人惊悚。宋代陆九渊讲道："读书切戒在慌忙，涵泳工夫兴味长。"宋代理学家朱熹说："学者读书，须要敛身正坐，缓视微吟，虚心涵泳，切己省察。"因此，我们的语文课堂，还是要坚决把握住引导学生读，多读，反复读，带着问题读，带着方法读，带着习惯读，带着体味读的习惯。另外，语文教师要重视从读学写，读写结合，以写促读，以写促悟，从而有效提高学生的语文读写能力。平时教学中，我也格外注重这点。叶圣陶先生讲道："语文教材无非是例子，凭借这个例子要使学生能够举一反三，练成阅读与作文的熟练技能……"统编教材中一篇篇课文，其实就是读写结合极好的载体，是学习、积累语言文字的优秀示范，也是学习表达的优秀例子。教师可以引导学生学习作者运用语言文字来表情达意的经验，学习作者如何遣词造句、连句成段、构段成篇。文章的表达特点不同，读写结合点自然有别。如"儿歌"，发挥学生的想象力和童真童趣，可以开展照样子说话、写话；"说明文"，学生能够学习一些说明方法，开展仿写练习；"状物记叙文"，观察方法、观察顺序、准确用词达意则是学生学习表达的重点，而"故事、小说类课文"，就可以进行补白、续写故事，训练学生联想、想象能力，检验生本对话情况。还可以引导学生根据某篇课文故事改编课本剧，再进行排练、展演，从而全过程、全方面培养学生的语文素养，锻炼学生的综合能力。

教亦多术矣，运用在乎人，孰善孰寡效，贵能验诸身。

叶老的教育思想蕴含丰富。读之，品之，受益颇深。追求"不需要教"的成功的教学，是我们每一位教师孜孜以求的目标和理想，要借着叶圣陶先生闪光的思想、睿智的见解，把语文教育教学点得更亮。

阅读经典　常读常新

新乡市外国语小学　崔菁蕾

在中原名师李桂荣老师的组织和指导下，我们共读《叶圣陶语文教育论集》。我一开始对"语文教学二十韵"并没有理解，就开始往后读，现在再翻回来看，"语文教学二十韵"值得细细咀嚼。

"语文教学二十韵"意思是，教学应该有多种方法，方法是否有效，关键在于教师的实践，而实践是检验效果的标准。教师备课再全面，上课再完整，都不如学生自己学得充分，思考得深入。《义务教育语文课程标准（2022年版）》主要变化之一是优化了课程内容结构，加强了学科之间的联系，课程综合化，强化实践性。大语文教学，课外阅读很重要，精读教材，广泛阅读各类书籍，天文、地理、历史、军事、科学、人文等，腹有诗书气自华，先有知识再有动手能力去解决问题，才能培养国家需要的有理想、有本领、有担当的接班人。

提升素质离不开阅读，阅读要跟上时代，在理解的基础上提高速度，快速阅读是学生必不可少的技能。我们立足课堂，坚持在每节课的教学中开展实验，加强速读技能的训练。

（1）利用统编版教材中的课文，可以用全篇课文，也可以选取其中的片段，进行阅读比赛，然后由教师进行阅读结果检测，既训练学生的阅读速度，也训练学生的理解能力。

（2）选用《多文本阅读语文经典读本》中一单元几篇文章，发给学生任务单，一分钟阅读。统计学生一分钟的阅读量，引进竞争机制，提高阅读速度。

（3）课堂加强速读方法的指导。

① 定时速读训练法。在规定时间内完成阅读，此种阅读方法完全以学生为

主体，训练时，教师根据不同学生的实际阅读水平选择阅读文章，设计对应的测试题目，逐渐增加训练难度。阅读时，教师要记录时间，以每10秒为单位，逐一记录，最后根据阅读记忆回答老师设计的阅读题，评价每位学生的答题情况，让优秀的学生介绍阅读经验，让处于阅读劣势的学生总结教训并加以反思。

② 七模式快速阅读训练法。把阅读过程设计成七个方面，题目、作者、注释、主要内容、重要事件、特点、受到启发，学生在完成一篇阅读之后，可根据这七个方面逐一进行对照，检测自己是否达到这些方面的要求。

③ 学会默读。默读是一种有效的阅读方式，它不用阅读者出声，不用兼顾发声器官（嘴巴）和听力器官（耳朵）的感受，人通过眼睛接收到文字之后，迅速传输给大脑进行译码工作，以比较集中的专注力立刻进行理解，掌握默读这种方法之后，可以有效地帮助学生快速地完成一篇文章的阅读。

④ 制作视觉卡片。在对学生开始训练的时候就发现，很多学生一旦快起来，对文章的理解就会非常肤浅。为了解决这个问题，我们研究小组在每次训练之前，都发给学生一张阅读卡片，学生每读完一篇文章，都可以将文章的结构以及重点内容写在卡片上，可以画知识树、情节曲线图、课文结构示意图，罗列小标题，写课文提纲等，在练习的过程中，学生还使用方便贴，写完整理过马上贴在书里，这样更有利于学生了解作者思路，形成自己的思维体系。每一张视觉卡片都是我们和学生一笔一画制作出来的，当然，如果能够加上一些醒目的插图就更能刺激眼球、增强记忆了。

⑤ 提炼关键词。初期，学生完成视觉卡片不成问题，但经过老师们的检查，发现一个共性问题，那就是很多学生书写时语句不精练，较啰唆，降低阅读记忆。于是我们又向学生提议用总结关键词的方法帮助我们更好地存储信息。只要学会充分利用关键词，这一切都会变得简单轻松许多。只要总结得当，有时仅仅一个关键词就足以概括整段内容。

定时速读训练法、七模式快速阅读训练法、默读法、制作视觉卡片、提炼关键词，这些方法帮助学生寻找有用信息，进行文本资源整合，从而使学生达到速读、理解、提升。快速阅读课根据不同体裁的课文运用到课堂教学中，有效地扩大了课堂容量，提高了教学的效率。

《叶圣陶语文教育论集》，让我在前进的路上不忘停下来进行反思，学生喜欢吗？阅读兴趣浓厚吗？理解、速读并进了吗？让学生学会学习，"不教之教"，我还需要努力前进。

与书籍同行，促教师成长

原阳县第四完全小学　董小莉

叶圣陶先生是著名的作家、教育家、语言学家。他在《叶圣陶语文教育论集》这本书中，既从宏观上谈了语文学科的任务，又从多个方面谈了语文教学应该如何有效进行。文中语言质朴自然，没有雕琢之感。尽管是学术研究方面的论文，却没有故作高深，说理都以教学中的实际问题为主，静心阅读叶老先生的书，醍醐灌顶，茅塞顿开。这本书共六辑，第一辑主要谈了学习国文的方法，如"精读、略读指导举隅""国文教学的两个基本观念"等，第二辑主要介绍针对当时的国文编辑要旨阐述。

一是语文学科的性质：语文是工具；二是关于语文教学的任务：语文的教学任务是养成学生的各种良好习惯。"双减"政策的提出，对教师提出更高的要求，作为语文教师不妨抓住这两句话指导语文教学，以培养学生自主、合作、探究的能力为主，提升学生的核心素养。叶老在书中说：

"教师的责任不在于把一篇篇文章装进学生脑子里去，因为教师不是一辈子跟着学生。""如果学生坐定在位子上，听到教师说今天讲某一篇之后，才翻开课本或选文来，然后听教师读一句，讲一句，逐句就读讲下去，直到完篇，别无其他工作，那就完全是另外一回事了。"

意思是说，那就是一件误人子弟的事了。回想刚毕业初入课堂，满脑子想的都是将课文掰开揉碎了讲给学生，生怕有一点讲不到。那时自己的做法，何尝不是先生所说的这种情况呢。

教语文是帮助学生热爱生活，训练听、说、读、写的各种能力，使他们能够运用语文能力在社会上起到必要作用。对于"帮助"，叶圣陶先生告诉我们，现代的教育要着重通过对学生学习习惯的培养，教方法，重过程，发挥学生的自主能动性，靠实践来掌握语文能力。这种习惯可以是观察能力，可以是执行力，可以是解读能力、写作能力、交际能力……一切与使用语文息息相关。可见"养成习惯"比"直接讲授"要动的脑筋多多了。要举行各种各样的实践活动，并要重视反馈，还要着重于日积月累，坚持不懈，非常考验教师的各种能力。总而言之，一定要明白语文的性质是工具性。

关于语文课的教学任务，过去强调以教师讲为主的知识灌输，这样的问题是，学生丧失了自主学习的能力，就好像他们一直套着游泳圈在游泳，当某天脱离游泳圈的时候，可能就溺水了。在谈到国文教学的目标时，叶老在书中说："国文教学的目标，在于养成阅读书籍的习惯，培植欣赏文学的能力，训练写作文字的技能。"叶老使用的三个词"习惯""能力""技能"，应该是针对"阅读和写作"两方面而言的。我认为相较于写作，阅读更为重要。而学生养成、培植、训练，凭借的就是一篇篇的课文。所以，叶老说课文无非就是个例子，是学生学习作者表达形式的例子。而我们语文课的教学任务就是在课堂中利用好"课文"这个例子，教给学生关于作者表达形式的方法，来达到教学的目的。要达到这样的目的，需要教师带领着学生在课堂中不断地深挖，举一反三，反复练习，将主动权还给学生，必要时予以指导和启发。精读课要指导，要有研读的功夫。我们不能只是"教书"而更要"教学"。要教会学生"学"，学生就得有"预习"的习惯。叶老先生在书里就课前的预习和课上的练习提出了几条操作性很强的建议，时隔多年，仍旧没有过时，甚至比许多当下花里胡哨的表演功夫好得多，因为扎实、真实、返璞归真才是硬道理。

"预习的意义不是要求学生弄得完全头头是道，最要紧的是让学生自己动'天君'。"学生动了"天君"，得到理解，便有独创成功的快感。或得不到理解，便会有思索的念头。《朗读手册》中说过，检查学生是否理解一篇文章最好的办法，就是让他把这篇文章读一遍，看他的词语、句子间的停顿。所以，大声朗读是提高阅读理解能力的法宝之一。读的过程中圈画不懂的生字生词，依赖查字典，得到相当的认识。遇到多种解释的，还应该弄明白每种含义要在什么语境下运用。教师可以指导学生搜集用例，整理起来，让学生自己去发现生字生词的正确用法。借助现代的各种便捷手段，工具书、电脑网络等都比较容易实现。预习有了问题，听课时就有注意力，上课就有效果。教会学生

"学",上课须有"讨论",而不是一味地讲。教师对学生思考讨论的问题,进行指导、归纳、补充、阐发。学生在预习时练习了读书,讨论时得到了思考,阅读书籍的良好习惯就得以逐渐养成。不论是课内书籍还是课外书籍的拓展都创造了一个较好的阅读前提。用现代的方法来讲就是以读促思,以读促写,以读代讲。

学习语文,课内的精读是方法,课外的整本书阅读,也就是略读才是关键,要运用课内学习到的阅读方法去略读课外的读物,然后多多比较。欣赏文学的能力与训练写作的能力,"在于第一步透彻了解整篇文章,第二步体会作者意念发展的途径及其辛苦经营的功力"。教师指一条途径,给一点暗示。阅读、体会、效仿,学生逐渐就学会了欣赏与写作。

精读是主体,略读是补充;精读是准备,略读是应用。"略读"的作用,叶老强调"应用"这无疑是非常正确的认识,他认为阅读的"习惯"是熟能生巧的规律。这其实进一步解释了"习惯"的养成的问题,不能单独依靠课上的"精讲精练"就能培养出学生的习惯。学生的略读需要指导,这是叶老一再强调的。但这涉及了两个相关的问题:一个是教学时间上的问题,授课的时间有限,学生的精力有限;另一个是教材方面的问题,虽然现在学生的阅读渠道很多,可和语文课本的衔接因人而异,作为"习惯"还是要依靠学生的自觉,不能强求。

叶老所谈的对不同文体的阅读的注意事项,可以说精准至极!他说:

从中吸收知识,增加自身的经验;那就须运用思考与判断,认清全书的要点,不至曲也不遗漏,才得如愿。

好的小说和剧本,故事仅是迹象,凭着那迹象,作者发挥他的人生经验或社会批判,那些才是精魂。诗歌,不但要分析地研究,还得要综合地感受。古书阅读要得到真切了解,就必须明了古人所处的环境与所怀的抱负。但能做到这几条就已经很了不起了。

叶老闪光的思想,精练的语言,对学习实践语文教学改革给我很多启发,我将会在追随光、靠近光中不断学习、实践、反思、总结、成长!

读写相融　相得益彰

原阳县第四完全小学　董小莉

阅读《叶圣陶语文教育论集》这本书对我启发很大，解决了在教学中困扰我的许多问题。在花开的季节中，静心倾听一位长者谆谆教导，如春风化雨，滋润着我的心灵。叶老说："学生须能读书，须能作文，故特设语文课以训练之。"即最终目的为自能读书，不待教师讲；自能作文，不待教师改。这句话道出了语文课的目标，在于养成阅读书籍的习惯，培植欣赏文学的能力，训练写作文字的技能。抓住了阅读和写作两方面，也就抓住了语文的根本。

一、阅读即教育

生活中没有书籍，就好像没有阳光。读书足以怡情，足以博彩，足以长才。在教学中，教师可以组织学生开展形式多样的读书主题活动，帮助学生养成爱读书、多读书、读好书的习惯，通过阅读涵养情操，并从实践中体会到读书的无穷乐趣。记录学生生命的成长，从而获得成长的快乐。可以开展阅读分享活动，学生概述读书的内容，同时表达读书后的理解和感受。有的学生朗读了自己喜爱的精彩段落，有的学生分享了自己喜爱的书中的人物，有的学生分享了从书中学习到的好词好句，这既是阅读后的温习，也是阅读收获知识的交流与共同学习。

叶老说，阅读跟写作要得其道，经常历练，历练到成为习惯，才算有了这种能力。阅读能力的增强，就是从阅读中逐渐养成受用的好习惯加强的。比如，为了使学生畅游科学海洋，可以组织学生进行主题阅读活动，并手工制作读书卡。学生还通过认真阅读、仔细品味好书，将自己的读后感记录下来……写出一篇篇文质兼美的读书笔记。通过制作读书卡，写读书笔记，开展形式多样的读书手抄报活动，让学生积累阅读知识，拓展阅读视野，读写结合，了解更多的历史、文化知识，提高阅读水平，提升学生的文学素养。鸟因为羽翼，生命才五彩斑斓；学生因为书籍，生活才与众不同。"一日不读书，胸臆无佳想。"读完一本好书，将胸中心意抒发分享，也是一种学习和成长。通过主题系列活动，学生更加喜欢阅读，与书为友，读中有悟。引领学生把读书变成一种生活习惯，让书香涵养智慧，形成阅读能力，受益终身。

二、写作即生活

在"双减"政策的大背景下，如何提高学生的写作兴趣，提升学生的语文核心素养呢？对于写作，叶圣陶先生说过："生活就如泉水，文章就如溪水，源泉丰盈而不枯竭，溪水自然活泼泼地流个不停。"要知道，作文这件事离不开生活，生活充实到什么程度，文章就会写到什么程度。所以论到根本，除了不间断地向着充实的路走去，更没有可靠的预备方法。走在这条路上，再加写作的法度、技术等就能完成作文这件事了。必须寻到源头，方有清甘的水喝。由此可知，生活是写作的"源头活水"，一旦"源头活水"滚滚而来，思想的火花就会迸射出耀眼的光芒，内心的情感就会随笔端源源不断地流淌出来。怎么想就怎么写，好似一股活水自然流注，没有半点阻碍。指导学生在生活中认真观察、体会、实践、感悟，关键是自己有没有带着一颗心去观察和感受。作文并非一定要写轰轰烈烈的大事，否则哪来的"以小见大""细微之处见真情""平凡之中见伟大"？我久久思考作文存在的问题，怎样才能让学生对作文有兴趣呢？第一，要让学生明白作文就是写自己所看、所想；第二，要打破作文每两周一篇的固定格式，给以宽松的时间范围，只要是两周内完成了，不管是什么体裁的文章，只要是自己心中所想、所感、所悟就是好文章；第三，学生要养成写日记的习惯，日记不是流水账，是记一天中最为可记的内容，内容可多可少，关键在于经常练习，要让写作成为习惯。

说到写日记，有的学生认为没有什么好写的，这是因为我们教师指导或坚持得不够。日记题材就存在于我们身边，并不像我们想象得那样遥不可及。如这一天里，记下一时的想法，记下观察到的一个现象或一个动作、一个场景，认识了一种花，学会了一个词……学生养成一种习惯之后，就会不自觉地坚持下来了，这对于他自己来说受用一生。日记不嫌琐碎，一切皆可入记，这也就是叶老所说的积蓄吧。它们会使我们的作文有物可写，有情可抒，不再千篇一律，而是下笔千言。

学生如果没有丰富的情感，就不可能写出真挚感人的文章。如果学生生活丰富，接触的事物多，见识广，视野开阔，感受就会深刻，写起文章来就会得心应手。因此，我们要把学生带出课堂，教育学生热爱生活，鼓励学生投身生活，不仅要观察生活、积累生活，更重要的是要用心去体验生活，用眼去看，用耳去听，用心去感受，善于发现生活中的感人之处，善于从身边选材，从小事中挖掘其深远的意义。引导学生"生活处处皆文章"，在平时的学习生活、家庭生活和社会生活中要注意观察和思考，对这些事和人做出自我的判断和评价。这样，在你心中新鲜的事、生动活泼的人就多起来了。教师还要开展语文课外活动，如带领学生参加各种社团、文体活动、公益活动、社会调查等，为学生提供广阔的观察、阅读空间，并要求学生将观察到的对象进行客观描述，逐渐培养时时处处学习语文的兴趣。教师可以让学生制作"生活卡片"，就是将日常生活中自己的所见、所闻、所思、所感分类存入材料库的一种方法。叶老说，"阅读和写作的知识必须化为习惯、养成习惯，在不知不觉之间受用它，那才是真正的受用"。叶圣陶先生在品评中，在指明方向的同时，留给教师更多思考的空间，他传达给我们的观念是，学语文不难，作文并不难。学写作很简单，大道至简，用心生活才能写好文章；学写作从自己的生活观察感悟入手，从阅读的一篇篇经典的美文中厚实积累，训练的眼睛如相机一样，捕捉到有意义的事，在删减素材后，教师就能去自然真挚地记录，去本真流畅地书写，让读写刻进生命，让读写如呼吸一般自然。

教育即生活，生活即教育；阅读即教育，写作即生活。叶圣陶先生是著名的作家也是大语文教育家，深度阅读这本书里的经典文章，从中汲取前行的力量，感受先生深刻的思想，收获精神的丰盈，不断地提醒自己、启迪自己、教育自己、提升自己。

跟着叶老学教语文

新乡市实验小学　杨玉莹

阅读《叶圣陶语文教育论集》，如春雨般滋润了心田。叶老的文章，像是一位倾诉者，把自己的教育教学经验轻轻诉说，也更被叶老对教育的赤子之心打动。书中的文章涉猎很宽，有关于语文教育的，有谈论一篇文章的，有谈写作和修改文章的，也有谈改正字风和端正文风的。这些文章，虽然大部分写于解放前，可叶老看得透彻、想得长远，所以很多观点和内容都极富有现实意义。

在这本书中，叶老讲了语文的学法、教师须注意的地方、教材的使用，还对当时出现的问题进行辩答，既符合当时国文教学的时代性、先进性，又符合语文教学的一般思维，这些思想在今天依然是基本理念。其实很多教师在平时教学中都会用到书中所写的一些教育教学方法，但并没有像叶老这样思路清晰。比如在写作上，书中写道：

写作的历练在乎多作，应用从阅读得到的写作知识，认真地作。写作，和阅读比较起来，尤其偏于技术方面，凡是技术，没有不需要反复历练的。学校里的定期作文，因为须估计教师批改的时间和精力，不能把次数定得太多，每星期作文一次算最多了。就学生历练方面说，还嫌不够，为养成写作的习惯，非多作不可。同时为适应生活的需要，也非多作不可。作日记、作读书笔记、作记叙生活经验的文章、作抒发内部情思的文章，凡遇有需要写作的机会，决不放过，这也是应该而且必须做的。

叶老说的这几种写作，教师在平时也让学生做了，但是随笔形式多，许多学生常会敷衍了事，精彩文章产出稀有，并且学生现在的生活经历又实在太少，也没有什么新颖的素材可写。

比起写，我认为更重要的是"读"。阅读少，语言就会匮乏，让学生的写作很难再进一步。所以我就在班里经常组织学生开展读书活动。比如，好书推介会、读书交流会等，鼓励孩子多读多抄，但要将读书读到的尝试应用于写作。叶老建议，书读得越多越好，不必一开始限制什么范围，最好是从课内迁移到课外，将课内学的写作技巧应用到自己的作文里去，但是扩大阅读面还是极为重要的。

这是一个由"繁"到"简"，由"教"到"不教"的过程。在当代社会，像叶圣陶这样的先生极少，在他们的时代，当先生是很艰难的，但他们依然坚守，不忘初心，始终如一。面对困难险阻时依然保持乐观积极的状态，对年青一代寄予厚望。这样的气度和境界，令人佩服。

我常感到现在的学生与那个时代的学生太不同了，但又有些类似。不同的是在今天的信息时代，学生面对的比书本更吸引人的东西太多，越来越多的诱惑占据了他们的内心，以致书也读不进，写作也沉不下心。但我又觉得即便时代变迁，人们总是在不断接受新事物，不同的年代有不同的文化，也许在当时，传统文化正占据着他们的内心。

读《叶圣陶语文教育论集》，让我更深切感受到教育就是塑造人的教育，需要每个教师发自内心的深度觉醒。日常的教育教学与我们民族的未来息息相关，教师应该肩负起语文教学的使命。

做学生的引路人

鹤壁市松江小学 罗宏钟

叶圣陶先生在《叶圣陶语文教育论集》中提出："教师之为教，不在全盘授予，而在相机诱导。"教师教学是通过知识的传授过程，启发学生的思维，提高学生学习兴趣，使学生学会方法，提升能力，而不是把所有知识教给学生即可。我想，这便是在指引所有教师，要学会做学生的引路人，通过自己的一言一行，给学生的心灵埋下真善美的种子，做学生前行路上的守护神，一起照亮学生，幸福自己。

一、关于预习

叶圣陶先生在《叶圣陶语文教育论集》告诉教师预习的要领：通读全文，边读边思考。预习要通读全文是学生都知道的，但是能够做到边读边思考的并不多，其原因是学生不会阅读。通读全文就是阅读，所以，预习必须按照阅读的要求去阅读——边读边思考。

这就需要知道怎样思考。

认知：文本的内容（写了什么），文本的形式特点（怎样写的）。

评价：为什么这样写（为什么写这个内容，为什么写成这个样子），写得怎么样。

探究：怎样写出来的（作者的构思、想法）。

教学时，教师要做出阅读的示范和引领，以便学生观察、效法。这是最重要的。包括"怎样思考"的教学，都应该与教师的示范和引领融合在一起。

现在虽然强调先学后教，但是却不重视预习。预习不就是先学吗？学生先学，自己解决在自学时能解决的问题，然后教师再教，效率不就高了吗？

叶圣陶之所以希望有这样的教材，就是希望以此迫使学生边读边思考。考察学生预习成果的方法是读。读，可以考察出学生的理解程度，找到不理解的地方和理解不到位的地方，这样就可以有选择的教，这就是以学定教。

"所以令学生预习，必须使他们不犯模糊笼统的毛病；像初见一个生人一样，一见面就得看清他的形貌，问清他的姓名职业。这样成为习惯，然后每认识一个生字生语，好像积钱似的，多积一个就多加一分财富的总量。"叶老的语言言简意赅却意味深长。

二、精读与略读

书中扑面而来的情感和生动形象的方法让人受益匪浅。其中在《略读指导举隅》中，叶老谈到精读与略读的关系时，提出了这样的论断：

就教学而言，精读是主体，略读只是补充，但是就效果而言，精读是准备，略读才是应用。

从叶老的论述中，我们可以看出，精读与略读两者存在着相互渗透相辅相成的关系，只有将精读课上所学的各种知识技能熟练掌握并在略读中充分运用，再加上教师的适当指导才能够达到阅读能力的提升这一目标。从整体上看，精读是略读的基础，是其学习的典范，略读则是对精读掌握技巧的熟练应用。只有打好了基础，才能在略读上更好地发挥发展。只有略得其所，精得十足并且将精读与略读相结合，才能相得益彰，交相辉映，实现"教是为了不教"的教学境界。

语文教师在现实的课堂授课过程中，应该注重遵循精读略读互补的教学原则，这一原则一方面是指将精读略读课文的教学结合起来，让两者互相渗透、相辅相成，达到你中有我、我中有你的高度，让学生在听课时可以融会贯通，加深理解。另一方面则是指在教学时，教师要慎重取舍教学内容，做到合理安排精讲和略讲这两部分，使文章详略得当。其次要适度指导，在实际的教学过程中，教师要根据教学目标的要求、学生的实际情况以及课文的特点把握好对学生自主学习的指导程度，做到"不愤不启，不悱不发"，在课堂中认真观察每一位学生的表现，做到在学生最需要指导的时候，为其提供适宜的点拨，以使学生取得较好的学习效果。教师要提倡学生进行个性化阅读，遵循开放探究的原则，接纳学生合理的相异意见。对于开放性的没有固定答案的问题，不要限制学生仅从某一个角度思考，要善于开发学生的想象力，多角度多层面思考问题。

教师要厘清编排意旨，慎选重难点，明确教学目标；根据课堂学情，以"精"促"略"，合理设计教学；善于放手，学生自主研究，课外延伸拓展。学生要成为学习的主力军，巩固精读技巧，合理迁移运用，掌握自学方法，让自主阅读成为习惯，为语文学习插上翅膀。

三、关于写作

在读到叶老的"写作是什么""怎样写作"时，这句"思想是不出声的语言，语言是出声的思想"让我印象深刻。习作就是练习说话，练习思想，用笔说又老实又明确的话。其实写作和做人一样，"立诚"为本。所谓立诚就是指写作的态度要认真，写的是我自己想说的话，是自己的东西。做到有什么就写什么，切忌言不由衷、语不切实。一件事物，你知道得清楚；一个道理，你明白得透彻；一个意思，你思索得周到；一种情感，你感受得真切，这些都是你自己的东西。

对于名家的写作经验和文章做法可以学习，但勿一味依靠。我们写作应遵循"文无定法"的老话，平时留心观察，多写多练，让自己拥有明澈的眼光和熟练的手腕。而阅读是写作的基础，语文老师一定要把阅读课讲透，注意学生的口头训练。还要多指导阅读，让学生写读书笔记，把学到的东西消化为自己的东西，走马观花、不求甚解的阅读方式不可取。其中写作的素材便来源于整个生活。比如，读书得到了一点意思，一件小事悟出了道理，朋友说了有意义的话，一个集会留下了深刻印象，参观旅游见到了新鲜事物，工作、学习和生活中的酸甜苦辣等。

只要留心观察，一花一叶、一草一木都可以写成一篇文章。生活这个源头充实了，文章就会像活水一样源源不断地流出来了。

第三辑

阅读，
让思想去远行

——读《第56号教室的奇迹——让孩子变成爱学习的天使》

在2020年加长版假期中，中原名师李桂荣工作室的教师们停课不停研，停课不停学，云端相聚，共克时艰，进行线上研修、共读经典、观摩案例等不断的学习交流，博采众长，勤于笔耕，丰盈提升，以持续奋进的姿态追求着心中的教育梦想。本辑分享教师们共读雷夫·艾斯奎斯的书《第56号教室的奇迹——让孩子变成爱学习的天使》带来的思考、感悟，希望大家和雷夫一道，用心灵感染心灵，用生命影响生命。

众里寻他千百度，知音却在灯火阑珊处

河南宏力学校 曹卫振

让朗读走进生活，用声音诠释经典。疫情期间，作为中原名师李桂荣工作室的培育对象，有幸跟着李老师参与了"烁玉流金共读汇"，和大家一起共读了美国教师雷夫·艾斯奎斯的《第56号教室的奇迹——让孩子变成爱学习的天使》一书。

"好书不厌百回读，熟读深思子自知。"读了以后才赫然发现，读这本书的体验是"惊讶"与"感动"。

惊讶，是因为我从这本来自大洋彼岸的书中，竟然读到那么多熟悉的东西。一直以为，中美两国的教育差异很大，以为我们在教育中的种种现实问题人家不存在，甚至以为人家的教育思维方式都和我们不一样。这本书却让我第一次知道，雷夫老师在教学及与学生相处中产生的困惑，也正困扰着我，而雷夫老师对教育的理解，对教育价值观的剖析，其实都可以在我们的教学实践中进行验证。这本书还总让我联想起阅读《窗边的小豆豆》的体验：

> 今夜无眠，
> 已经是深夜十二点，
> 《窗边的小豆豆》我还没有读完。
> 小豆豆的举止是那么的不可预料，
> 故事情节是那么的扣人心弦，
> 最让人搁不下的倒不是这些，
> 而是教师春风化雨般的温暖。

当我轻轻合上书本的时候，
思绪似波涛汹涌的大海一般。
同为教师的我，毕业也才没几年。
也曾满腔热忱追逐梦想的蓝天。
现实的窘况、生活的压力，
将它击打成一地碎片。
整日里，固守无法改变的现状，
在批判别人扼杀孩子天性的同时，
不曾想，自己也是这类分子里的一员，
有时甚至还在一旁推波助澜。
是现实的严酷还是没有勇气承担？
我也曾和作者一样地想，
如果今天还有巴学园，就不会有孩子将上学讨厌。
在巴学园，即使放学之后，学生也不愿回还。
而且第二天早晨，又眼巴巴地把学校来盼。
哦，巴学园，你是一枝吐露芬芳的深谷幽兰，
静静绽放在我的心田。
你就是我的理想国，我梦想的桃花源。

我想追寻温暖纯净的教育理念，
我愿和学生一道，
打造我们自己的"巴学园"。
尊重天性，张扬个性，
捕捉孩子的闪光点，
拥有如梦似幻的童年。

《第56号教室的奇迹——让孩子变成爱学习的天使》和《窗边的小豆豆》两本书的作者国籍不同，陈述视角不同，但他们所创造或置身的那个教育场所体现出的内涵和气质却惊人相似。所以，这本书不仅适用于大洋彼岸的美国，也同样适合所有做教师的借鉴。

更多的是感动。阅读中，我总是不由自主地一次次发出惊叹：教师原来可

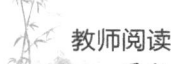

以这样当！原来可以做得这样好！

　　这本书在讲一个故事，故事梗概是一位小学教师精心教育班里的学生，使一届又一届平凡的学生成长为一批批出色的人才。作者的着眼点不在"成功"，而在过程。他心态平和而自信地写了许多发生在第56号教室中和学生的平常的事。这些小事，在许多教室里都会发生，情形似乎大同小异，但是第56号教室却让这些小事具有了不同的功能和意义。一些孩子，他们有幸从这间教室走过，他们的人生因此改变了走向，提升了高度。教室与教室原来可以如此不同！

　　第一章中雷夫老师批评艾利克斯的老师"为达目的不择手段"的方法，值得我们深思。做任何事，过程远比结果重要。方法对了，既能达到教育的目的，又能让自己独善其身，不至于成为舆论的旋涡。而雷夫则用一部影片中的情节（不让儿子玩红袜队队员写满球员签名的球，而孩子却将文字擦去后玩得不亦乐乎），以此告诉人们：不管是教导学生还是子女，一定要时时从孩子的角度看问题。不要把"害怕"当作教育的捷径。类似于"儿童角度、儿童视角"的说法，这几年也曾不厌其烦地提过，但真的能够蹲下来以儿童的视角思考问题的教师和家长却凤毛麟角。"我们花了那么多时间提高阅读和数学分数，我们催促学生跑得更快、跳得更高，难道我们不也应该帮他们成为更好的人吗？"也许是目标错了，如此做，只能缘木求鱼，最后却事倍功半，甚至南辕北辙。而雷夫在面对这样的问题时却能够很好地化解："没写家庭作业吗？只要告诉我，我会接受你搞砸的事实。你打破东西了？这种事是难免的，我们可以好好处理。然而，要是你破坏了我对你的信任，规则也将随之改变。……"当然，学生如果不小心破坏信任，也应该有赢回信任的机会，但这要花很长时间。在此警告为人师者：遇到学生出现问题的时候，绝对不应该感到沮丧。应该用积极的态度与耐心来面对问题，培植出相互之间的信任。

　　教师获得了信任以后，绝对不要忘了，学生会一直看着你，他们会以你为榜样。教师要求学生做到的，自己就得先做到。孔子所说"己所不欲，勿施于人"大概就是这个道理。当然，决不能因为孩子的信任而"胡作非为"，教师必须维持教室里的秩序，但千万不要忘记纪律的基本真理：教师可以严格，但不公平的教师会被学生看不起。惩罚必须和违规行为相称，然而现实往往并非如此。只要学生看见你赏罚不公，你就失去了人心。这就是古人所说的"不患寡而患不均，不患贫而患不安"。

雷夫·艾斯奎斯的"道德发展六阶段"理论，同样让我着迷：

第一阶段，我不想惹麻烦——靠惩罚起作用；

第二阶段，我想要奖赏——靠奖励起作用；

第三阶段，我想取悦某人——靠魅力起作用；

第四阶段，我要遵守规则——靠自律起作用；

第五阶段，我能体贴别人——靠仁爱之心起作用；

第六阶段，我有自己的行为准则并奉行不悖——靠人格修养起作用。

教师要求学生有良好行为表现的最终目的，是让他们相信这么做是对的，不是因为害怕惩罚才去做。反观自己在教学的10多年，我曾经用很凶的语气说"要是谁上课随便说话、乱动、不认真听讲，我一定会好好修理他，不信就等着"。简单粗暴的做法确实有效，可是学生除了害怕我的愤怒和权力之外，什么也没有学到。不仅如此，我和学生的距离也越来越远。

雷夫曾给学生忠告：

你永远无法真正了解一个人，除非你能从对方的角度来看待事物……除非你能进入他的身体，用他的身体行走。

这何尝不是对教师的忠告呢？比如，学生考试，只要尽力了，就算考坏，明天的太阳还是照样升起。考不好只代表一件事，那就是学生还没有弄懂题目，教师只有再为学生讲解一次。多站在学生的角度想想，会更理解孩子，在今后的管理工作中会做出更适合学生的决策。其实，教师有的时候也会犯同样的"错误"，有时也为了某些规则去做一些事情，但并没有真的认为做这些事对自己有好处。教师也要努力改变这样的状态，不因"遵守规则"而遵守规则，可以做得更好。

关于阅读，雷夫所讲的让我沉醉："为什么要阅读呢？"一般来说，现在的学校看不见阅读的理由。只要看学校的阅读进度表，就能明白教材激不起学生兴趣的原因。这些阅读目标千篇一律地以流畅度、理解力，以及其他无聊到制造反效果的目的为教学重点。我从没在学校的首要阅读目标上看见"乐趣、热情、引人入胜"等字眼。这些才是应该列入的目的，是人们阅读的理由，而教师对这个事实却视而不见。

我自己每天都阅读，从来都不是为了参加测验，或是因为想用成绩单上的分数来显示学业上的进步。我会留意报纸或广播中的好书推荐，或在公共场合无意间听见别人所讨论的最近读到的新书。我和大家小时候没什么两样，不是天才，但算是个善于阅读的人。孔子说："十室之邑，必有忠信如丘者焉。不如丘之好学也。"读书是一个螺旋上升的事情，因为喜欢一本书，很可能喜欢上这位作家其他的书，也可能因为喜欢这个类型而寻找其他作家同类型的书。

我要我的学生爱上阅读。阅读不是一门科目，它是生活的基石，是所有和世界接轨的人们乐此不疲的一项活动。要让在这个世界里长大的孩子相信这个事实，是极为困难的，但也并非不可能。从长远的效果以及重要性来衡量，这样的努力是值得的。

书香致远，墨卷至恒。阅读只有由耳入心，在脑海中反复反刍，方能得其中三昧。阅读《第56号教室的奇迹——让孩子变成爱学习的天使》一书，深深感慨找到了知音。今后我要紧跟雷夫老师的脚步，勇敢地向前走。像雷夫老师所说：

要达到真正的卓越，是要做出牺牲的，需要从错误中汲取教训的同时，付出巨大的努力。毕竟教育无捷径。

走进经典　向暖而行

濮阳市子路小学　王淑兰

"让朗读走进生活，用声音诠释经典，这里是烁玉流金共读汇……"耳边响起这美妙的声音，总会不由得心潮澎湃。在2020年这个加长版的寒假里，我学会了做各种花样的面食，学会了做诱人可口的披萨，学会了做香喷喷的腊肉焖饭，学会了打非洲鼓，但陪伴我最多的还是每天动听的"共读汇"朗读，感谢中原名师李桂荣工作室搭建的平台，感谢工作室小伙伴们精彩的分享，感谢世上竟有这样一间教室，为我的教育之路指明方向，让我更加勇敢更加智慧。

这是一个奇迹——一个来自美国教育的奇迹。美国雷夫·艾斯奎斯的《第56号教室的奇迹——让孩子变成爱学习的天使》，静静流淌的音乐，小伙伴们倾情地朗读，面前出现了那位狂热的英雄教师和他的学生，仿佛我也置身于他的56号教室里了。

雷夫·艾斯奎斯是个富有激情的教师，他工作的丛林小学地处一个充满暴力而又贫穷的地区，56号教室里的孩子大多来自移民家庭，成长的环境非常不好。但这些孩子在雷夫的教育下，在不同领域都取得了非凡的成绩。教书虽然是件苦差事，但雷夫的成果却是甜美的。

雷夫·艾斯奎斯说：

我希望孩子成为什么样的人，我就首先需要做什么样的人。我希望他们成为一个友善、勤奋的人，因此，我必须是他们见到过的最友善、最勤奋的人。

雷夫·艾斯奎斯把自己满腔的热情传递给了学生，他就是上帝送给学生的最好的礼物。

的确，成功地做任何一件事都不容易，新冠肺炎疫情期间的感受尤为深刻：用生命保护生命的"最美医护者"，主动为武汉人民服务的"最美逆行者"，坚守各自岗位的"最美守护者"，他们都是新时代的英雄，为之感动骄傲的同时，也深感自己肩上的责任重大。教育也是一项艰苦的工作，一个好教师需要相当的聪明才智，需要当好一名社会工作者和出色的心理学家。一个对学生充满期待的教师，才能带好一个班级。

成功没有捷径，需要努力前行。20多年的教育之路，有成功的喜悦，也有失败的心酸，但我始终热爱自己的职业。《第56号教室的奇迹——让孩子变成爱学习的天使》给了我更多的信心，我努力让自己成为一个智慧的教师，做学生幸福人生的奠基人。

这本书第一章"给我一些真相"中，三年级学生艾利克斯的书包很乱，教师本可以抓住这个契机对学生进行引导教育，但是艾利克斯的教师却对他大吼大叫，竟然还把书包里的全部东西倒在桌上，让同学拍下照片在家长会上向所有来宾展示，更残忍的是还对全班同学说，大家再有垃圾，不用丢到垃圾桶，直接扔到艾利克斯的桌上就行啦。艾利克斯的教师严重地伤害了孩子的自尊，这种做法的结果是短时间内艾利克斯的书包可能会干净一点，但是可以想象一下，这种处理方法给孩子带来的心理阴影可能一辈子也难以弥补。苏霍姆林斯基说：

教师要像对待荷叶上的露珠一样，小心翼翼地保护孩子的心灵。晶莹透亮的露珠是美丽可爱的，却又是十分脆弱的，一不小心露珠滚落，就会破碎不复存在。

——《给教师的建议》

所以，作为教师，要走进孩子的心灵，去发现他们新奇的想法，激发思想火花，培养高尚的情操。对孩子少一分埋怨，多一分宽容；少一分苛求，多一分理解；少一分斥责，多一分尊重。这样孩子才能真正信任你，也才能身心健康、茁壮成长。

书中提到有一个名叫艾伦的学生告诉记者：

我去年问一个教师问题，结果她火冒三丈地对我说："我不是已经讲过了？你根本没在听！"可是我有听啊！就是听不懂嘛！雷夫教师会讲解500遍，一直到我听懂为止。

这段话，让我很惭愧。每个班级都会有后进生，我也遇到过这种情况，曾因为反复地讲解，学生仍然听不懂而大发雷霆，连珠放炮："刚刚讲过的，你没在教室里吗？你没耳朵吗？你没听吗？同样一个教师讲课，为啥人家都学会了，你学不会啊……"表面上看，好像是为学生着想，实际导致的结果是让孩子失去信心从而自暴自弃，那我们的努力就和预期的目标背道而驰。我们应该学习雷夫老师，1遍不懂，可以讲3遍；3遍不懂，可以讲5遍；5遍不懂，可以讲10遍、20遍、上百遍。所以：

遇到学生不懂的时候，绝对不应该感到沮丧。应该用积极的态度与耐心来面对问题，这样才能打造出立即、持久，而且凌驾于恐惧之上的信任。

——《第56号教室的奇迹——让孩子变成爱学习的天使》

担任20多年的班主任，我对此深有感触。一天下午课间休息时，我班的张涛同学跟我说："王老师，我的10元钱丢了，刚才还在，上趟厕所回来就没了。"我问问周围同学，谁下课到他位置上了，大家都说没有。顿时，教室里议论纷纷。"搜身，搜身。"不知谁提出了建议，立即有一些同学也赞成。当时的我很冷静，没有发急，更不去搜查，只是目光凝重地扫视所有的孩子，眼光落到他同桌周达身上，当我的眼神与他的眼神相碰的一刹那，一种复杂的情感从他的脸上掠过，他的脸上写满了焦灼与不安，连忙低下头。

第二天班会，首先我把昨天张涛丢钱的事跟大家说了，然后转身在黑板上写了四个大字："诚实无价。"让学生谈谈对这四个字的理解，学生纷纷发表自己的看法，有的说："诚实是用金钱买不到的。"有的说："不诚实的孩子，老师和同学都不会喜欢他。"我微笑着说："我们班没有不诚实的孩子，只有一个一时禁不住诱惑犯了错误的孩子，老师相信，他一定会知错就改。今天，老师给你们每人发一张信纸，上面用红色彩笔画了一颗红心，代表你们诚实的心。你们就把老师当作知心朋友，给老师写一封信，说说你们的心里话，把最近开心的、苦恼的事跟王老师说一说。"

20分钟之后，我收齐了全班学生的来信。课间，我一封封地看，被一颗颗可爱的童心感染着，也看到了他们对我的信任，但有一个孩子的话，至今我仍一字不差地记着。"老师，昨天我犯了一个错误，我的心里很难受，也很矛盾，昨天我就想承认错误，可我没有勇气，我已经把那10块钱偷偷放进张涛的笔袋里，谢谢您给了我承认错误的勇气，谢谢您给我改正错误的机会。"孩子真诚的话语深深地打动了我的心。我们的目光再一次相遇，我的眼睛里充满了对他的信任，他的眼睛里充满对我的感激。我用关爱、尊重、理解、宽容给予孩子改错的机会，保护了他幼小的心灵。

苏霍姆林斯基说："教师的爱应该是理性的爱。"理性的爱意味着尊重。这种巧妙的方法，既让孩子改正了错误，又保护了他的自尊心。孩子犯错时，教师要耐心理智地对待孩子的错误，要站在学生的角度，用学生的大脑去思考，用学生的眼光去看待，用学生的情感去体验，我们就会找到合理有效的解决方法。

《第56号教室的奇迹——让孩子变成爱学习的天使》一书中有这样一句话：

孩子们一直看着你，他们以你为榜样。你要他们做到的事情，自己要先做到。

"其身正，不令而行；其身不正，虽令不从。"教师希望学生成为什么样的人，首先教师自己要做到。教育教学工作烦琐、单调，这就需要教师持之以恒，要时时事事提高警惕，做学生的榜样。教师的人格水平越高，其榜样作用也就越强。欲齐其家，先修其身。作为教师，要常反思自己在学生心目中的形象。

一间教室的容量很大很大，他能够带给孩子很多很多的东西。雷夫老师让我懂得教室和教室是不一样的，我深深地迷恋雷夫老师的第56号教室。"唯有出自心的关怀与真爱，才能创造出人间的奇迹。"其实，第56号教室的奇迹就潜藏在每个教师的心底，只要用心去做，必定能创造属于我们的奇迹，必定能把孩子变成热爱学习的天使；只要用心去做，必定能把教室变成温暖的家，让教室成为学生心中向往的地方。

小教室，大容量

信阳市平桥区第一小学　袁登芳

一间教室的容量可以是——无限。书架上的这本《第56号教室的奇迹——让孩子变成爱学习的天使》是两年前买的，当时看到好多"教师阅读书单"上都推荐这本书。如今真正走进这本书，深深被誉为全美最优秀的教师——雷夫·艾斯奎斯信徒般的坚守震撼。这本书不仅对班主任管理班级有指导意义，也适合家长们阅读。

在第56号教室——霍伯特小学一间普通狭小的空间里，学生愿意每天提早两小时到校，放学后还久久不愿离去，雷夫老师用爱和行动真正做到了"让孩子变成爱学习的天使"。这本书，让我看到了美国优秀教师和中国优秀教师身上的共性，他们甘为人梯，乐此不疲通过教育改变学生的命运，尊重孩子，让孩子在宽松、愉悦的环境里接受教育，养成终身受用的好习惯。

一、培养终身阅读的习惯

雷夫所在学校的学生大多是拉丁裔，阅读能力严重不足，于是他坚持要培养孩子终身阅读的习惯，也是孩子长大后成为与众不同的人的重要原因。学校的阅读目标要以培养阅读兴趣，激发学生的读书热情为主。"我阅读，是因为我喜欢这么做"与当前学校提倡的"快乐阅读"不谋而合，像很多优秀的中国教师做法一样，他给学生推荐经典的阅读书目，并且提醒教师们要提前练习备课，要时不时停下来针对某个重点或关键议题研讨，细心观察学生的反应，灵活掌握不能因为过度频繁的暂停而扼杀学生的专注力和乐趣。

"让学生阅读合乎自己程度的书籍，每月写读书心得。"对于目前学校开展班级读书活动具有借鉴意义，这种分层阅读的做法充分尊重了学生的差异，让每个孩子建立自信从而产生阅读期待。引导学生欣赏由原著改编的电影，或者让孩子自编自演舞台剧提高学生的文学鉴赏力，远比以考试为目的来检测学生的阅读效果要好得多。雷夫会选择一些典型的故事帮助学生理解概念，接着每月班级共读一本引人入胜的文学作品，通过读心得范例让学生揣摩写作方法，学生再尝试写自己的读书心得，教师及时批阅指导，在这样循序渐进的阅读、写作中，学生的批判性思维能力得到提高。

父母绝对有必要带孩子去图书馆，同时引导孩子安静阅读。现在，我们有很多这样的家长，整天拿着手机浏览各种网页或者追电视剧，却在不断地催促孩子"看书去！"见到教师就抱怨"我给孩子买了很多书，可孩子就是不爱看呀……"殊不知父母是孩子的第一任教师，身教胜于言传，为孩子创造良好的阅读氛围就是给孩子提供阅读的土壤。有些孩子即便被迫去读书，也只是装装样子，没有深度阅读。孩子最善于模仿，有书香氛围的家庭最容易培养静心阅读的孩子。傅雷一生博览群书，他在古今中外的文学、绘画、音乐等各个领域，都有着极其渊博的知识，他对两个儿子的教育培养要求极高。次子傅敏曾回忆说，刚进入初中，父亲就要求他读《古文观止》。每个星期天父亲会选择其中一篇详细讲解，让孩子读懂后背诵，即便他长大后到国外深造，父亲也经常通过书信传递读书的重要性。在孩子幼年读书习惯的养成中，家长的一路陪伴可以使孩子笃定坚持下去的信心。

二、读万卷书，行万里路

孩子天生对世界充满好奇。旅行是无法替代的成长课程，旅行除了让孩子开阔眼界，锻炼孩子的独立性、自主性之外，对于孩子性格的养成会产生意想不到的效果。雷夫每年都会带学生旅行，他利用旅行的机会把未来独立生活所需的技能教给学生。比如，临出发前他会给学生要求，"用不同于平庸学生的热情去追求知识的深度""提早认识大学环境""如何独自处理金钱和人际关系"等。学生会提前找适合的游乐设施和展览，会为每一餐的花费做规划……学生学会了用脚去丈量世界，用眼睛去观察世界，给自己的童年涂上美丽的色彩。

而在这项活动中，雷夫自己也收获了和学生一同成长的快乐。比如，知道了利用基金会、社区组织和怎样拉赞助为班级旅行提供资金保障，避开旅行旺季做好行程安排等。学生可自由选择出行，但必须有规则意识。"只有愿意努力的学生，才有可能赢得和老师一起出行的资格。"出行准备必须做充分，考虑一切可能发生的危险并做好应对功课，科学安排行程，余下的旅行中完全放手信任学生，学生也没有发生过危险。可见，信赖往往创造美好的境界。

这使我不禁回想起自己的童年，记忆中那是五年级时教师组织全班同学去采茶。漫山的茶园，清幽的茶香，簇簇点缀的映山红，小伙伴们自带午餐，一路的欢声笑语……至今都是美好的回忆。后来因为校园安全问题，几乎没有学校再组织学生郊游了，总感觉是孩子成长中极大的缺憾。不过近两年，这种现状有所好转，我们学校每个学期都会举行研学活动，班级都有机会组织学生远行。核桃谷农耕文化体验，鸡公山袋鼠营地拓展训练，何家冲红色之旅等。在鄂豫皖革命纪念馆，和学生一起参观，聆听千里跃进大别山的革命历史故事，抚摸着刻有30万烈士英名为墙面的浮雕，头脑中闪现着硝烟弥漫的战场，回想着信阳厚重的革命历史，对革命先烈的敬仰之情油然而生！读万卷书，行万里路，社会大课堂教会孩子的不仅只有诗和远方，还有未来肩上的责任和担当！

三、经济学的天空

第56号教室有自己独特的经济制度，雷夫老师深谙儿童心理学，他像个银行家一样教学生如何开支票，如何节省每一分钱，学生在这种组织与规划中学会了整理事物及安排事物的技巧。学生会在开学第一天申请一份工作，每份工作的薪资都有少许差异。有工作就有月薪，学生把薪水存在银行，他们必须存钱来支付使用课桌椅的费用。到月底，全班会来一场疯狂的拍卖会，竞买文具用品和礼券，学生很喜欢这套经济制度。但雷夫老师绝不会把这套制度当作控制学生的机制。

现在很多孩子对金钱没有概念，或者说金钱观念不对。2009年，我曾经教过的一个五年级男孩子，是家里的独生子，家庭条件优渥，父母把孩子的感受常常放在第一位，最大可能满足孩子的物质需求。穿衣服讲品牌，理发要到高档理发会所，在班里和同学稍有不顺便向父母求助。有一次，孩子妈妈来校询问孩子近况，满脸自豪地告诉我，孩子变懂事了知道体谅她了，主动洗了一次碗，作为奖励给了孩子50元。她可能觉得会得到我的夸赞，我郑重地问孩子妈妈："餐馆里的洗碗工1天收入多少钱？"迟疑了一会儿，孩子妈妈可能意识到问题了，说："我只是觉得孩子知道干家务了。""孩子有进步是应该表扬，但作为五年级学生做一些力所能及的家务活不是应该的吗？"见到孩子妈妈默默无语，我缓和了语气："即便奖励，也要让孩子知道付出和收入要成正比的，不然孩子以后做任何事都会无原则地提要求的。"现在回想，虽然觉得自己当时直言有点不通情达理，但终归是站在理性角度看待孩子成长的，但愿没有挫败孩子的积极性，也希望家长能够理解我的用心。

雷夫在帮助孩子学习"储蓄"时教会孩子另一个重要原则——"延迟享乐"。让学生明白"最好的东西会留给懂得等待的人"。这一点或许对于五年级孩子来说是个挑战。著名的"棉花糖理论"引发我的思考：为了大成功，你是否愿意放弃眼前的小利？在可以预见的结果下，你是否愿意去体验"先苦后甜"的过程？听起来简单的理论，实际做起来很不容易，面对内心的欲望及外在的诱惑，该如何抗拒诱惑，忍痛放弃当下的利益，以追求最大化、更具意义的目标与成功呢？学生多年后在大学里的表现，再次证明雷夫的标新立异是正确的，恰恰是这些外人不能理解的超常之举成了孩子未来出人头地的基石。

"一间教室能给学生带来什么，取决于教室桌椅之外的空白处流动着什么。"牢记初心，执着坚守，真的可以创造奇迹。愿所有的教师在那方小小的天地里，能和学生一起打造属于自己的大容量教室。

让孩子成为爱学习的天使

信阳市平桥区外国语小学　付荣华

很荣幸，因为中原名师李桂荣小学语文工作室的任务驱动，我走进了第56号教室，领略到56号教室的独特魅力，感叹教室与教室原来可以如此不同。一个教室盛开着孩童们的个性，释放着人生的天性，彰显着教育的人性，体现着教师的胸怀智慧、担当与作为。

"第56号教室"已作为一个具有象征意义的符号。

因为56号教室，我有幸认识了一位教育同行——雷夫·艾斯奎斯，一位大洋彼岸的美国教师。读着他的故事，不由得发出感叹："教师原来可以这么来当，原来可以做得这么好！"是的，他也非圣贤，也非在圣土。他也有"教学过程中屡屡受挫和睡眠不足都是家常便饭"的经历，也会有"经常一大清早醒来，就开始为了一个无法得到妥善教育的孩子而烦恼不已，有时候觉得当教师真是一件痛苦的事情"的烦恼，教育界本身也存在着不少心胸狭隘的人，再坚强的意志都摧毁得了，再加上不懂得感恩的学生和教师队伍里素质低下的人，更是让问题雪上加霜。读着这样的叙述，你觉得这是远在美国的教师吗？这不就是我们身边的某个你我他，熟悉的感受与经历，熟悉的环境与困顿，一切深有同感。然而不同的是，他排除困难，走出困顿，用智慧解除烦恼，用爱心融化艰难，用行动书写奇迹，打造出一个温暖、温情的教室，焕发了不一样的教育人生。他会为了让学生走出悲伤，顺利完成实验，而进入忘我境界，头发燃烧却不自知。事后还这样感慨：

这时，六七个孩子向我跑来，朝我的头猛打。我的上帝！学生们终于美梦成真！他们可以一边用力打老师的头，还一边在说自己是在解救老师！危机解除后，我觉得自己像个白痴——模样也像，但同时也觉得当老师真好……

读着这样的话语，想象着这样的场景，身为同行的我甚为感动。全神贯注地辅导学生而忽略到自己的头发烧着竟然也不知道，这该是怎样的一种境界与投入啊！当得知自己的头发被燃着后，他不是深深的懊丧和害怕，而是自责：这下可怎么好，孩子们都吓坏了。当学生们朝他的头猛打熄灭火后，他觉得当教师真好！一个把学生永远装在心里，放在第一位的教师才能有如此的状态与境界，这才是真教育者。头发上燃烧着的这把火，再一次助燃了他身为教育人心中的那把火。从此，他有了火的激情，火的张力，火的生命力。

雷夫虽然是一位有着世界声誉的伟大教师，但他绝不是身处云端的"圣人"，他是那么的真实、真诚，甚至是那么接地气，他敢于展示出他真实透明的内心世界，这种真实透明体现于他的"实话实说"，他的人情冷暖，因为这种真实与透明，才让我们感受到他也是凡夫俗子，人身肉体，才有更多的共情，才觉得他是平凡的英雄，才深知这种平凡坚守的不易。就像罗曼·罗兰说过的一句话："真正的英雄主义只有一种，就是看透了这个世界并依然热爱它！"读着56号教室的故事，读着雷夫的教育感受，我对教育也有了新的感悟。

56号教室虽然狭窄，空间有限，但他的教育却是无限的，棒球队，乐队，经典阅读，电影俱乐部，莎士比亚戏剧，还有教室里的银行和拍卖会……一间小小的教室，竟然发生了那么多有意义又有意思的故事。这些故事，凝聚着雷夫的爱和智慧。就拿测试来说吧！做一名老师或学生，不管是中国教育，还是美国教育，都要面对测试这件事。雷夫又是如何对待的呢？面对多数同行为测验而想方设法，导致测验成为师生的梦魇的时候，雷夫在教孩子们怎么学习，他在别人花费大量时间准备测试时，他让学生学会有效的读书方法。怎么读比读什么更重要，要懂得有效练习。他教给学生的应试技巧体现了方法与趣味，学生不是为答案而做题，而是为掌握、运用知识而练习。就像教师常常处理选择题，多数时候会让学生选择出正确答案，并弄明白为什么是这个答案，可雷夫不只如此，他会让学生设计选择题答案，并让学生说出每一个错误答案出错的原因，把错误答案形容成陷阱，分析出了错误答案就是识破了陷阱。通过这样一个分析，学生就融会贯通了相关联的知识链。测试前一天的晚上，雷夫也有自己独到的方法，他不会布置家庭作业，会花时间讨论当天晚上他们应该怎么准备考试，以及用什么态度做准备，这其中会引导学生看什么书，怎么看，碰到不懂的问题怎么解决，以及应该按时休息等一些细节安排。雷夫就是这样看似无心，实际上处处用心，用他智慧的教育引导孩子，正确理智对待测试。

关于测试结果，雷夫也是比较特例的，因为更多的教师、家长、孩子为筹备测试已经筋疲力尽了，所以结束后，大家是卸下重担般的放松，无心、无精力去关注测试结果了。而雷夫却非常重视测验结果，至少体现了如下四个特点：一是会通过讨论考试结果来帮助孩子明白"行动"和"结果"之间的相互关系；二是会让学生明白测验就像温度计，它只是一项测量工具；三是孩子们需要理解，如果某次没考好，爸妈、老师还是爱他们的，不是世界末日；四是告诫老师和家长孩子与孩子之间不可以横向比较，人与人之间是有个体差异的。用孩子的过去与现在做纵向比较，有进步性与发展性才是教育的实效性。雷夫之所以会有与别人不同的教育方式与效果，是因为他对教育有着超乎常人的清醒与透彻的认识，他知道人们为什么会如此重视分数，是因为稍稍提高分数很容易，教导诚信和道德的难度却很高。可他仍然会执着地提醒学生：一生中最重要的问题，永远不会出现在标准化测验上。继而在教学中独辟蹊径地去落实孩子一生中最重要的问题——人格品性才是教育的本质。

第56号教室的奇迹让我看到了能够接受"真教育"的孩子是何其的幸福，也让我看到了坚持做"真教育"的雷夫是多么了得！我是一名小学语文教师，我所从事的教育时机正是为孩子植下"根"的黄金阶段，那我能为他们植下怎样的根呢？

一是植下"阅读"的根。雷夫在书中提道："热爱阅读的孩子将拥有更美好的人生。"教会学生把阅读与世界联结起来，与生活连接起来，在阅读中感受酸甜苦辣，我们相信：热爱阅读的孩子将会拥有更美好的人生。

二是植下"信任"的根。信任是人与人之间美好的关系。感动于第56号教室这小小的空间里充满了信任：在56号教室里孩子没有恐惧，没有压力，唯有信任与快乐。开学第一天，雷夫就与孩子们玩游戏，给孩子们培养了信任的沃土，有了沃土的滋养，孩子们轻松、快乐、和谐、幸福地生活在56号教室，才有了后来的信任之花在孩子心头绽放的美好情景。建立彼此信任的师生关系、生生关系，打造良好的班风，为孩子的社会生活植下健康和谐的根。

三是植下"爱"的根。爱是一种能力，爱人、自爱都是人生的课程。教师以真诚的心爱学生、爱生活，用身体力行的作为关心他人、帮助他人。第56号教室就是一个充满爱的最温暖的家。教师用爱滋养孩子，有了爱的氛围，班级建立了爱的链接，孩子之间流动的是爱的暖流，班级也成了爱的熔炉。用爱去关爱去影响学生，在爱的浇灌下成长起来的学生必定会自爱、爱他人！

努力跟着雷夫学做教师，学做教育，书写出自己的教室的奇迹！让教室成为孩子的避风港，成为师生温暖的家！

做一个生动的人

驻马店市第三十八小学　陆　俊

培根说:"读书足以怡情,足以傅彩,足以长才。"读书使人开茅塞,除鄙见,得新知,养性灵。因为书中有着广阔的世界,书中有着永世不朽的精神。李桂荣老师给我们名师工作室的成员提供机会,合作朗读教育经典《第56号教室的奇迹——让孩子变成爱学习的天使》,与大师对话,与智者交流。

《第56号教室的奇迹——让孩子变成爱学习的天使》给我带来了感动和收获。雷夫·艾斯奎斯老师的教学多姿多彩,成果斐然。他用心创造了爱的奇迹,让56号教室这间"又小又破"的教室变得无比开阔。教室一样大,为什么每间教室里走出来的学生不一样?就像书中所说:

一间教室能给学生带来什么,取决于教室桌椅之外的空白处流动着什么。面积相同的教室,有的显得窄小狭隘,有的却无比开阔,充满着各种可能性。是什么在决定教室的尺度,答案是教师,尤其是小学教师。教师的面貌,决定了教室的内核;教师的气度,决定了教室的容量。

雷夫·艾斯奎斯,一个小学教师,在有限的条件下,以自己的热情和智慧倾力付出,为学生创造了无限可能性,培养孩子的具体案例非常多,各种和学生玩儿的小游戏,从写作和阅读习惯的养成,到数学、历史、艺术。每个课程该如何调动学生的积极性,引导团队协作,认识社会规则,管理财务。56号教室之所以特别,并不是因为它多了什么东西,恰恰是因为少了害怕。时时以孩子的角度看待问题,不要把害怕当成教育的捷径。要以信任取代恐惧,做孩子可靠的肩膀,纪律必须合乎逻辑,要求孩子做到的自己先要做到。班规很独特,不是纪律,不是学习,而是信任。教师完全通过经验和耐心,打造了一间以信任为基础的教室。信任是开始,六个阶段的成长是进程,这六个阶段一步一步将孩子由他律蜕变成自律。阶段之间,越来越难,只有靠教师耐心引导和包容,才能最终走向成功。

  这让我想起了自己的一段失败的经历。在最初以教师的身份走进校园时,班上的学生都很乖且好学,很喜欢我上课。半个月后,我转到另一个教学点,我带上热情上课,可是那些天使却不领情,吵闹不止,他们的窃窃私语慢慢盖过我故作平静的讲课声。我苦口婆心,跟他们讲道理,想让他们知道多学点东西是多么的有意义,可几个活跃分子依然我行我素交头接耳。于是我开始痛斥讲话的学生,施加各项繁重的任务作为惩罚。在我的声色俱厉之下,教室往往一片安静,然而我能看到他们眼中的惊恐。我们都厌恶恐怖,却不得不以恐怖手段维护权威。似乎落入了罗伯斯庇尔的咒语:"没有美德的恐怖是邪恶的,没有恐怖的美德是软弱的。"在混乱与恐怖之间,在放任自由与专制极权之间,雷夫提醒教师要勇敢面对真相:可能有的孩子不能得到你的信任,或许还会背叛你的信任,但是,你依然要倾尽全力消除教室里的恐惧,做一个公平的人,成为学生的榜样。然而,建立信任仅仅是好的开始,我们必须寻找更高的目标。所以雷夫教的不仅仅是课本,他在尽心为每一个孩子的人生铺路,是一个永远在"寻找自己灵魂的本质"的教育者。在他的56号教室里,不断上演着学生成长"奇迹"。在这间充满奇迹的56号教室中,雷夫首先是一个尊重生命热爱生活的人。雷夫除去"教师"的角色,更多的是"雷夫"这个存在于与孩子共同生活中的人。他有着自己的好恶、热爱阅读与思考、喜欢电影与音乐、行走于各地、沉醉于艺术,相信世界真美好,他向学生传递着自己对这个世界的认定与生活之道。正是这样一个生动的人,才有着这间独特的56号教室。在他的教育中,他把自己全身心投入其中。他给学生倾注了他能力范围内最宝贵的——时间。他用时间来孕育奇迹,教会学生知识,更教会他们热爱,他给出了一个无比完整的教育,让一间教室的容量变成无限。雷夫一天的安排在生活记事本上一清二楚:早上6:30,56号教室开门……上午11:00课间休息,有兴趣的同学自由参加吉他课程;12:30午餐时间,有兴趣的同学自由参加摇滚吉他课程……下午18:00,大部分学生都已经回家,有些会留校继续自修。雷夫这样日复一日,年复一年的坚持与执着,不能不让我们为之动容。作为教师,雷夫给教师指明了应该如何教育好孩子这条路,即倾注自己的全部。全心全意投入教学，用爱、尊重与智慧做一个生动的人。

很喜欢书中马丁·路德·金在演讲中引用的一首无名诗：

假如你命该扫街，

就扫得有模有样，

一如米开朗琪罗在画画，

一如莎士比亚在写诗，

一如贝多芬在作曲。

生活如此，工作如此，教育也如此，再平凡的岗位、人物，只要做到这样，都能创造奇迹。所以说只要教师、家长携起手来，肯为孩子在课堂上或教室外多付出爱心、耐心与恒心，真正地走进孩子的心灵，走进孩子的世界，就一定能找到教育孩子的方法，创造自己孩子的教育奇迹。反思我的教学历程，是不是全心全意投入其中？对于后进生是不是足够耐心？对于不听话的孩子是不是首先建立信任？对于学习上缺乏兴趣的孩子是否想办法激发其积极性？是不是注重学习的成效而忽略了孩子的个性发展？

在今后的教育生涯中，我会时时提醒自己，从方方面面了解孩子，理解孩子，跟他们成为朋友，并在他们最需要的时刻帮助他们。在课外，如果能够在任何时候都想着："学生会不会喜欢这个，这个能不能辅助学生学到更多……"对于调皮的孩子，多观察，教会他们从善待他人开始，把每个孩子都看成美丽的天使。我相信自己能够逐渐把握住教育教学的规律，获得学生的信任，让教室成为一个充满爱的温暖的家。保持热爱，做一个生动的人，我想我可以做更多的事情。我可以给他们读我最喜爱的那首诗《热爱生命》，教会他们怀着一颗善良之心对待他人，怀着赤诚之心对待生活。我可以带着他们寻找春天，开展放风筝比赛，让他们在自然中感恩生命的馈赠。我甚至可以让他们每个人种一棵树，在上面贴自己的名字，看着树就像看见了自己，进行一场美妙的心灵对话。

谢谢雷夫，《第56号教室的奇迹——让孩子变成爱学习的天使》是一本朴实无华的作品，是一个孩子王的真情告白。霍伯特的那些小小莎士比亚们告诉我：学习原来如此快乐，成长真的可以没有烦恼，生活可以这么丰富，生命原来如此精彩。我想我会重塑自己，做一个生动的人，做一个心中有光的教师，坚守自己的平凡，坚持自己的热爱，用心中的光点亮自己，也照亮更多的孩子。

真爱的力量

安阳市文明大道小学　张志华

"阳春布德泽，万物生光辉。"走过了严寒的冬季，在这个春光烂漫、芬芳醉人的时节，中原名师李桂荣工作室的"烁玉流金共读汇"已走完了第一季——《第56号教室的奇迹——让孩子变成爱学习的天使》的共读之旅。

当我回望这本书的共读之旅，反观留给自己的思考，有两个字最能表达我的感受："真"与"爱"！

真，最真折射"全美最好教师"教育精神和一线教育智慧，用心拔节每一个生命的成长。

爱，最爱融入56号教室，全情陪伴学生共同成长，用心铸就一位教师的美好梦想。

该书字里行间洋溢着作者对教育的情怀、对学生的真爱。我从中读出了其真爱就蕴藏在那份舍得和懂得之间，也看到了舍得与懂得之后的收获。

正如此书的作者雷夫·艾斯奎斯所言：

我这个教师没有特别突出的创造力，于是，我决定给他们我能力范围内最宝贵的东西——时间。

多么真实的话语，多么质朴的情怀！雷夫时间的舍得正是他取得教育成功最根本的原因。爱在哪里，时间就用在哪里。雷夫正是出于一种对教育、对孩子的真爱，才克服种种困难，用了将近四分之一世纪的时间，创造了这个感动整个美国，也感动我们中国教师的充满奇迹的56号教室。也诚如雷夫在自序中所说：

要达到真正的卓越是要做出牺牲的，需要从错误中汲取教训的同时付出巨大的努力。毕竟，教育无捷径。

雷夫对教育的真爱投射20年如一日，坚守56号这间教室，投射在：

他对教育对学生有信徒般的坚持、父亲般的亲切，还有哲人的敏锐、专家的自信、战士的勇敢。

真爱是让他创造奇迹的根源。

除了在时间的舍得，在第十四章"行万里路"中，重点提到雷夫对带领学生外出旅行在金钱、物质、感情、心力上的舍得，也让我们由衷地心生敬意。他早年都是自掏腰包支付所有旅游外出费用。带学生出门不仅费心还费钱，真可谓是"花费不菲"。只有最投入教学的教师才愿意花大笔钱在学生身上。雷夫，正是这样一位最能投入教学、最爱学生的教师。是啊，如果不是真爱，他怎么会为了顺利有效组织学生外出旅行，从何时出发、行前准备、住哪里、怎么过马路、如何照相，考虑得那样细致周到？！

当然，雷夫能为学生在贫民窟的教室里营造一个快乐学习的天堂，创造出教育童话般的奇迹，我认为还在于他的一个"懂得"。因为他深深知道：光有热情和态度还不够，真正的爱还要有智慧，懂得运用一个个智慧，巧妙地做，持续地做，才会有所获得。所以，他的教室没有讲台，教室没有恐惧；他精心设计了可爱又有趣的阅读测验卷，提出了促进学生认真看待学习和作业的"恐怖重写"。为了让学生爱上阅读、写作，爱上数学、自然，爱上体育、艺术，他想尽一切办法，用尽一切策略和资源，每年导演一出莎士比亚剧目，借助旅行、图书馆、电影、游戏、演唱会等多种形式，最终获得了累累硕果。他不做依规惩罚学生的恶人，而是成为学生信任的师长和朋友，成为"全美最好的教师"，成为《时代周刊》上"我们时代的英雄"！

舍得并懂得最终获得，这一切都源自一位教师对教育、对学生的真爱。没有爱就没有教育。只有真爱在心，才能编织出绚丽多彩、令人神往的教育童话。雷夫·艾斯奎斯不正是这样一位拥有真爱情怀的教育良师吗？

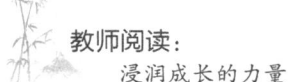

我们，还可以做得更好

新乡市卫滨区平原镇育英小学　赵娟

一间教室56平方米，可容纳约50个学生，任课教师站在讲台上授课，前后两块黑板各自发挥作用，四面的墙壁布置着不同的评比栏、展示栏，很多孩子的名字、作品都挂在墙上，不同的电子设备发挥着应有的作用。这大概就是我们一谈到"教室"脑海中便会呈现的画面吧，一间有形的、有声的、有趣的教室。

受新冠疫情的影响，这个寒假成了超长版。在此期间，我跟随着中原名师李桂荣工作室，通过有声朗读，走进了一间神奇的教室——《第56号教室的奇迹——让孩子变成爱学习的天使》，倾听着伙伴们的有声分享，我又迫不及待地再次走进这间教室，这间位于美国洛杉矶市中心霍伯特小学中的一间教室。不，这不是一间教室，因为雷夫·艾斯奎斯把这间会漏雨的教室变成了一个家，一个充满平等与博爱、信任与耐心、热情与责任、激情与乐趣、智慧与创造力的温暖的家。在这个家里，这位"平凡"的小学教师用自己的实际行动诠释着奇迹的诞生。

不管是有声的倾听，还是与文字的邂逅，当走进这本书就会发现，书中没有华丽的辞藻，没有权威的定论，只有朴实的语言和诚恳的描述。一个个鲜活的教育实例，一个个充满智慧的点子，让这个家里的学生逐步变得优秀，走向成功，学生是奇迹的缔造者。

我有种相见恨晚的感觉。

一、以信任取代"害怕"

书中说：这年头，大多数的教室都被一种东西控制着，那就是"害怕"。

教师害怕，怕丢脸、怕不受爱戴、怕说话没人听、怕场面无法控制；学生更怕，怕挨骂、怕被羞辱、怕成绩不好、怕面对父母的盛怒……说真的，读到这句话的时候，我感觉这就是在说我，说很多和我一样的普通教师。有时我还会炫耀自己的"特异功能"：往教室门口一站，闹哄哄的教室瞬间就安静下来。想来真是惭愧！还有些班级，只有班主任或数学教师的课纪律相对好些，他们还会反问："那为什么上我的课学生纪律那么好呢？"这确实是一个值得深思的答案，其实雷夫老师可以告诉你答案。你不妨也学着带领学生玩一玩那个信任练习的游戏：你向后倒，由另一名同学接住。很简单，只要充分信任对方就可以了，但是一旦有一次你的朋友故意没有接住，那么你们之间的信任将永远出现裂痕，而这种裂痕几乎是无法修复的。

雷夫还举了一个例子，就是有关学生去向教师问问题的事件。我们每一个教师应该都经历过，那么您是如何对待的呢？是不厌其烦地一遍遍讲解，直到孩子消除疑问，弄懂问题？还是皱着眉不耐烦地冲着学生说"这个问题，我都讲了800遍了"？学生可能就是在你无意的一次指责中，产生了恐惧。所以，当家长跟孩子说"有问题你可以问老师呀！"孩子的真实想法可能是"我不敢"，这可就糟糕了！而作为教师，请用积极的态度与耐心解决问题吧，就像雷夫提醒注意的：

要立即，更要持久，用行动去打造凌驾于恐惧之上的信任，在收获信任的同时，你拥有的还有尊敬和爱戴。

二、寻找第六阶段

在与雷夫老师"对话"的过程中，我更加有自信，因为我总能从他的描述中找到自己的影子。比如第二章"寻找第六阶段"中的"六个阶段"分别是，我不想惹麻烦、我想要奖赏、我想取悦某人、我要遵守规则、我能体贴别人、我有自己的行为准则并奉行不悖。雷夫在每个阶段的最后都会说这样一句话"我想，我们会做得更好"，这充分体现了他的教育智慧。

第一阶段的思维是以恐惧为基础的，想要达到的目的是让学生知道这么做是对的，而不是因为害怕惩罚才去做。比如，因为害怕挨批评才去完成作业，害怕教师批评才在课堂上忍着不说话，背诵课文是害怕教师罚抄，打扫卫生不偷懒是因为有的同学偷懒被罚劳动一个星期，不就是这样吗？

"小红花"式的奖赏就属于第二阶段，确实，有的教师现在还一直在延续这种做法，因为很有效果。不过，我们的教育还可以更加深入一些，要让学生知道行为得宜是应该的，而不是为了得到奖赏为之。

第三阶段的"取悦某人"，取悦别人对于双方而言其实是件挺温馨的事，但若只是为了某人会高兴而去讨好，或许慢慢地，孩子就会失去行动的目标，长大后变得迷茫而不知所措。

"没有规矩不成方圆"，能够按"规矩"去行事，其实已经很好了，这就是第四阶段"我要遵守规则"。《钓鱼的启示》这篇课文中那位父亲的行为就是极好的遵守规则的典范，但是现在看来，我当时的理解，以及要求学生要遵守规则都过于浅显了。

接下来，我们试着可以做得更好，试着去体贴别人，继而达到第五阶段。这其实挺难的。若要体贴别人，就必须站在对方的角度去观察、思考，但真正能够走近对方、设身处地又谈何容易。文中有句俗语"仁慈是有感染力的"，大概这就是体贴的根源，用一颗仁慈之心去待人待物，你或许就找到了走近对方的身体和心灵的一条小路。

第六阶段不论对于孩子还是成人，无疑都是最难企及的，雷夫说第六阶段的行为无法教，也无法讲述。"身教胜于言教"这句话或许能给我们些许启发，而《钓鱼的启示》中那位父亲的行为就是这个阶段的最好阐释，这种行为是不是与儒家提倡的"慎独"不谋而合了呢？教师要有耐心去寻找这最美的风景。

世上没有相同的两片树叶，同样，每个孩子都是一个独特的存在。我们绝对不能像工厂的流水线一样，用一个标准、一个模子去教育孩子，更不能降低教育的标准，那些令人束手无策的孩子，可能更需要提高期望，并且尽力而为。而所有的这一切，都是以信任为基础的，教师只有以信任为基础，倾心尽力用好这"六个阶段"，才能让学生的学业和人格成长螺旋上升。

三、陪伴是最长情的告白

在阅读过程中，我不止一次问自己：雷夫老师怎么有那么多时间陪伴学生？他每天早上会提前两个小时来到教室，跟学生一起打扫卫生、做早课；他们一起做有趣的数学游戏，在高度紧绷的紧张状态中，学生懂得了倾听的重要性；他们一起做科学实验，为了点着一根几乎找不到的酒精灯芯惹火上身，烧着了自己的头发，惹得学生哄堂大笑；在一起旅行前，他让学生事先做足功课，旅行途中用餐时的自我约束、公众场合的控制音量、与人交往的尊重和体贴、每一站的体验与所做功课的有效契合带给他们的乐趣，无一不是在体验着旅行的真正意义；在明白了参加管弦乐团和合唱团的学生不但没有落下功课，而且在各方面表现都是全班最好的之后，他拜访艺术名师，努力让自己也能教给学生更多的艺术知识，并在训练中让学生学到了纪律、责任、牺牲、练习、更正错误、倾听以及时间管理，这些远超过他们所学的艺术知识本身；教室里的演出才是学生真正的舞台，他和学生一起排练莎士比亚的戏剧，学生每天要花掉一个多小时去排练、准备，在各种艺术交织中，演出是成功的，学生是天才演员，他们获得了掌声，而他们真正获得的是成长……

雷夫说："要让孩子在长大以后成为与众不同的人——能考虑他人观点、心胸开阔、拥有和他人讨论伟大想法的能力——热爱阅读是一个必要的基础。"

他要让他的学生爱上阅读，他是这么说的，也是这么做的。学生在大人的指导下分享着阅读伟大文学作品的喜悦，并勇敢地在这条光辉的道路上前进；带领学生去图书馆，让他们置身于热爱阅读的人群中，建立学生的价值观；将自己喜欢的文学作品推荐给学生，和学生一起继续分享阅读的喜悦；制定不同的阅读标准，为每个特别的孩子量身定制阅读方法，塑造富有挑战性的环境，敦促他们追求卓越……雷夫坚信：热爱阅读的孩子将拥有更美好的人生。其实，现在仍处在一个阅读极度贫乏的社会环境中，作为一名教师，更应该努力着、尝试着去改变、影响自己身边的人，影响自己的每一个学生，让他们渐渐地明白读书不单单是为了获取知识，更是为了扩展人生的广度而读。那么，教师不要再犹豫，陪伴着学生一起阅读成长吧，因为陪伴是最长情的告白。

虽然面对东西方文化的巨大差异和中美两国教育体制的不同。但是，书中所写的熟悉的教育场景不就在我们身边吗？我由迷茫变得惊喜，由惊喜变得感动，由感动变得坚定。在阅读的过程中，我试着寻找其融合点，并且一直在不停地调整着、检视着、反思着、提炼着。雷夫老师创造的这间56号教室，超越了时空，成了教师的榜样。教室的空间可以无限大，教师要运用智慧，去创造属于自己的"56号教室"。

相信，我们，还可以做得更好！

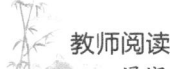

爱心创造奇迹

新乡市朗公庙镇中心学校　张艳霞

这次研修学习，李桂荣老师推荐的共读书目是《第56号教室的奇迹——让孩子变成爱学习的天使》。细细研读之后，它在我心里泛起了不小的涟漪，通过了解该书的主人公雷夫·艾斯奎斯教师的事迹，我收获良多。

第56号教室的大多数孩子来自贫穷的移民家庭，英语并不是他们的母语。这些看似普通得不能再普通的学生，在雷夫这样一位充满爱心与智慧的教师的栽培下，考试成绩名列全美国的前5%。他们长大后大都就读于哈佛大学、斯坦福大学等顶尖名校，并取得了令人瞩目的成就。而这所有奇迹的创造者就是——雷夫·艾斯奎斯教师。创造这间充满奇迹的第56号教室，耗费了雷夫将近25年的时间。他感动了整个国家，也是唯一一位获得总统"国家艺术奖章"的教师，同时他还获得了很多其他奖项，比如"全美最佳教师奖"以及欧普拉的"善待生命奖"等。雷夫对待学生和教育坚持如信徒、亲切如父亲、敏锐如哲人、勇敢如战士，他拥有智慧与力量，这是他创造奇迹的根源所在。《第56号教室的奇迹——让孩子变成爱学习的天使》这本书不仅适合美国人看，可以说它适合任何想要寻求教育奥秘的人看。第56号教室开阔又明朗，可任由学生自由舒展、健康快乐地成长。这本书带给我更多的是惊讶和感动，教师原来可以这样当，原来可以做得这样好，教室和教室原来可以如此不同。

就是这样一位心灵的导师，他完美地将理论与实践结合起来，靠的是最简单直接而又行之有效的教育方法。他帮助学生完善人格、培养信念、坚定理想，这些优良品质足以让学生一生受用。他所提倡的"终生阅读、亲手劳作、以运动为本"等课程理念不仅适用于课堂教育，同样也适用于家庭教育。

书中的一个案例如下：

一位年轻教师的班里有一个邋遢的孩子，他的书包永远都是又脏又乱的。为了帮他改掉这个坏毛病，这位老师当着全班同学的面，把这个学生的书包抖开并拍照，扬言要在返校日向家长公开，还说"谁有垃圾都可以丢到这位同学的桌椅上，反正他那里已经是垃圾桶了"。

这个孩子的家长非常愤怒，并把情况反映到了校长处。然而令人觉得可悲的是当事教师并没有认识到自己犯的错误，反而觉得自己做得很正确，说"起码现在这个孩子已经学会整理好自己的书包了"。

针对这种情况，雷夫老师认为："不要把害怕当成教育的捷径。"

在我的教育和教学工作中，也时常会遇到这样"不守规矩"的孩子。面对这种孩子，我通常会软硬兼施、想方设法地"对付"他们，正如雷夫所说的"为达目的，不择手段"。而反观第56号教室的孩子们，他们是那样的安静有礼又文明，甚至到了一个令人难以置信的程度。有人说这里就像一片绿洲，称它为绿洲的根本原因不是它拥有什么，而是因为在这里孩子们没有恐惧和害怕。作为教师，不应该成为让孩子们"闻风丧胆"的人，而应该成为让孩子信赖并依靠的人。在面对不同的孩子时，还需注重纪律和公平，做孩子的榜样。

雷夫并不提倡铁腕政策，他推崇的是"没有害怕的教育"和相互信赖。他多次强调，知识本身就是最好的奖品，而不是"红花"奖。优良的教育质量使每个孩子都为人谦逊，诚实善良。雷夫能取得这样的成就，归根究底是他一贯坚持的"道德培养的六阶段"理念。雷夫坚信，注重对孩子性格的培养，激发孩子自身的高标准、严要求，才是成就孩子人生的根本所在。

在这本书中，对于班里一个不交作业的孩子，雷夫对她的教育也给予了我很多启发。丽莎在开学第一天就找不到自己的作业，于是她当着老师的面在书包和资料袋里反复翻找。作为老师，我们很清楚发生了什么，面对这样的学生，很多教师可能已经无法忍受了，有些教师甚至会大发雷霆，在全班学生面前成为"大恶人"。而雷夫弯下腰说他相信她，相信她做了作业但是没有找到，而丽莎需要注意的大问题就是乱放东西。然后，雷夫说可以找两个同学中午帮她整理资料袋，结果就是从那以后丽莎的作业再也没有丢过。这就是信任的教育，也是没有害怕的教育，同时也是榜样的教育。当我在今后的教学工作中遇到类似的情况时，我想我知道应该怎么做了。

"好孩子，努力学习吧"，这是第56号教室的标语。在书中，雷夫明确提出："教育的真正意义是让学生成为一个更好的人，教师的责任是要不断挖掘学生的潜力，帮助学生形成良好的品格。"在《点亮有缺陷的酒精灯》一文中，雷夫并不只是简单地让学生理解一个化学原理，而是通过一个小错误的消除，让孩子们明白只要不放弃就有希望。在综合课上，学生组装了火箭模型，雷夫发现其中一组导弹部分的装置有错误，但没有即时纠正。在试飞失败后，他要求学生自己去发现问题所在并动手解决。他认为"火箭飞不起来不是失败，停止解决问题的尝试才是失败啊"。

在进行实验性授课的雷夫，在帮助学生们点燃酒精灯的时候，不小心把头发点着了，而他自己却没发现。此时六七个孩子跑到他面前，猛打他的头。学生们的梦想实现了，他们可以一边打老师的头，还一边说在帮助老师。危机结束后，雷夫对自己说："如果我因为太在意教学而没有注意到头发着火，我就会走在正确的道路上。"从此，他以"头发着了火似的"态度，全心全意地投身教育事业。真正的优秀需要牺牲，从错误中学习的同时也需要付出巨大的努力。

教育本身就是书，教师要用一生去探索。"让学生在快乐的氛围中学习，在快乐的氛围中收获"是我所期待的，也是我所追求的教育目标。第56号教室不能复制，雷夫也无法复制，但我们可以向雷夫学习，做被雷夫的坚韧、爱和智慧感染，并努力成为一名受学生信赖的老师。

第四辑

阅读，
遇见更好的自己

——读《给教师的阅读建议》

　　中原名师李桂荣工作室推荐了专业阅读书籍——闫学老师的书《给教师的阅读建议》。闫老师从读书成长经历出发，娓娓而叙，教给广大教师如何阅读，读哪些书，怎样写读书笔记等。读到的每一个文字，好似阳光照亮了每一个前行的方向。一本书最大的价值，不只是它所呈现的见解、观念，更在于促进读者迸发的思维火花。本辑工作室成员的读后感，对书中某章节或某观点的真实独特的呈现，深感教师心灵的震撼、阅读的热情、思维的活跃。他们从闫老师的阅读到自己的阅读，从闫老师的教育智慧到自己的教学灵感，从闫老师的阅读生活到自己的教学实践，进行着连接，不断地反观自身。虽然在阅读这件事上每个人都有很长的路要走，但跟随中原名师李桂荣工作室的脚步，他们从容而坚定，慢慢进步。

爱阅读，爱写作，爱教书

河南省滑县教研室　侯建华

早就认识闫学老师，还曾有幸跟闫老师同台上课，对闫老师的崇拜之情，不能言表。闫老师给予我教育教学的影响，深沉致远。如今，有幸跟随李桂荣名师工作室共读闫学老师的《给教师的阅读建议》，又一下子回到了心随闫老师成长的温暖日子。

一、爱阅读

闫老师在书中提道，读书就是生活，是像呼吸一样不能没有的生活；读书，就是一种最自然的生命状态，是一种须臾不可或缺的存在方式，也是一种高贵至美的人生境界。我也曾学着闫老师的样子，读叶圣陶《叶圣陶语文教育论集》，读吴非的《不跪着教书》，读张文质教授的《教育是慢的艺术——张文质教育讲演录》，读朱永新教授的《享受教育》……一边读书，一边批注，追寻名家的脚步。在我的阅读世界里，有教育学、心理学、班主任管理等书籍：《给教师的建议》《成功无捷径》《教学勇气——漫步教师心灵》《马斯洛人本哲学》《故事里有你的梦想——18位名师的精神档案》……这样的罗列，就是一种幸福呢。

的确，书之于我，是每次教学灵感的催化剂，是引领学生爱上语文、爱上阅读、爱上写作的共同话语。我和学生一起在书的世界里徜徉，书以巨大的魅力吸引着活泼好动的精灵：不闻窗外柳绿花红，不闻窗外莺语燕鸣，阻挡世俗的烟火，与书共清欢；流俗变得清雅，促狭变得开阔，偏激变得平和。我跟他们一起，读《海底两万里》《自然与科学之谜》，读《斑羚飞渡》《狼王梦》，读《稻草人》《青铜葵花》等，从小在学生的心里种下阅读的种子。

二、爱写作

闫学老师在《给教师的阅读建议》中提道：

我的成长史就是完善知识结构的阅读史，我的成长史就是笔耕不辍的写作史，我的成长史就是课堂实践的磨炼史，我的成长史就是持续反思的研究史。

的确，阅读与写作就是为教师专业成长插上了腾飞的双翼。闫学老师的写作缘起，从阅读苏霍姆林斯基的著作开始，向苏霍姆林斯基学习写教育案例、教育随笔。我也立即行动起来，更加勤奋地经营我的校讯通博客，逐渐累积了几十万字的教育随笔，并获得"校讯通博腕"的光荣称号！多篇文章被树人网评为精华帖，《百草园》栏目的"创作之星"我排名第九。一些文章也见诸报端，如《深红色的思索》在《教育时报》发表。此后，20多篇文章在《河南教育》《新课程》《作文评点报》等报刊杂志刊登。

我还写《我眼里的你》系列，把我教的那个班的每个学生都写进了文字里，当时我想，文字能让我们长久，文字能让美好永恒。每写一篇，我都会给学生读，写的都是发生在他们身上的事，激发了学生对写作的渴望。随着他们阅读的积淀越来越厚，自然也开始一篇接一篇、一本接一本地写起来，我很幸福地成为他们的第一个读者。比如，有由甲同学的《妖孽少年霸道爱》，佳依的《笑猫日记》，羽欣的《温情难却》，航航的《夏茉莉的春天》等，我都仔细阅读，每读完一本，我都会给他们写上我的感言，并向全班同学推荐，鼓励更多的学生走上爱阅读、爱写作的道路。

三、爱教书

我喜欢教师这个职业，珍惜教师这个身份。刚刚走上教育工作岗位时，我和学生年龄相差不多，与他们打成一片，上课一起学习，下课一起玩耍，当时有一个最朴素的心愿：让他们喜欢我，进而喜欢我教的学科。30多年过去了，当初教过的学生，还不时地相聚，师生情意长。课堂教学上，我主动向教师学习，积极参加听课讨论，研究他们的课例设计；学校很重视教师的成长，经常组织教师参加各种培训，提供成长机会，我如沐春风；领导、同事经常来听我的课给予我指导；我还经常翻阅名家课堂实录，临摹精彩的教学环节，学习组织学生探究的脉络,一遍一遍地观看,一点一点地揣摩,无数次地修改教学设计。自己不懈地努力,终于获得了在"河南省最具影响力教师"颁奖舞台上和闫学老师的同台上课的机会。我上的一节课"我最好的老师",得到了河南省教研室教研员的好评,同时也让我看到了自己的不足,闫学老师的阅读教学底蕴厚重,探究意味深长,而我的课韵味浅显、浮于表面。从商丘回来,我就以闫学老师为榜样,把每节课都当成公开课来上,一遍遍设计教案,如饥似渴地查阅资料,晚上还在制作教具,准备课件。记得我教《我的母亲》那篇课文,文字资料就抄写了十几页。这些付出,都为在课堂上的游刃有余奠定了基础。后来,我执教的"我最好的老师"一课获河南省基础教研室优质课一等奖。

如今,我离开了教师的岗位,做了教研员,肩上的担子更重了,《给教师的阅读建议》就好似灿烂的阳光,照亮着我前行的方向,静静地跟随闫学老师,缓缓地走进她的教育世界,从而滋养生命,丰盈提升。

阅读，让教师的生命走向美好

原阳县第一完全小学　李彩云

书籍本身是美好的事物，自然也会吸引美好的人去阅读。阅读，成就了闫学老师的华丽转身。闫学老师在《给教师的阅读建议》一书中，穷尽了阅读的美好，引起了教师的共鸣。

一个人选择阅读，就意味着选择了一种富有的生活，意味着选择了圆满与充实，生活会因为坚持阅读而变得更加富有生机。教师如何放飞自由的心灵呢？阅读虽然不是唯一的方式，却是一条重要的渠道。因为阅读会帮助教师至少在精神上实现突围，会让教师通过阅读看到世界的豁达与丰富，看到生命存在的多样性与不同的成长密码，看到生活的意义不仅在于教育本身，更在于感受生命成长的快乐与价值。

爱阅读的教师，生命会趋于美好。因为阅读，一个人的心灵会敞亮起来，于是，他们的眼神更平静，性情更豁达；因为阅读，他们学会了在困境中保持必要的优雅；因为阅读，他们见识广泛，兴趣多样；因为阅读，他们懂得了尊重和接纳每一个生命的不同；因为阅读，他们更善于等待，因为阅读时获取的大量案例让他们相信，生命成长的某些东西必须经过等待才能获得……当一个人的内心深处拥有了这样宝贵的财富时，无论在什么时候都是美丽的。所以，读了闫学老师的《给教师的阅读建议》后，我毅然地把阅读融入我的生命，阅读已成为我生命中不可分割的一部分，让阅读充实我的精神，滋养我的灵魂，修炼我的品性，美化我的容颜。

我期望未来的我有多美好，现在的我就应该有多爱阅读，我期望未来的我在世间行走有多么的宠辱不惊，现在的我就应该有多么善于阅读，在书中寻找

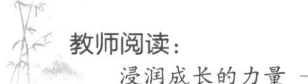

那个淡定从容的自己。人的生命是短暂和有限的，选择阅读，就要在浩如烟海的书籍中取其精华，在有限的时间内选择最有价值的书去读，经典书籍是阅读的首选。经典是那些你经常听人家说"我正在重读……"而不是"我正在读"的书。一部经典作品，是一本每次重读都像初读那样带来发现的书，是一本即使我们初读也好像是在重温的书，是一本永不会耗尽它要向读者说的一切东西的书。经典作品是这样一些书，越是道听途说，以为自己懂了，而实际读它们时，就越觉得其独特，意想不到的新颖……闫学老师引用卡尔维诺给经典作品下的五个定义，向读者阐述经典作品是值得一读再读的，也许它和我们处在不同的时空，但它就是有这样的能力，可以拨云见日，让我们的世界变得透明。阅读经典让我寻找到了人生的榜样。

一旦学会跳出教育看教育，学会研究教育之外的领域，再反观研究教育，就更具有创造性，也更具有活力。而阅读经典作品，让我看到了更加丰富的人生层面，就像卡尔维诺说的那颗剥不完的朝鲜蓟，不断启迪人们去探求，去行动，保持最初的兴奋。这种始终如一的兴奋之感对教师而言十分宝贵，它会变成一种强劲的动力，帮助打破封闭，帮助教师避免倦怠。教育只是生命的一部分，而非生命的全部，把教育当成生活的一部分去经营，无时无刻都要把思想和敬畏融合进去，我想这便是追求生命本质价值的实质内容，也将是生命的全部。而这些跳出教育看教育的思想和高度全来自对不同书籍、不同学科知识的涉猎与了解。

所以，未来我将选择不同学科和领域来架构自己的知识体系，去累积自己的精神财富，去打开自己的眼界，去丰富自己的心灵，从而使自己生活得更有力量，使自己的一生富有情趣，使自己的工作更好地服务于教育。闫学老师说：

读书、教书、写书，这是我在20年的教师生涯中一直在做的三件事。经常有教师朋友问我，你成功的关键是什么？其实，我所谓成功的关键便是找到了一条不同于其他教师的成长之路：除了教书，我还花费了大量的精力去读书和写书。教书给我的读书提出最直接的动力和诉求，也给我的写作提出了最丰富、最鲜活的灵感和素材。同时，不间断地读书和写书又反过来极大提升了我教书的能力。可以说，读书、教书、写书三者互为因果。这样的良性循环成为我教师生涯的主旋律，也是我为自己开辟出来的一条充满艰辛与快乐的行走之路。

  但一个人要找到一条属于自己的路，并不是一件容易的事。我并非先知先觉，在寻找这条路的过程中也有过迷惘、困顿的时候。怎样走出这些大大小小的低谷？我的经验是，一个人要学会为自己开辟道路。"一个人要学会为自己开辟道路。"读到这句话我产生了共鸣，感动、感恩与动力。渴望成长是我骨子里的诉求，但如何才能找到一条适合自己的成长之路，闫学老师娓娓道来，于我来说她如一位素未谋面但却分外投缘的长者，向我谆谆善诱地诉说她的成长经验，让我倍感亲切与自然。使我眼前充满了一道清晰的光，这道光指引着我循着它，去阅读，去实践，去反思，去写作。闫老师的坚持以及不断尝试投稿的耐心促使她边读边写，边实践，边反思，边记录，才使她在阅读与写作的路上越走越远，越走越扎实，也才成就了她身为教育人"为什么是闫学"的奇迹。

  我在问自己，读完这本书，我需要做哪些改变？走上一条专业化的阅读与写作之路，让读书与写作为自己插上成长的双翼，同时带动更多的教师和学生一起沉浸阅读，让我们的生命走向美好。

好书润泽心灵　美文促进成长

河南省实验小学　王　峥

跟随中原名师李桂荣工作室研修过程中，让我有幸接触到了闫学老师和她的著作《给教师的阅读建议》，闫学老师积极倡导"读书就是生命"的理念，读书即生活，读书就是一种最自然的生命状态，是一种须臾不可或缺的存在方式，也是高贵至美的人生境界。

闫老师循循善诱，娓娓道来，她用真挚朴素的语言向我们讲述"优秀教师是读出来的""越忙越要读书""阅读，一种本源性的修行""读书如探险，阅读需方法"等道理，在此著作中每一篇文章，都犹如一盏明灯照亮了教师被日常琐事蒙着的心，每一个理论，都犹如欢快的百灵鸟唤醒不会阅读而沉睡的人。闫老师教给教师如何读书，还手把手教给教师怎样写读书随笔，闫老师说：

一个不能在课堂上展现自己对教育教学的理解与思考的教师不是真正的名师，一个真正的名师不应该惮于将自己对教育教学的思考与大家分享。

在写作读书随笔时，我喜欢将自我放在其中，自由地表达自己的感受。当"我"呈现在文字中时，文字会变得更有温度，更具现场感与真实感，因而也往往更加动人。好书总是会与读者形成对话，触动读者内心的那根隐秘之弦，今天在我们的周围书籍卷帙繁浩，汗牛充栋，作为教师，该阅读哪些书籍，在阅读时该注意哪些问题，又该怎么样进行有效阅读，闫老师在书中提供了很有价值的参考。结合自身的成长和阅读经历，列举了她在各个时期经常阅读的书籍：苏霍姆林斯基的《给教师的建议》、洛克的《教育漫话》、夸美纽斯的《大教学论》、蒙台梭利的《童年的秘密》等。《义务教育语文课程标准

（2022年版）》明确规定"五六年级课外阅读的定量指标不少于100万字""鼓励学生自主选择优秀的阅读材料，加强对课外阅读的指导"。阅读和旅行，要么思想在路上，要么身体在路上。阅读是一种照亮心路的对话，是一次启迪心智的旅行。教师的阅读，不仅作用于自身，还会经由阅读教学作用于学生。作为教师，我们有责任供给少年儿童优秀的精神食粮，让他们的童年在丰富多彩的生命里健康成长，在充满书香的氛围里认知世界。因此，如何找准教师阅读这个支点，拓宽阅读教学视野，提升阅读教学的品质，丰富阅读教学内涵，结合闫老师《给教师的阅读建议》经典指导，在中高年级的阅读课教学中，我和学生一起阅读着、探索着、成长着……下面结合自己在阅读以及阅读教学方面谈一谈做法。

一、教师广泛阅读，拓宽阅读教学视野

"三分课内，七分课外"，不仅是提升学生阅读素养的不二法门，对教师而言更是如此。语文教师钻研教材是必要的，但是眼睛只盯着教材是远远不够的。教师的阅读视野应当足够开阔，既关注直接作用于课堂教学的实践类书籍，也关注与教育教学相关的理论著作；既热衷于优秀的成人读物，也对儿童读物饱含热情；既醉心于我国的经典作品，也拥抱不同风格、不同样式的佳作……教师阅读视野的开阔会带来巨大的综合效能，它会使教师的阅读教学呈现出不一样的气象。

如何让阅读教学全方位地为学生的需要服务呢？在阅读《给教师的阅读建议》《如何阅读一本书》等书籍后，对阅读及阅读教学有了更深的认识。这些书籍不但对教师自身的阅读具有重要的指导意义，而且也为教师的阅读教学提供了许多有效的策略支持。结合学生常见的问题，可以搭建这样一个阅读微课框架。

问题一：如何选一本好书？

问题二：阅读整本书有哪些方式？

问题三：如何做一个主动的阅读者？

问题四：如何写好读书感？

每节微课十几分钟，围绕问题展开，这样的教学内容针对性强，可以依据实际情况随时调整进度，简单灵活，成为阅读课堂教学的有力补充，在这方

面，一些优秀教育工作者的宝贵经验是极好的学习资源，关于"互文阅读、群文阅读、主题阅读、全民阅读、童心悦读、聊书"等多种多样的阅读教学形式，如雨后春笋般显示出勃勃生机。这些阅读形式都为了一个共同目的，那就是拓宽学生的阅读视野。教师尝试变革传统的教的方式，转变学生学的方式，课堂形态异彩纷呈，在我的阅读课堂中，我和学生一起阅读、一起分享、一起抒怀。

"汝果欲学诗，功夫在诗外。"在信息时代飞速发展的今天，教师必须拥有一汪不枯竭的源头活水。阅读教学中，首先做到的是好书推荐，其次做到的是经典导读，最后做到的是师生读后抒怀。

二、教师深度阅读，提升阅读教学品质

阅读教学的品质，在一定程度上取决于教师的阅读品质。面对一篇篇文本，教师能读出什么、如何阅读，直接影响教学的品质。教师教学前的备课始于教师的阅读，不但要阅读所要讲的文章本身，还要将阅读的范围扩大到相关文章、著作、背景资料等方面。通过这样的拓展阅读，进一步丰富认识，提高解读的层次。

比如，在儿童小说的大量经典叙事中，"寻找"往往是少年步入成长的标志性姿态，《寻找鱼王》这本书，就是对成长的新的诠释。这个故事大概是这样的：

在干旱缺水的大山深处，"鱼"成为一种稀有而奢侈的食物。捉鱼和吃鱼同时象征不同寻常的本事和身份，怀着与"鱼"有关的身体和精神的双重向往，主人公少年立志"要当一个捉大鱼的人"，并由此踏上了"寻找鱼王"的路途，这志向中包含了少年时代的远大雄心，又带着贫瘠时代真实的生活欲望。

品读《寻找鱼王》这本书可以使用"以点带面、再到点"的阅读方法。这本小说中作者在写"女"鱼王的时候，虽然篇幅不多，着墨更少，但她的感染力超过了前面的哲人，给读者以强烈的情感冲击，她为那个始终视她为仇人的人，几次忍辱上门求和，终身未嫁，她还为保护他而拼命捕鱼、四处求人、不断授人以鱼，这一"旱"一"水"、一男一女两个人物，写法不同，着力点不同。一是出于作者的构思，二是生活本身的赐予。古人云"智者乐水，仁者乐

山",此处似反其意而用之,读来余味无穷。"旱手鱼王"老翁一生隐姓埋名独居深山,"水手鱼王"老婆婆隐居在水边,守护水根。教师带着对"鱼王"的无限遐想细读了两遍这本书,这时可以设计这样的问题引导学生思考:"你能认真进入阅读状态,和文本对话,和'鱼王'共鸣吗?读后你最喜欢哪个人物呢?"并引导学生进行交流,从中体会小说中的人物所具有的独特的哲学意味。

可见,打开阅读教学格局,提升阅读教学的品质,需要从教师的阅读品质入手。教师阅读是基础,是前提,是保障。教师的阅读态度、阅读方式、阅读视野等都会在很大程度上影响甚至决定教学的深度与厚度,直接或间接地影响学生的阅读。因此,教师阅读越深入,直面文本的力量就越强大,直面学生的底气就越充足,带给学生的养分就越丰富。

三、教师反思阅读,丰富阅读教学内涵

教师作为学生阅读的指导者,需要掌握一定的阅读策略。这些策略从哪里来?主要依靠直接经验或间接经验两种渠道。直接经验,可以帮助教师更容易预测学生可能遇到的困境,更容易理解学生出现的问题,更容易通过现身说法给予学生有效的阅读指导。间接经验,便于更加清楚地传授与讲解。以往的阅读教学,课外阅读止步于课外,整本书的阅读停留于简单的推荐,教师的指导缺乏艺术性,造成阅读教学的"高耗低效"。因此,从这个意义上说,教师阅读不同于一般人的阅读。一般人的阅读往往以信息获取、消遣娱乐、审美体验为追求,而作为教师的话,那就不仅需要阅读,而且需要在阅读后反思阅读的过程,体察阅读的结果,思考过程与结果的联系,从而发现阅读的规律,丰富直接经验,提炼间接经验,优化阅读教学过程。

对多数学生而言,他们习惯于篇章内的语境关联,却看不到更大的语言环境;他们虽然阅读了整本书,但获得的往往是散点状的单篇堆积,却不能抓住篇章之间的内在关联,从而形成整体的认识。因此,阅读教学不能只停留在学生已经了解、已经熟悉的领域,还应该针对学生的这些实际需求开拓疆域,丰富他们的阅读体验,在多样的阅读中不断寻找新的阅读视角,探索新的阅读策略,获得新的阅读感受。可以通过家庭、班级、同学之间等多种形式开展读书报告会,来培养孩子的成就感。或者把学生专集、书函等放到图书馆,作为学

生的阅读资源，这些都对孩子起到极大的激励作用。

　　好书润泽师生心灵，美文促进共同成长。一本好书就是一个天堂，能让一个平凡的世界变得光芒万丈。阅读，就这样成为一种很重要的教育力量，帮助教师完成了对自身职责的诠释，帮助学生开启了丰盈的智慧之门。教师广泛阅读、深度阅读、反思阅读，进而提高阅读的品质，对学生的阅读做到精于指导，让学生在阅读中获得成长的精神力量。在《给教师的阅读建议》等诸多大师的引领下，让生命从阅读中获得丰富的滋养。

选择过一种阅读的生活

濮阳市实验小学　宋彦菊

李桂荣名师工作室给成员买了一批新书，其中有闫学老师的《给教师的阅读建议》，我立即借阅并饶有兴致地读起来。

自序"当赫本走进书店"，让我知道了赫赫有名的赫本竟然也是个读书人。也许，正是爱书，才成就了她永恒的美丽和高贵。因为阅读，能让一个人的容颜变得美丽；因为阅读，一个人的心灵会敞亮起来，于是，他们的眼神更平静，性情更豁达；因为阅读，能让人学会在困境中保持必要的优雅。当一个人的内心深处拥有了这种宝贵的财富时，他的容颜就不会不美丽。

一、优秀是读出来的

作为一名教师，阅读显得尤为重要，因为教师的服务对象是活泼的生命个体，只有具备了完善的知识结构，才能在教育教学中游刃有余。闫学老师指出，完善的知识结构由三部分组成：精深的专业知识、深厚的理论基础和开阔的人文视野。要成为一名真正优秀的教师，这三个板块的知识缺一不可。知识的宽度将最终决定教师的职业生涯所能到达的高度。大量优秀教师的成长案例证明，优秀教师首先是一个读书人，是一个嗜书如命的阅读者，在他们成长的每一个重要阶段，阅读成为几乎贯穿始终的重要事件，书籍是促进提升教师基本素养的主要载体。

只有11年教龄，32岁的闫学老师就已经被评为省特级教师了。我们不禁要问：为什么这么快？为什么是闫学？其实闫老师大学毕业后的差不多两年时间，是在彷徨中度过的。她不想做小学教师，想跳槽脱离学校，最低是到中学做一个中学教师，而均告无望，才只能"认命"。就在那个时候，闫老师读了一本书，遇到了一个人，那本书是《给教师的建议》，那个人是苏霍姆林斯基。从此，闫老师开始了教育阅读，开始了教育实践、教育反思以及教育写作。于是，她仅用7年就成为济南市教学能手，又仅用11年成为山东省最年轻的特级教师。

由闫学老师，我想到了从我们濮阳市走到无锡市、如今全国知名的特级教师武凤霞老师。武老师曾经是我的同事，记得有一次一起出差，坐在大巴上，我们先是兴致勃勃地聊天，累了就迷迷糊糊地睡着了。可我一睁眼，看到武老师却在专心致志地读着一本书。问她为什么不休息会儿，她说不困，再问她为什么带书啊，那么沉，她说，她无论去哪儿，都随身携带一本书。那一刻，自己一下子就感到与武老师的差别。

无论是闫学还是武凤霞，她们都在用行动告诉教师：优秀教师是读出来的。

二、阅读当克期

阅读"应该克期"是胡适先生传授的读书之法。所谓"克期"，指的是一本书拿到手里，要给自己设定一个期限，到了这个期限就一定要读完。克期是给自己设定了阅读期限，其实是强制给自己布置了一个阅读作业必须完成。

"克期阅读"这个词，我是第一次听说，无论是胡适先生还是闫学老师所说的"克期阅读"，都是说自己在读书过程中应该"克期"。回看自己读书，实在汗颜，拿到一本书有时竟然一个月也读不完。我想这就是没有给自己的阅读"克期"，阅读过于随意，缺乏计划性。

惰性人人有，人的一生似乎都在与惰性做斗争。人生如此，阅读亦如此。阅读当克期，要给自己制订一个阅读计划，并落实于行动。

尽管自己在阅读的过程中缺乏"克期"，但回顾在引导学生阅读的过程中，倒是给学生进行了"克期"。学生千差万别，阅读的兴趣和能力差别比较大，于是，我给学生规定每天的阅读量不能少于30页，这便是我给学生阅读的"克期"。那些阅读速度慢，还没有养成自觉主动习惯的学生，每天一定要完成这一阅读任务，一周的阅读总结时才能得到阅读奖章。对于那些阅读习惯好的学生来说，这样的阅读量是远远不够的，他们往往会坚持100页左右的阅读量，一个星期阅读一本书或几本书是常态。

三、"叶脉"式阅读

除了阅读当克期，闫学老师在《"叶脉"似的阅读之路》一文中又告诉了教师一种阅读策略——"叶脉"似的阅读。

文章开头讲述了胡适先生请顾颉刚先生标点姚际恒的一本薄薄的《古今伪书考》，大概一两个星期就可标点完毕，好得一点稿费补贴家用。岂料顾先生一去半年总不能交卷，原来他每一条引据都去查阅原书，仔细校对，注明出处，标明添加与删节之处。半年之后，顾先生说《古今伪书考》不必印了，因为他要编辑一部疑古的书，叫作"辨伪丛刊"。一两年后，顾先生又说，"辨伪丛刊"也不必再印了，现在他要自己创作了。原来，这两年他对中国古史做了许多辨伪研究，在这个过程中，他取得的成就早已超过姚际恒等人，可以自己创作，总结自己的研究成果了。顾颉刚先生的这种治学态度实在令人感叹，他的研究过程就是阅读与思考的过程，从一句话到一本书，从一本书到另一本书，从许多书到一个知识谱系，从一个知识谱系到更广泛的知识谱系，并在这个过程中逐渐形成自己的知识谱系。这个过程就像一片叶子的脉络，植物生长所需要的养分经由那些脉络被源源不断地输送进来，最终长成一片碧绿的叶子。闫学老师把这称为"叶脉似的阅读"。

林语堂先生在《读书的艺术》一文中说：

"学问是每每相互关联的，一个人找到一种有趣味的书，必定由一问题而引起其他问题，由看一本书而不能不去找相关的十几种书，如此循序渐进，自然可以升堂入室，研究既久，门径自熟，或是发现问题，发明新义，更可触类旁通，广求博引，以证己说，如此一步一步地深入，自可成名。"

中国台湾学者唐诺也说：

下本书在哪里？下本书就藏在此时此刻你正阅读的这本书里。

无论是顾颉刚先生的治学之道，还是林语堂与唐诺先生对读书的看法，他们的共同点就是从一条线索出发不断拓展开去，恰似一片叶子的脉络。

这种"叶脉似的阅读"方式给教师的阅读提了个醒，当阅读一本书的时候，不能完全抱着接受的思想，在阅读的过程中，有什么疑惑，有什么思考，这疑惑或思考促使着要继续阅读与之相关的书籍，进而阅读一系列的书，唯有这样，阅读才能见实效。在阅读闫学老师的这本《给教师的阅读建议》过程中，我注意到闫老师多次提到"教育阅读"这一概念，作为教师，阅读当与普通人不同，需要进行"教育阅读"，到底该怎样进行教育阅读呢？闫老师在这本书说得很笼统，但她曾写过一本《教育阅读的爱与怕》，为了深入了解"教育阅读"，我从网上下单购买了这本书，要继续阅读下去。

在制订每年的阅读计划时，总要针对下一年的教育教学列出一份书单，但在执行计划过程中，我发现除了列出的书单以外，往往又会阅读其他不少书，而这些书往往就是从阅读书单中的书里生发出来的。也许这就是闫学老师所说的"叶脉似的阅读"吧。

轻轻合上闫学老师的《给教师的阅读建议》，我告诫自己：如果你想成为一名优秀教师，首先就是要读起来。当下最要紧的不是有没有读书的时间，而是你肯不肯选择阅读，选择过一种阅读的生活。

让读书像呼吸一样自然

鹤壁市淇滨区福源小学　程建红

我有幸拜读了闫学老师的《给教师的阅读建议》一书，受益匪浅，书中的观点给我带来很大的触动。

一、魅力无穷

自从有了《给教师的阅读建议》这本书，就没有多余时间看手机、做无聊的事了，一有时间我就拿起书阅读。当每天早起抽出时间读书时，发现时间过得飞快。闫老师告诉教师：

当你把阅读当成一种生活方式，当成一种像呼吸一样自然的生命状态时，阅读就融入了你的生命，成为生命本身的一部分，而不是游离于生命外部的特别添加，不是割裂于生活本身的额外负担。越忙越要读书，给一点空间给阅读。

有一天中午，感觉困得不得了，但是一想起今天的读书任务还未完成，就立马来了精神拿起书读起来，这样一读，反倒不瞌睡了，一口气就读了几十页，感觉心里很满足。我在家读书时，我4岁多的儿子也会跟着翻看儿童故事，不过更多的时候是我给儿子讲故事。正如苏霍姆林斯基所说"不光教师要读书，我们的孩子更应该读书"。

二、抱团读书

循着《给教师的阅读建议》的阅读书单，我给自己列出读书清单计划，重读苏霍姆林斯基的《给教师的建议》，读莫提默·J.艾德勒、查尔斯·范多伦的《如何阅读一本书》，读《如何教学生阅读与思考》《阅读教学教什么》等，虽然我并不能达到很高的境界，但是我要先读起来，让自己的内心更加充实。

由于自己参加鹤壁市的名师工作室工作，我负责的栏目是"快乐读经典"，我便带领身边喜欢读书的同事一起读书、读经典。有详细的安排表，每天发布公众号展示大家读书的情况，引领教师不仅读出来，还要写出自己的读书感悟。教师们积极性高涨。有的教师对自己要求很高，一遍遍读到满意为止，读书感悟也是改了再改。就这样，通过阅读经典不断地完善自己的知识结构，作为教师的"专业"底气在阅读中逐渐厚实。而且，逐渐引领教师们达到了如闫学老师说的读书跟呼吸一样自然，成了一种须臾不可缺的存在方式。

三、收获满满

通过读《给教师的阅读建议》一书，我学会了怎么写读书随笔，当阅读和写作结合起来，那些在阅读时引发的思考会更加深入、全面、透彻，甚至会引发一些阅读时不曾有的思考，阅读就获得了另外的奖励和收获。我现在不管是看过的书，还是自己经历的事，我都会及时写心得感悟，哪怕是自己的一点看法，也要记录下来，慢慢地养成一种写反思的好习惯，从中也利于发现自己哪里有不足，需要怎么改进。我也要试着把看过的书产生的感想写下来，做好摘抄记录，并针对作者的重要的核心观点做进一步的梳理和理解，进行概括提炼，学习优秀的教师透过现象看本质，一下子就能抓住重点，把自己要说的话流利地说下来，促进自己成长。久之，就有了很大收获，对于教育教学是一个很好的指导。

继续努力读书，它会帮助自己成为一个学生喜欢的教师。

在阅读中学会阅读

淇县前进小学　杨艳云

在中原名师李桂荣老师的组织引领下，我有幸拜读闫学老师的《给教师的阅读建议》一书，书中文字如茉莉花香般沁人心脾，使人身心明亮。每天跟随闫老师走进阅读的世界，让生命在阅读中浸润，获得丰富滋养。

闫老师倡导"读书就是生活"理念，以"读书"为主题，探讨了阅读的意义。"优秀教师是读出来的""越忙越要读书""阅读，一种本源性研修""为什么不能只读教育书""怎样写读书随笔"……闫老师结合自己的经历娓娓道来，明确向教师讲述"为何阅读、阅读什么、怎样阅读"。

一、为何阅读

"鸟贵有翼，人贵有志。"毋庸置疑，每一位教师都希望成为一名优秀的教师，而能否成为一位优秀教师，不可否认他首先应该是个爱读书的人。

"优秀教师是读出来的。"作为一名语文教师，我时刻谨记闫学老师的教诲，永远不停步地坚持读书，书中的智慧、启迪和思考让我获得心灵的宁静和收获。"立身以立学为先，立学以读书为本。"在专业上我坚持阅读教育教学理论、语文期刊、文学经典作品等，让自身的教育教学理念与时俱进。读书，可以和名师对话，学习他们的成长之道；可以不断品尝教育的酸甜苦辣；可以沉静下来探求教育的真谛；读书得以坚定教师在这个时代的责任和担当；在读书中不断反思、成长、突破，对教育永远热泪盈眶、朝气蓬勃。

从古至今，每一位教师在上课时，都是带着他所有的阅读史教课的，因为"一个爱阅读的教师，一定对学生产生重要的影响"。当我们读书做好最充分的备课时，才可以非常有底气地站在三尺讲台上，望着学生几十双求知若渴的眼睛，以扎实的专业知识、渊博的文化知识，引领他们走向更广阔的天空。所以，教师应该让阅读养成习惯，当作一种生活方式。

一个人的精神成长史就是一个人的阅读史，教师读书不一定就能成为名师，但读书一定能促进教师实现专业成长，读书的教师内心一定是平和而幸福的。

教师是一个非常忙碌的群体。众所周知，除了工作压力大，社会各界对教师的要求越来越高，那么，教师的教育智慧从哪里来？答案是从实践中来，从思考中来，从学习中来，除了向优秀教师学习，还有不间断地阅读。

"越忙才越要读书。"在闫老师看来，读书不需要一张桌子，也不需要有大把的完整的时间，处处都是读书的地点，时时都是读书的时间。我之前总抱怨到中年还当班主任很忙很辛苦，要备课，要上课，还要批改作业……再加上还要照顾家庭、孩子，根本没有那么多空闲时间用来读书。导师真诚地说：

谁不忙，谁不累？要找到自己的空间，找到自己的园地，有些事是需要我们应对的，有些是需要我们全力以赴的，要有自己的研究，自己的爱好。

所以无论多忙多累，我都想尽一切办法去读书，我坚信喜欢学习的教师，才能培养出喜欢学习的学生；有智慧会思考的教师，才能培养有智慧会思考的学生！

闫学老师在书中还列举了苏霍姆林斯基的教育著作中的一个例子，完整对比呈现了教师对一个曾有多次偷盗行为学生的不同教育过程。从中，可以真切感受到阅读带来的理论与实践的双重智慧。

二、阅读什么

闫学老师以自己的阅读经历来探讨和展现一名教师的知识结构：精深的专业知识、深厚的理论基础和开阔的人文视野。要成为一名真正优秀的教师，这三个板块的知识缺一不可。闫老师说：

一是教师应该博览群书，不能只读教育教学方面的书籍。二是教师应该阅读经典作品，因为经典作品可以拨云见日让我们的眼前的世界变得透明。三是教师除了阅读一流好书，也要读一读二流的好书。阅读了经典，我们还应该有意识地拓展自己的视野，再读一些其中的二流好书。比如：同一作家作品、相同主题作品尽可能多读一些，全面了解其思想、观点。同时，阅读的过程也是培养自己卓越的思维与判断能力，提高自我的阅读品味的过程。四是阅读有坡度的书。坡度，指难度；"有坡度的阅读"指书目的挑选上必须对自己专业成长有所提高，这样，阅读才真正起到了作用。"无限风光在险峰"，这是爬坡的意义，也是阅读的价值。五是新教师应该读那些充满情怀、能够照亮自己教师生涯的书，如《给教师的建议》《我把心给了孩子们》等著作。读一些经典的教育入门书，如苏霍姆林斯基的《给教师的建议》、洛克的《教育漫话》、夸美纽斯的《大教学论》、蒙台梭利的《童年的秘密》等。读一些必要的有利于指导自身教育实践、增长教育智慧的书。读一些能够开阔视野、完善自己知识结构的书。读一些能够让自己的学科专业知识更加精深的书。读一些能让自己精神更丰富、更明亮的书。读一些身边优秀教师正在读的书。

三、怎样阅读

生活中总有一种现象：一本书在手边放了很久，却一直都没有读完。每次拿起来再读，都几乎忘记了过去曾读过的内容，不得不从头读起，就这样阅读一本书就一拖再拖。胡适认为这时阅读"应该克期"。

"克期"，指一本书拿到自己手里，要设定一个期限，期限一到就要读完。克期是给自己制定了阅读期限，其实是强制给自己布置了一个阅读作业必须完成。因为惰性人人有，人的一生似乎都在与惰性做斗争，人生如此，阅读亦如此。所以每次趁着假期，阅读当克期，我给自己制订一个阅读计划并严格执行，是这个假期的首要任务。

"好记性不如烂笔头"，闫老师做读书笔记，她的读书笔记分类非常明晰，涉及文摘类、概括类、随笔类（文摘类和概括类又可分为教育理论类、学科专业类、人文视野类）。她的读书随笔所设维度非常妙——将阅读与现实生活相连接展开，将阅读与教育实践相连接展开，将阅读与个人体验相连接展开。她的文摘类读书笔记原则非常明确——"阅读时一定是让我眼前一亮的语段"。她摘录完毕后，"我一定会在每一个摘抄的句段后面详细注明出处，包括作者、书名、出版社、出版日期、页码等，便于以后详细核查"，钦佩她的阅读。闫老师读书，可谓"心"到，我也运用了她做读书笔记的方法，收获颇多。

阅读浸润生命，书籍指引前行。作为老师，首先要做一位读者，读起来；其次要做一位行者，写起来。再引导自己的学生爱上阅读，与书为伴，学习写作，给学生插上阅读和写作美丽的双翼。今生，和学生一起在阅读这条路上，做一个不停奔跑的教师。

阅读，生命中最重要的遇见

滑县留固镇西街小学　周 杰

生命里的每个阶段，总会与美好不期而遇。放假前，我跟随中原名师李桂荣名师工作室阅读了闫学老师的《给教师的阅读建议》，闫学老师每一个阅读建议都令我为之震撼，读完这本书，之前很多的教学疑惑感觉一下子豁然开朗。

源于阅读这本书，使我走近了闫学老师的教育生活，了解了她的教育思想。从小学教师，到语文教研员，再到小学校长，在教育道路上20多年里，她一直在做这三件事：爱阅读、爱写作、爱教书。

在闫学老师的眼里，读书就是生活。多年来，她一直致力于阅读推广活动，潜心于文本解读研究和苏霍姆林斯基教育思想研究。

苏霍姆林斯基改变了闫学老师的教育方向，对她一生起到了重要意义。

同样，阅读也给予了我这样的光。我喜欢在冬日暖阳与书相伴，在炎炎夏日中在满目的绿意里享受淡淡书香，和一群书友共赴一场文字之旅。

那是2019年，一次郑州和美课堂的学习之旅，使我有机会走近北京市东城区教育科学研究院语文教研员王文丽老师——我阅读生命中的贵人！

她的课堂，她的阅读教学，她的教育思想，都深深地吸引着我。我从网络上搜集并整理王文丽老师的视频课、教学实录和课件，一遍又一遍地观看、思考、学习。即使这样，也觉得不过瘾。"如果能读读她的书，该有多好呀！"我开始寻找她写的书。我通过关注王文丽老师的公众号，慕名留言，询问在哪里能买到她的书，不想却收到了回复："周老师，我已经有八年没有出新书了，很惭愧。以前出过两本《走近王文丽》《课堂飘香是茉莉》，你可以搜索一下。"

幸运的是，我终于在网站上买到了她的这两本书，虽然是二手书，但我如饥似渴，迫不及待。我无数遍地阅读、揣摩、模仿，沉迷其中。如闫学老师书中所写的那样，我开始学着王文丽老师的样子写教学案例，写教育叙事，开始模仿她的样子，一遍遍去研究她的每一个教学设计，开始重新审视自己的教育教学，还把自己的阅读、发现、感受与思考记录下来。

我想，这正是闫学老师所讲的第二条建议"爱写作"吧。闫老师在《给教师的阅读建议》中"怎样写读书随笔"这一章节，让我感悟颇深。书中提道：

读书与写作将为教师的专业发展插上腾飞的双翼。

受闫老师的启发，我在手机上下载了写作软件——简书。我开始学习在简书上编辑文字，我试着运用简书写起了自己教育教学中的小故事，写最爱我的亲人，如《最爱我的人，还在原地等我》，记录最早的灵感；写久违的友情，如《青春已逝，我们却彼此路过》，再现友情的回归；写班里的学生，如《你们毕业了》，诉说对学生毕业时的不舍……

当夜深人静时，当我的一对儿女进入梦乡，我便开始和时间赛跑，每晚读几页书，写几行批注。我相信，每一盏灯下的孤独，都是梦想必经的地方。至今，我在简书中坚持写了40多万字，这些文字涉及个人成长、亲情友情、教育叙事、读书感悟等。其中，在"滑州杏坛"发表作品33篇，在"徐洁本真教育""河南省杏坛网研社""滑县班主任"等平台发表教育作品30余篇。而我，也在这持续的写作中，寻找着自己的教育故事，确认着自己对教育的理解。

作为一名小学语文教师，埋头于日常教学工作，我总在想，如何给学生一双飞翔的翅膀，让他们爱上语文，爱上课堂。这正是闫学老师在《给教师的阅读建议》里提到的第三条建议：爱教书。

我在班里开展了班本课程——"激情飞扬，遇见最美的课堂"。课堂上，通过激发学生手、口、脑多种感官并用，将整篇课文或某个片段编排成生动有趣的课本剧，唤醒他们对于语文学科的热爱。上"难忘的泼水节"一课时，我们把讲台变舞台，全班一起来过泼水节，我来演周总理，学生全都是"傣族儿童"，我们模拟现场，创设对话；上"日月潭"一课时，学生轮流当小导游，我将语文课堂与讲故事、朗诵、课本剧、情景剧等形式结合起来，根据课文剧情把语文课堂变成小小音乐厅、话剧场、泼水节，这大大激发了学生的学习兴趣。课堂上我们常常用分角色朗读、情景剧课本剧表演、读书辩论赛、读书交流会等形式演绎文本，更加深刻地感受祖国母语的内涵。

闫学老师在这本书中的第六辑"让不爱阅读的孩子爱上阅读"中提道：

让学生爱上书籍，终身与书籍为伴，是苏霍姆林斯基教育思想的一个重要组成部分。无限相信书籍的教育力量，是苏霍姆林斯基教育信念一个信条。

在推动班级阅读中，我向家长宣传和孩子共读同一本书的好处，并在班内发起了"伴读妈妈在行动"的读书活动，鼓励家长把与孩子共读时的照片、音频、视频等，上传班级微信群。六年来，我教他们"不动笔墨不读书"随时摘抄和做批注的读法；我教他们"尽信书则不如无书"，鼓励他们独立思考要有自己的远见；我教他们"敏而好学，不耻下问"，要做谦虚而又好学的人。小学六年时间，我们排练过无数个课本剧情景诗，屡次在县里获奖；每学期都制订班级和个人的读书计划，每周安排一节阅读课，每月评比诵读之星，每学期评选书香少年。

阅读之后，世界很大；写作之后，人生丰盈。闫学老师在书中说：

教师的阅读不完全是一种享受或者主要不是享受，教师的阅读更多是一种提升，一种丰厚，一种转变。

在未来的阅读生活中，在中原名师工作室李桂荣导师的智慧指引下，向美而生，遇见美好。

好书不妨重读

濮阳市实验小学　李桂荣

我通过倾听教育学者闫学老师的专题报告《阅读，教师向上的阶梯》，了解到她写的书《给教师的阅读建议》，我立即买来读，对我的触动很大，一读再读。很喜欢闫老师这本有深度更有温度的书，她深邃的思想以及阅读她书的人的深刻解读，都使教师受到空前的重要影响。后来，我带领工作室成员老师开展好书共读系列活动，我就推荐给老师们阅读，好书要重读。

一、读闫学的书是一种享受

闫学老师以通俗易懂、平实朴素的文字娓娓道来，我一直被那颗滚烫的心感动着，她将自己的成长经历、所悟所得毫无保留地呈现于读者面前，告诉教师为什么这样做，并且教给教师怎么做。一拿起这本书就再不能放下了。

闫老师总结全面，很有现实意义，读者能直接沿着她的路学着走，启迪读者感受自悟。长期高品位的阅读完善了她的知识结构，使她拥有开阔的胸襟和驰骋的思想，跳出教育看教育，敏锐透视问题的实质，传递着教育的真谛，珍惜有幸遇见这位具有强大的人格魅力的导师。

闫老师曾以现身说法的方式"做关于教师职业人生规划"的讲座，对自己18年来的教师生涯全面梳理与反思，列出四个维度的成长史框架——"完善知识结构的阅读史、笔耕不辍的写作史、课堂实践的磨炼史、持续反思的研究史"，这是闫老师的总结，也是教师阅读与教师成长的一个阶梯，而这个阶梯没有止境。闫老师总结得真好，有益于教师借鉴这四方面总结归纳自己的成长经历，找到自己努力的方向。我认真地反思自己，完善知识结构的阅读不足，阅读的广度、深度远远不够，不能挤出更多时间读书；勤于笔耕还很欠缺，有愿望但在时间上还不能更好地利用；需要持续的研究反思等。这就是读书的好处，尤其是读闫学的书。教师从中获得的不仅是力量，关键在于能够找到前进的目标和方法。

阅读是一种幸福的元素。阅读能够帮助教师在精神上实现突围。俄国作家邦达列夫曾说过，"一个人打开一本书，就像在镜子深处寻找自己的主角，寻找着自己的思想，会不由自主地把别人的精神与自己的特点比较，并从中感到遗憾或懊恼"。在阅读的时候，我们在精神上从现实的琐碎与庸碌中抽身，反观生命，情感会更细腻，心灵会更丰润，会对这个世界对生甚至死都充满了感恩。这样，教师在教育教学中，会不知不觉传递美好，传达善良，培养开阔的心胸。

阅读可以提供反思和提炼的能量。每个人都或多或少会被"焦虑迷惘、无所适从"等负面情绪困扰。这是内在能量不足的表现，这能量包括职业理想与信念、专业知识与技能、人文素养和底蕴。广泛而深入地阅读，在阅读中不断反思和提炼，一切困扰自会化为新的能量。

二、作为教师首先要读起来

教育阅读能完善知识结构。教师的阅读应以完善自身的知识结构为目标，指向的是提升自身的生命质量。一个优秀的教师应具备三个板块的知识：精深的专业知识、深厚的理论基础、开阔的人文视野。教师必须具有开阔的、丰富的、彼此融通的知识背景，其教育教学才能达到应有的高度。通过大量高品位的阅读不断完善知识结构，是教师成长的最根本要素。很难想象，一个不读书的教师，可以在课堂实践中拥有教学智慧，可以在教育教学研究中迸发新鲜的灵感和思路，也无从谈起有价值的、真正意义上的教育反思与写作。而作为一个真正的优秀教师，其知识的宽度将最终决定其所能达到的高度。不读书的教师生涯，是一种无休止的重复和受难。要避免这种痛苦，只有让自己更坚决更深入地沉潜于阅读之中。

读书是教师的人生超越一般意义上的价值追寻，能从庸碌的日常生活中突围。因为一个人有限的生命往往无法超越自身和时空。由读书而引发的思考，获得的快乐，能帮助教师走向无限，丰富人生，阔大世界。闫老师说"教师要过一种幸福而完整的生活"，因为教师的生活不只有教育，教育可以是一种生活方式，但不是全部。否则，教师对教育的理解和认识都会受到局限，致使教育实践走向偏狭与单调。

当前，教师至少已在理论上认识到读书对成长的重要性。关键是，要利用一切能利用的时间去读书。那么，时间从哪里来？闫老师以泰戈尔的诗诠释自己的读书状态，给出最好的答案：

在无数个喧嚣的白天，在无数个宁静的夜晚；在雨天的晦暗里，在暮色的苍茫中；在偶尔小憩的旅途上，在音乐流淌的小屋里；在很多渴望温暖和快乐的时刻，在很多浸满忧伤和寂寞的日子……

我想，还可以在午后慵懒的时光，在人声嘈杂的火车站，在无所事事的飞机上等，总之，让读书成为最自然的生命状态。

其实，读书不需要一张桌子，也不需要有大把的完整时间，处处都是读书地点，时时都是读书时间，当你把翻开一本书读一页纸看成是与打开手机刷微信一样的自然时，你就有了读书的精力和时间，而一旦这种状态持续下去，几年后你会发现，在工作中你不再捉襟见肘，也不再那么匆忙了。

读书是教师专业发展的必由之路。优秀教师与一般教师的区别就在于文化底蕴。不论我们原有的知识背景如何，完善知识结构应成为每个教师基本的阅读方向。至于教师应该读什么样的书，闫老师告诉教师可以从胡适勉励吴健雄的信中得到启迪：

希望你能利用海外的住留期间，多留意此邦文物，多读文史的书，多读其他科学，使胸襟阔大，使见解高明，做一个渊博的人。凡第一流的科学家都是极渊博的人，取精而用弘，由博而反约，故能有大成功。

胡适主张做学问不能只专注于某一方面，学理科的人不妨读读文史哲，学文科的人不妨读读自然科学，学识渊博了，才能胸襟阔大，见解高明。"取精用宏，博而返约"也成为闫学老师读书的取向与格局。

教师要读经典的书。卡尔维诺在《为什么读经典》一书中给经典作品下了14个定义。如一部经典作品是一本每次重读都像初读那样带来新发现的书，是一本即使我们初读也好像是在重温的书，是一本永不会耗尽它要向读者说的一切东西的书……阅读经典让教师站在高处，不断确立自己的位置，从更加丰富的层面了解人生。大量地阅读经典作品，能够使自己跳出教育看教育。

在阅读了那些经典好书之后，还应该有意识地拓展自己的阅读视野，再读其中的一些"二流好书"，尤其是对同一作者，把该作者不同时期、不同主题的书尽可能地全部阅读一遍，可以比较全面充分把握其思想观点的发展脉络，并在这个过程中培养更加卓越的思维与判断能力，提高阅读品位。

阅读要有坡度。所谓有坡度的阅读，是指书目的选择必须对自己有挑战性。真正有价值的阅读应该犹如爬坡，不费相当大的力气就不能到达顶峰，甚至费了相当大的力气，也不一定能到达顶峰，这就是有坡度的阅读，也只有有坡度的阅读，才能真正对教师的专业成长有用。无限风光在险峰，是爬坡的意义，也是阅读的价值。

"叶脉似的阅读。"闫学老师提到胡适先生曾这样说：

有许多书，我们读起来是不懂的，一定要读了许多别种书，才能读懂这本书。所以，要读懂这本书，便要读旁的许多书了。先读的许多书，好像是种工具。不读书便不能读书，要能读书才能多读书。

闫老师告诉我们教师，这种从一条线索出发，不断拓展开去的阅读方式，恰似一片叶子的脉络，植物生长所需的养分，经由那些脉络被源源不断地输送进来，最终长成一片碧绿的叶子，闫老师把这称为"叶脉"似的阅读。读闫老师《给教师的阅读建议》这本书，就能从中收获到这些，你可以从这本书发现她阅读的许多书籍，洞悉她的阅读之路，并朝着这条路探寻下去，你会发现，她其实是在领你走进了一条阅读的捷径，而不再使自己的阅读那样盲目。

克期阅读。所谓"克期"指的是一本书拿到手里，要给自己设定一个期限，到了这个期限就一定要读完。这是促进自身阅读的有效之法，还可以为自己设定一个奖惩机制，比如假期里克期读完一本书，就小小地奖励一下自己，像看场喜欢的电影等，反之，就不允许自己享受这些。惰性人人有，人的一生似乎都在与惰性做斗争，人生如此，阅读也如此。

好书要重读。一部经典作品，永不会耗尽它要向读者说的一切东西。卡尔维诺在评论蒙塔莱的诗时写道："还有，就是继续读'进'他的诗集，这无疑将确保他的长存：因为不管细读和重读多少次，他的诗都能一打开就吸引读者，却永不会被耗尽。"对于经典的好书和它的作者，我们表示敬意的最好方式就是不断地细读与重读，在温故知新的过程中，让自己也走向深刻。我感觉闫学老师的《给教师的阅读建议》这本书就能使我常读常新，促使自己不断地细读它，重读它。

三、读书要把思考与写作结合在一起

读写结合是教师专业发展腾飞的双翼。高品位的阅读必然会引发有深度有价值的思考。这些思考来源于自身的、宏观的、微观的、国家的、民族的、社会的……只要有思考就有价值，就有改变、完善、前进的可能。真正的优秀教师都是有思想的教师。那么要让在阅读中产生的那些思想不至于稍纵即逝，就要学会整理、记录、提升，甚至学会推翻，这就要借助于写作。读书是引发思考，写作本身就是思考。写作能够帮教师梳理思想，不断返回、认同、否定、完善、升华自身。凡是遇到值得精读的好书，一定要做大量的读书摘记，然后把自己在阅读中的思考化为一篇篇读书随笔，刊登在期刊报纸上，这是对自己阅读的一种呈现形式，也是对自己能养成思考与写作的好习惯的一种促进，而并非其他。

学而不思则罔，不怀疑而读书无异于把自己的大脑当成别人的精神跑马场，当成别人思想的容器，往往读书再多，也很难架构起属于自己的思想体系。所以，在读书中思考，在思考中不放过任何疑问的火花，并珍惜这一星儿火花，让它在以后的阅读之路上闪烁，乃读书治学的宝典。

思考与阅读是教育写作的必要储备，没有这两种必要储备，教育写作就无从谈起。当阅读和写作结合起来，那些在阅读时引发的思考，会更加深入，更加全面，更加透彻，甚至会引发一些阅读时不曾有过的思考，阅读就会因此获得另外的奖赏与收获。

"选择过一种阅读的生活"，作为教师，要像闫学老师这样做。在《给教师的阅读建议》这本书的最后，闫老师谦逊地说她不是来谈阅读的。我想，那她是来谈成长，来谈生命的吧。于她而言，书籍就是空气，阅读就像呼吸一样自然，她把阅读看得如同吃饭一样必不可少。五谷杂粮滋养身体，经典专著滋养心灵，教师首先应是一个读书人，读书的方法有很多，而前提只有一个，那就是先读起来，让狂热的阅读愉悦身心。老师们，一起读书吧，让阳光照进来。

第五辑

阅读，
做孩子的点灯人

——读《从阅读走向悦读——如何提升学生的阅读兴趣与能力》

  阅读李桂荣的《从阅读走向悦读——如何提升学生的阅读兴趣与能力》这本书，有一个强烈体会：李校长的教育教学实践是真正做出来的。如《书，在教室里飘流》一文，详细介绍了班级图书角的建立、使用等做法，操作性极强，教师们可以直接拿来就用。《小平台，大悦读》取材于校园阅读生活，读后感觉很亲切，仿佛亲眼看到了那情那境。更可贵的是，书中还展示了许多教学案例，如《开放教学是为更好地激活兴趣》一文就列举了《黄山奇石》《葡萄沟》的教学设计，教师可以直接选用。《提高朗读能力的四个秘诀》一文中谈到的读通、读懂、读透、赏读这四重境界的训练，是学生朗读能力提升的好办法，值得学习和借鉴……总之，这本书语言平实，叙述了好多新颖的教学方法，可学性非常强，是一线教师和教育管理者值得阅读的一本好书。阅读这本书就是与美相遇，是一件幸福的事，尤其是以文字这种最质朴的方式与智者交心，学习他人的经验和智慧，实乃人生之大幸。

悦读，一件美妙的事

濮阳市实验小学　王晓葵

濮阳市实验小学李桂荣副校长的新书《从阅读走向悦读——如何提升学生的阅读兴趣与能力》付梓出版了，很是欣慰。掩卷而思，有两点体会，与同人共享。

一、引领学生阅读，教师可以大有作为

阅读教学是语文教师的重头戏，濮阳市实验小学几乎天天上演着阅读的"戏剧"，怎样引领学生更好、更有效地进行课内外阅读，是教师应该经常思考的问题之一。笔者通过阅读濮阳市实验小学李桂荣副校长的教育专著《从阅读走向悦读——如何提升学生的阅读兴趣与能力》，知道了激发、培养、发现、升华、拓展学生阅读兴趣的好办法，对引领阅读有了更深入的认识和思考。引领学生阅读，向着更深处漫溯，作为教师尤其是语文教师可以大有作为，可以从以下4个方面入手。

1. 示范引领，教师成为读书人

教师是学生智慧的引路人。作为语文教师，首要任务是让学生爱上阅读，但要想让学生爱上阅读，教师自己就必须先成为"读书人"，这本身就是对学生的一种言传身教。爱读书、有学养的教师，往往都是学生心目中的偶像，教师的一举一动，都会对学生起到潜移默化的作用，很多学生就是在教师的熏陶下爱上读书的。试想，一个不爱好阅读的语文教师，如何能引领学生读书？又如何培养出爱读书的学生呢？于漪老师在《语文教师必须有教学自信力》一文中说：

"教学的自信力来自教师深厚的学养。一个有胆识的教师必然是好学深思的,能够身体力行的。"

当然,一线教师工作繁忙,事无巨细,能够用来读书的时间非常少,但如果挤还是有的。只要是想读书、爱读书,就一定会想办法挤时间读,不读不快,如果等到有时间再读书的话,我敢说有时间也不会读书。教师可读的书很多:读陶行知、叶圣陶、苏霍姆林斯基、杜威等中外教育名家的教育理论著作用以指导实践;读魏书生、李镇西、窦桂梅等人的教学随想借以学习名师的经验方法;读文学名著得以修养身心、陶冶情操;读儿童文学可以增加童趣,与学生产生共鸣……总之,开卷有益,我们总能够从书中有所收获,有所提高。为引领学生阅读做到胸有成竹,可有的放矢地为学生推荐好的书目。同时,教师自己喜欢读书,也会情不自禁地总结出好的读书方法,在自然而然中与学生分享。所以,我们要经常自省吾心:今天,我读书了吗?期望教师都能爱上读书,用读书来提升素养,促进自己的成长,促进学生的发展。

2. 榜样激励,学生爱上读书事

阅读是学生获取知识的主渠道,阅读课本、阅读经典、阅读美文是学生获取知识的主要途径。仔细观察不难发现,班里那些思维活跃,见多识广的孩子,往往都爱阅读。所以,作为语文教师在平时的教育教学过程中,要注意树立榜样,定期评选"读书标兵""读书社团积极分子"等,让学生在比、学、赶、帮、超的浓厚氛围中,激发阅读兴趣,丰盈阅读数量,提升阅读水平。还可以让每个学生拥有自己的"阅读存折",定期记录阅读收获和感受。也可以用"阅读打卡"的形式,在班级群里分享自己的阅读成果。从而让学生的阅读不再枯燥,充满乐趣,充满激情,使他们在阅读中不断地获得满足感,拥有自豪感,从"要我读书"变成"我要读书"的积极状态。还可以创办"书香报",让学生动手动脑,积极参与,在办报的过程中升华自己的阅读体验。

3. 注重积累,美文佳句齐诵读

中国有五千年灿烂的文化,国学是中华民族的瑰宝,因此,语文教师应该在日常教学中渗透国学教育,让学生诵读《论语》《千字文》《了凡四训》等经典名篇以及"唐诗宋词"等。阅读校本教材《小学生经典诗文计划诵读自助餐》,让学生对优美段落、诗词佳句达到熟读成诵。在学习的过程中,教师要参与其中,与学生一起吟诵,一起赏读,提高学生的阅读兴趣,也提升学生阅读的层次。这样坚持下去，学生写起作文来一定会思接千载，文思泉涌，下笔如神。

4. 开阔视野，社团研学自助餐

《红楼梦》中有这样一句话："世事洞明皆学问，人情练达即文章。"周总理说："与有肝胆人共事，从无字句处读书"。社会是一本底蕴丰厚的无字书，向社会学习也是开拓学生视野的好办法。作为语文教师，可以利用阅读社团，积极开展参观、访问、读书交流等活动，让学生走进农村，走进社区，走进革命圣地……参加有意义的游学研究、奉献爱心等活动，在活动中丰富阅历，开阔视野，增长见识。阅读社会这本大书，相信会使学生下笔作文时"言之有物"，水到渠成。

当然，引领学生阅读，语文教师还可以做得更多些，这需要在平时的阅读教学过程中勤于探索，勇于实践。相信，在享受教育思想的引领下，阅读教学的道路会越走越宽阔。

二、参与阅读，家长亦大有可为

阅读分为课内阅读和课外阅读两个维度。课内阅读是指教师在课堂上有计划、分阶段、按步骤地有效指导下的阅读；课外阅读是指学生在课余时间，通过阅读书报、影视、网络等进行学习。那么，作为一名普通的学生家长，如何参与孩子的阅读，激发、培养、发展、升华、拓展孩子的阅读兴趣呢？李桂荣副校长的专著《从阅读走向悦读——如何提升学生的阅读兴趣与能力》在第三章"活动延伸篇——活动拓展延伸，发展阅读兴趣"里有详尽指导。笔者认为，参与阅读不仅仅是教师和学生的事情，家长亦可大有作为。

1. 营造氛围，培养家国情怀

家庭是学生成长的港湾，家长是孩子的第一任老师。一个有读书习惯的家庭，经过书籍天长日久的浸润，家风就会逐渐变得高贵起来。生活在一个有书香气息家庭中的孩子，长期耳濡目染，也一定会熏上书香，爱上阅读。想让孩子爱上阅读，作为父母，首先要不断地学习，完善自己，给孩子创造一个积极向上的书香家庭，让自己成为一个名副其实的"读书人"。这也是对孩子的一种言传身教，能够对孩子起到潜移默化的作用。我们倡导每个学生家庭建立一间书房，每个孩子至少拥有一个书橱、一张书桌。家长与孩子约定远离手机、电视等电子产品。在孩子面前要时常手拿书报，认真品读。积极开展"亲子共读"活动，提升自己在孩子心目中的威信，提升阅读的魅力，为孩子营造一个充满浓厚书香气息的家庭。可供家长阅读的书目有很多：人物传记、古今中外的经典名篇、孩子喜欢的绘本、童话故事等，都可以作为家长阅读的范畴。最主要的是家长要树立家国情怀，引导孩子从小立志，树立"为中华之崛起而读书"的远大抱负。

2. 凝聚共识，响应办学理念

作为家长，可以通过家长学校、家长会、微信平台、家校开放日等媒介或活动，详细了解学校的办学理念、班级的奋斗目标、教师的教育教学进度……只有了解了这些，才能有目的地对孩子施加有效的影响。濮阳市实验小学在"享受教育"的理念指导下，瞄准"四个智慧"办学目标，夯实"两条主线"，优化"三个课堂"。家长就要明晰其内涵：瞄准"创建智慧校园、争做智慧教师、打造智慧课堂、培育智慧学生"的办学目标；夯实"阅读、运动"两条主线；优化班级小课堂、学校中课堂、社会大课堂等。这样在教育孩子的过程中，就不会偏离中心，从而实现家校共育目的。

3. 同伴互助，实现资源共享

在班级的倡导下，学生大都拥有了"阅读存折"，坚持撰写"阅读日记"，定期创办"阅读小报"。然而，孩子毕竟是成长中的孩子，如果一味地强调阅读，时间长了他们难免会产生厌倦情绪。做家长的可以与孩子共同商量，邀请两三位知己同学，定期在某个学生家庭中开展阅读交流活动。活动时三个孩子可以互相交流读书心得，共享自己的图书，也可以进行"猜书名、介绍一本好书、介绍我的读书小妙招"等活动。同伴互助，结伴读书，既可以实现资源共享，又可以让孩子收获友谊，愉悦身心，实现"要我读书"为"我要读书"的转变。

4. 广泛联系，参与社会教育

社会是一本底蕴丰厚的无字书，向社会学习是开拓学生视野的好办法。目前，濮阳市实验小学在全体学生中开展的阅读社团活动，就是引领孩子课外阅读的有效途径之一。作为家长，要积极加入阅读社团活动中来，带领孩子开展参观、访问、读书交流等活动，走进农村、社区、军营、革命圣地……参加有意义的游学研究、奉献爱心活动，在活动中丰富阅历，开阔视野，增长见识，阅读社会这本大书，真正成为活动的主人，真正爱上阅读。还可以积极参加各班级定期召开的读书社团团长经验交流会，让做得好的家长从不同角度分享好的经验与做法，谈读书社团活动的目的和意义，讨论活动的兴趣培养、社团活动的频率等问题，为家长指导阅读活动铺平道路。

广大家长是家校共育的鼎力建设者、亲子阅读的建言献策者、良好家风的积极培育者，陪伴孩子从阅读走向悦读，共同成长，成为自己喜欢的模样。作为教师，要在阅读之路上渐入佳境，欣赏书中一道道曼妙的风景，让阅读的能量真正得以体现和释放。秉持"走自然生长教育之路，办有温度有故事学校"的教育理念，坚定走在阅读之路上，演绎属于自己的、有温度的教育故事。

阅读悦美

濮阳市实验小学　尚淑丽

小学阶段是人记忆发展的黄金时期，在这一阶段要引领学生阅读经典名著，储存丰富的语言和思想资源。如今阅读成为教学中的重中之重，教师重视阅读的意识提高了，但有时候在方法引导上还有些欠缺。李桂荣副校长的《从阅读走向悦读——如何提升学生的阅读兴趣与能力》为教师打开了一扇窗，可以从中学到不少阅读兴趣培养的小妙招。

这本书从"激发、培养、发展、升华、拓展"等五方面形成了螺旋上升的阅读培养序列，有层次，有思想，处处彰显李副校长的睿智、细心以及对阅读的深入思考。无论打开哪一个章节，都会让人爱不释手，收获满满，因为这是一本很接地气的书，很多方法都可以直接借鉴。

一、氛围润泽，激发阅读期待

环境氛围的营造对激发学生阅读兴趣有着不可估量的作用。从教室里的漂流图书到校园的读书之花；从教室门前雅致的阅读平台到阅览书屋；从校外图书馆再到遍布城市各个角落的读书社团。这一个个精心营造的读书氛围，激发了学生的阅读兴趣，呵护了学生的阅读期待。

书中谈到的"读书交换站"这一方法让我眼前一亮，因为它消除了图书缺乏趣味性、不能引起学生足够的兴趣、维持持久阅读的弊端。不仅使图书资源得以共享，又解决了班级图书紧缺的难题。有固定的借阅时间、规范的借书卡，以及借阅公约，能够促进学生借阅书籍的高涨愿望，养成读书的好习惯则水到渠成。

二、课堂渗透，教给阅读方法

课堂是培养学生阅读兴趣的主阵地，阅读方法的引领起着事半功倍的作用。李副校长在第二篇章中用自己的教学实践和思考，告诉教师一些行之有效的阅读方法，如巧妙运用情境激励、表演激励、榜样激励、竞争激励、游戏激励、活动激励等多种激励手段，使学生越读越爱读；反复地读、说、演、练，让学生用自己的话讲书中的内容，提高阅读能力；教给学生圈点批注的方法，引领学生深度阅读。

作为语文教师，对于阅读教学中的"读通、读懂、读透、赏读"的环节都很熟悉，但是如何完成阅读教学中的这些要求，有时候教师很茫然，李副校长的"四个秘诀"提供了有效的途径，引领教师走出迷茫。

第一步，读通课文。

要有计划地引导学生读，低年级阅读教学中，教师重在范读，再让学生组内练读、展示读。高年级则侧重于学生自由读，让学生有感知地读。百读不厌的方法也很重要，如赛读、接龙读、5分钟快读等，让学生朗读时兴趣盎然，把课文读正确，读顺畅，初步了解课文的主要内容。

第二步，读懂课文。

读懂的过程，就是阅读能力形成的过程。读懂课文就是要着重进行理解性的读。引导学生反复阅读，研读重点文段。可以变换提问角度、抓关键词、以活动的形式引导学生阅读。通过读思结合，使学生更深入地理解课文内容。

第三步，读透课文。

让学生把自己融进课文所写的情境里去思考、去感受。如引导学生联系生活体会情感法，启发学生想象体会情感法，把自己当作课文里的人物体会情感法等。

第四步，赏读课文。

多角度欣赏课文，感悟其妙处。这是在读通、读懂、读透的基础上的高层次品读。如何赏读呢？方法也有很多，比如，题目入手赏析法、特殊标点赏析法、关键词赏析法、句式变化赏析法、优美修辞赏析法等。

李副校长对圈点批注阅读方法的指导研究，让教师不得不佩服她的用心。首先是批注符号的培训，指导学生将重点字词用方框框起来，精彩的句子或片段描写下面画波浪线，有疑问的地方用问号标出，重点理解的句子用着重号在下面标记。圈点批注笔的要求有特色，黑色笔表示文本感悟、新的想法，红色笔标注重点词句。如何由符号批注到文本批注，这是最难的一步，李副校长一步步地解读，让教师拨开了心中的迷雾。如文本理解存在疑惑的批注，对人物情感感受的批注，对重点词句理解的批注，对精彩句段的感悟批注，对文章写法总结的批注，对文中人物评价的批注等。教师在课堂上有针对性地阅读指导，教给学生阅读的方法，会让更多的学生爱上阅读，使阅读走向自主高效的新天地。

三、多彩活动，搭建阅读平台

丰富多彩的系列阅读活动，不仅可以培养学生的阅读兴趣，而且也为学生创造了施展才华的平台。自主式阅读俱乐部的成立，让学生成为阅读的主人；阅读存折的财富积累，激励学生大量阅读，养成了自觉阅读的习惯；研学旅行把课内与课外、书本与实践结合起来，使阅读学习立体化，使自由阅读的氛围更加浓厚；创编阅读小报，增添了读书趣味，发挥了学生的想象力，使学生在设计、绘画、提炼思想等方面的能力得到综合提升。

在自主式阅读俱乐部里，我最感兴趣的是李副校长提到的迷你文学社、辩论社、品经典读书汇报会，围绕一个主题来讲故事。这些社团的成立为学生搭建了共同阅读的天地，学生在这个平台上尽情释放自己的创意和无限潜能。我在想，我们的行走阅读间读书社团也可以融入这些形式，让社团活动更加丰富多彩。

一提起"阅读存折"，大家都很熟悉，可是在使用上李副校长的方法很有创意。阅读存折设计好之后，专门举行了发放仪式，不仅让阅读活动有了隆重的仪式感，而且让学生对阅读存折充满好奇，激发了学生的阅读期待。"财富积累的评比、等级的设置"也很吸引人。阅读小明星—阅读小硕士—阅读小博士—书香学子—阅读富翁，极大地调动了学生的阅读兴趣。特别是每月一次的"晒晒我的存折活动"，不仅可以促进学生相互交流、相互学习，而且利于在"晒一晒"的过程中发现问题，促进教师进一步地指导，从而达到更好地培养学生阅读能力的目的。

当然，培养学生良好的阅读习惯不是一朝一夕的事，氛围润泽、方法引领、活动激励，需要教师有足够的耐心、信心和恒心，牵着小学生的手走进好书的殿堂，体味好书的美妙，让学生的"阅读"真正成为"悦读"。

阅读启迪智慧

濮阳市实验小学　孟现静

这段时间我认真拜读了李副校长的著作《从阅读走向悦读——如何提升学生的阅读兴趣与能力》。每次捧起这本书静静地阅读，就仿佛在与知性优雅的李副校长面对面交流，收获颇多。

一、认识到写作对一个教师专业成长的重要性

闫学老师在总序中这样写道：对于一个优秀教师来说，将自己对教育教学的思考在写作中表达出来，是非常自然的一件事。从许多优秀教师的成长经历来看，教育写作就是教育生活本身。当教师学会了把教育生活中的各种场景纳入视野，融入思考，通过写作诚实地记录下来，那么他就找到了一条属于自己的专业发展之路。李副校长这本书通过一个个真实生动的教育故事、教学案例表达了自己对阅读的思考和做法，在教学中思考、在思考中表达、在表达中践行，就逐渐地形成了自己独特的教学主张与教育思想。我要以李副校长为榜样，做教育的有心人，坚持教育写作，比如，一节课的成败得失、一个真实的教育故事、对教育的一点思考或对生活的一次顿悟等，可长可短，只要是自己的真实想法都及时记录下来，日积月累，厚积薄发。

二、更加认识了阅读对教师专业成长的使命感

"问渠那得清如许，为有源头活水来。"李副校长的每一篇教育故事都有理论支撑，这与李副校长的阅读的广度和深度是密不可分的。在《怎样的奖励最有效》一文中李副校长谈道：

"如果以钱或物去奖励某种行为，也许在短时间内有效，但是长期下来学生会失去学习的内驱力，学习动机随之减弱。这就是为什么用物质鼓励孩子考100分，时间久了就会失效的原因。我们想要激发孩子的进取心，不可把重点放在物质奖励上，而要想办法激发其荣誉感和自我价值感。"

怎样的奖励才能发挥作用，这也是一直让我感到困惑的问题，李副校长在书中运用心理学的动机理论对这个问题做出了恰当的解释，让我茅塞顿开。"心理学"是我上大学时很感兴趣的专业课，可是工作后就没有再好好读过了，平时遇到问题也没有很好地运用所学理论去解决。这也让我想起苏霍姆林斯基在《给教师的建议》一书中所说的：

如果你想有更多的空闲时间，不至于把备课变成单调乏味的死抠教科书，那你就要读学术著作。应当在你所教的那门科学领域里，使学校教科书包含的那点科学基础知识，对你来说只不过是入门的常识。在你的科学知识的大海里，你所教给学生的基础知识，应当只是沧海一粟。

以后我要多阅读教育教学理论的著作，结合教学实际深入思考、努力践行。

三、在指导学生阅读和亲子阅读方面，深受启发

像李副校长说的那样，教师要把阅读当作生活的一部分，让自己成为学生见过的最爱读书的人。喊破嗓子，不如做出样子。《第56号教室的奇迹——让孩子变成爱学习的天使》的作者雷夫·艾斯奎斯也曾说过：

"若希望学生成为善良的人，教师就必须成为学生见过的最与人为善的人。若希望学生成为勤劳的人，教师就必须成为学生见过的最勤快的人。"

学生的模仿能力很强，只要教师做好榜样，带头阅读，学生的阅读兴趣也就会自然而然地形成。

在《培养孩子的阅读兴趣》一文中，李副校长指出：

阅读要趁早，在学前时期就可以引入，父母可以读给孩子听，指给孩子看。孩子听多了，看多了，熏陶多了，不用我们教他识字，他也能认识，不用我们教他阅读，他也爱读。孩子是一张白纸，任何一抹色彩都会给他留下痕迹，绘成意想不到的图画。任何零碎的语言他都会接收到，并在大脑中生成有意思的故事。

在这方面我也深有同感，从儿子5个多月刚刚会坐，我便开始给他读绘

本,他非常爱听,一个故事重复了很多遍,他依然听得津津有味。记得儿子9个月大时,一位朋友到家里做客,中午我去厨房做饭,朋友便陪儿子在客厅里玩。由于认生,我刚走到厨房没两分钟,儿子就哭了起来。我便让朋友给他读绘本,他马上就不哭了。我做了一顿饭的工夫,朋友给他读了10多本,朋友笑着说:"我一停下小家伙就哭,只好一直讲喽!"儿子读书的习惯一直保持着,去年有了女儿,有时顾不上给儿子读书,他也会自己选几本喜欢的书,或静静地翻阅或绘声绘色地讲故事。在儿子2岁多时,我突然发现他已经认识了"大""小""多""少""龙"等常常在绘本中见到的字。走在大街上他也经常指着门店招牌上的字读,那天把"川福龙"读成了"三褆龙","龙都大药房"读成"龙乡大药房",我欣喜地表扬他之后,再加以纠正。现在想来,儿子表达能力强、识字兴趣浓,不得不归功于早期阅读。

李副校长还强调:

无论是在学前的阅读启蒙时期,还是在小学的阅读黄金阶段,我们都要牢记一个宗旨,培养孩子的阅读兴趣,让孩子在阅读中享受快乐,这样的阅读才能持久。

正如一位爱尔兰诗人说的那样:"教育不是注满一桶水,而是点燃一把火。"一切外在的强加都无济于事,我们要做的是引入、点燃、等待、激发,要了解孩子的想法,以鼓励的方式指引,才容易让孩子生发兴趣,只有真心喜欢阅读的孩子,学习才会如顺水行舟。相信在我们的正确引领下,孩子浓厚的阅读兴趣能为他们的幸福人生奠基。

好书犹如一泓清泉,不仅清澈明净,沁人心脾,还可当镜子映照自己。读书应成为我们生命的一部分,像呼吸一样自然。让我们和孩子一起每天不间断地读书,跟书籍结下终生的友谊。

激发兴趣　快乐写话

濮阳市实验小学　庞自娟

作为一名语文老师，能带领学生达到从阅读走向悦读的境界，真的是教学生涯中一个了不起的成就。从李桂荣副校长充满温情的文字中，我仿佛看到了她醉心阅读的模样、笔耕不辍的身影，仿佛看到了她当年的学生在她的引领下幸福悦读的美好画面。

寒假期间，有幸拜读了李桂荣副校长的教育教学专著《从阅读走向悦读——如何提升学生的阅读兴趣与能力》。该书分为六个部分：陪伴助力成长，呵护兴趣（陪伴引领篇）；环境氛围营造，激发兴趣（氛围润泽篇）；课堂情境创设，培养兴趣（课堂渗透篇）；活动拓展延伸，发展兴趣（活动延伸篇）；读写融合提升，升华兴趣（读写融合篇）；探究主题阅读，拓展兴趣（主题探究篇）。书中内容明确，案例具体，有针对性，对于教师在阅读教学、阅读能力培养方面具有很强的指导及借鉴意义。在这本书中，我对第四章"读写融合提升，升华阅读兴趣"特别感兴趣，现对这一章的内容谈自己的学习感悟。

语文教学说到底就是培养擅长阅读、思考和表达的读书人，广泛的阅读就是为了把自己心里想要说的话正确地表达出来。小学语文教学的任务就是培养学生的语言文字运用能力，但是如何把文本语言内化到学生的语言系统中是一个大工程。

写话是写作的"前奏"，是作文的基础练习。《义务教育语文课程标准（2022年版）》明确指出第一学段写话目标：

对写话有兴趣，留心周围事物，写自己想说的话，写想象中的事物；在写话中乐于运用阅读和生活中学到的词语；根据表达需要，学习使用逗号、句号、问号、感叹号。

对于低年级语文教学来说，不少一线教师都感觉低年级的读写教学为畏途，原因是学生年龄小，识字量不多，阅读面不广，语言积累不足，情感体验不深，写话常常感到困难。在这种情况下，想要让学生深入阅读，轻松地达到以读促写，提升学生的文字表达能力就显得尤为艰难。在这本书中，李副校长提到的很多写作路径和方法，比如，把动画融入写作教学、围绕一个中心写具体、作文也可以玩起来……确实如源头活水，让教师从中汲取许多精华。只要教师善于挖掘文本的写话训练点，把写的训练有机融入阅读教学中，以读促写，以写促读，让读写相辅相成，就可以让低年级的孩子妙笔生花。

小学低段，让孩子"有话可写"比"写什么"更为重要。这就需要教师在激趣引领方面多下功夫。应该从兴趣入手，以鼓励为主，注重积累和模仿，引导学生大胆想象、自由表达，在写话中体验成功，感受快乐。但是怎么激趣，有哪些好方法，又是摆在年轻教师面前的一个问题。该书中的《作文也可以这样玩起来》《抓住生活的"牛鼻子"，真实表达》中所提到的方法既有趣又实用，比如，"看谁观察得最细致，看谁想象得最合理，看谁形容得最形象，看谁打比方打得最好"这些激励性语言，就有助于激发学生敢说、敢想、敢问的天性，挖掘学生自我表达的欲望，鼓励他们把心中所想真实表达出来，让写话成为孩子展示自我的舞台，学生在兴趣盎然的活动中培养了表达能力，为以后写作奠定坚实基础，全面提升学生的语文核心素养。书中还提到低年级学生如何抓好"早、小、实、趣"四个字等，这些方法和路径教师可以直接拿来用，且用就灵。义务教育统编版语文教材二年级下册第一单元的主题是"春天的美好"，我打算让孩子写一写"我眼中的春天"，就采用了李副校长书中这几个方面的着力点，引导学生走进大自然，比一比看谁观察得最细致，同学们顿时来了兴致，仔细寻找自己眼中独特的春天之美，最后写出来的日记内容丰富，语言生动，不仅有话可说，而且表达得丰富多彩，富有个性。更欣喜的是批改完日记之后，很多孩子迫不及待地要老师快速批改完，在班级里分享，读一读，赏一赏，并期盼着下一次写话的到来。

英国教育家洛克说：

每一个人的心灵都像他们的脸一样各不相同。正是他们无时无刻地表现自己的个性，才能使得今天这个世界如此多彩。

儿童是天生的语言学家，只要激发出学生的写话兴趣，注重拓展写话素材，丰富语言积累和激励性评价，每一个孩子就能在蓝天下自由驰骋、放飞想象，让创作之花尽情怒放。

《从阅读走向悦读——如何提升学生的阅读兴趣与能力》这本书就像一场及时雨，不仅在阅读方面给了一线教师接地气的引导，而且在指导学生写作上也向教师提供了不少实用性的方法。我将继续深入研读，不断实践，和学生一起行走在从阅读走向悦读的路上。

让读书成为一件美好的事

濮阳市实验小学　李玉萍

《义务教育语文课程标准（2022年版）》要求："学生九年课外阅读总量达到405万字以上，阅读材料包括适合学生阅读的各类图书和报刊。"还提出了语文学习的六大任务群，其中之一是"整本书阅读学习任务群"，提倡"少做题、多读书、好读书、读好书、读整本书"。读书的重要性毋庸置疑，但是学生并不是生来就喜欢读书的，从"不爱读"到"喜欢读"需要一个过程。如何才能让学生从"阅读"走向"悦读"，享受阅读的快乐？今年寒假，读了中原名师李桂荣副校长的《从阅读走向悦读——如何提升学生的阅读兴趣与能力》一书后，我找到了答案。

这本书共分"氛围润泽篇、课堂渗透篇、活动延伸篇、读写融合篇、主题探究篇"五大板块，是李副校长30多年的教育教学经验的结晶，内容平实，案例鲜活，可操作性强，既有理论高度，又有实践意义；既像是跟读者娓娓谈心，又像一杯可以细细品茗的浓浓的香茶。开卷一读，感到莫名的亲切，竟不忍释手，一读再读，不由感叹：名师的背后都有着非同一般的付出，名师都是干出来的，而不是培养出来的！

在这里，阅读，不再是"学习任务"，而是一种享受和感悟，是从"阅读"到"悦读"的升华，真正帮助学生养成良好的阅读习惯，教师通过阅读教学努力帮助学生寻找和发现阅读的乐趣，让"阅读"成为"悦读"，从而增强学生的阅读兴趣，提高阅读效率。

在"氛围润泽篇"中，从班级图书交流到班级间的好书换读、教室墙面上的"书袋子"、楼梯间走廊内开放式图书角、温馨雅致的阅览书屋、读书社团开展的精彩活动、相约图书馆等，让读者看到李副校长和她所在学校为了营造良好的阅读氛围和环境，早已具有前瞻性的、卓有成效的、具体的行动，最大限度地激发了学生们读书的热情，培养学生具有感受、理解、欣赏和评价的能力，让读书成为一件美好的事。

在"课堂渗透篇"中，一个个生动、翔实的教学案例、教学随笔均从教学实际出发，结合李副校长的实践、收获展示在读者面前，既有对教育理念的认识，又有自我反思的提高。让读者仿佛置身于课堂教学中，边读、边思、边感悟。

在"活动延伸篇"中，创建自主式阅读俱乐部、学生自己设计阅读存折、自主创编阅读小报、让阅读立体化的研学旅行等一个个丰富多彩的阅读实践活动，让学生各项能力得到提升，不爱上阅读都难。

还有"读写融合篇、主题探究篇"呈现出来的阅读教学案例，均是李副校长实践感悟后的深度思考，广大一线教师均可以拿来就用。

读完全书，处处让我感动，处处令我深思：书中的许多教学案例让我感受到李副校长做每一件事情都很"细"，她是一位很细心、用心的教育者，让人不得不由衷地敬佩和惊叹，更是为一线教师做出了很好的榜样。

30多年的教学经历，我也知道爱读书对于一个人的成长是多么重要。小学阶段学生的学习任务还是比较轻松的，有一定的空余时间，而孩子一学期仅仅学会一本语文书也是远远不够的。我完全可以在阅读上下足功夫，把一本本有趣又耐人寻味的书，带到孩子们的面前，让他们从中领略到读书的乐趣，让书籍引领他们健康成长。

一、身体力行，精心挑选读物，调动阅读积极性

"身教重于言教。"每次推荐给学生的书我都首先做到自己先读，然后再对学生进行针对性的指导。有一年我新接班，在暑假里我就想，如果能给孩子们选择一本既能提高写作水平又读起来饶有趣味的书会更好。经过阅读筛选，我决定给孩子们推荐《亲爱的汉修先生》这本书。阅读这本书，不仅能让读者收获感动，还能品味出怎样读书、如何写作的好方法。这本书被誉为"是一部胜过所有作文书的作品"。因为还在暑假，为了让同学们喜欢，我就利用博客先发了一篇《亲爱的汉修先生》导读的文章，其中包括各大媒体对这本书的评

价及所获奖项，有内容简介，还有片段精选，先让孩子们整体感受一下这本书，然后又给全班同学写了《孩子，让我来做你们的汉修先生》的一封信，极大地调动了学生们阅读这本书的兴趣。

随着孩子们阅读量的增加及阅读能力的提高，我决定带领孩子们一起品读国学经典《弟子规》。《弟子规》全文共有360句，由1080个字组成，可以说是字字珠玑。然而这些文字同时又是生涩、难理解的，孩子们会感兴趣吗？能接受吗？我曾看过简装的《弟子规》读物，为了对《弟子规》内容有更深刻全面的理解，我又从当当网上买回了一本复旦大学历史系教授钱文忠撰写的《弟子规》，钱文忠因在中央电视台《百家讲坛》栏目讲《弟子规》而闻名，我又用了足足一个月的时间反复阅读，感觉自己对内容理解得差不多了。考虑到小孩子都喜欢看动画片，我又从网上找到了关于《弟子规》的动画片下载下来。一切准备就绪，就决定"十一"长假结束后开讲。于是利用每天10分钟的课余时间带领同学们开展国学经典《弟子规》的诵读活动就开始了。经过三个多月的学习，同学们对言行举止、待人接物等应有的礼仪和规范都有了明确的认识。

二、调动家长力量，开展家庭读书活动

家庭是孩子阅读的第一现场，家长是孩子阅读的第一老师，亲情阅读对孩子来说是一段最美好最温馨的时光。还拿我新接的班来说，为了引起家长的重视，开学初我就面向全班家长写了一封《亲子共读，从现在开始》的信，真诚地邀请家长朋友也能加入我们这个阅读队伍中来，用自己的实际行动为孩子营造一个读书的氛围，从自己做起，并用自己的良好行为诱导孩子，成为孩子的读书良伴，潜移默化地去影响带动孩子，让家成为一个吸引孩子阅读的"阅读场"。另外，我还利用短信、放学时间跟家长交流，督促检查。在时间、指导、检查的三重保证之下，孩子们逐步走上了有效读书的轨道。

三、多种形式促孩子醉心阅读

1. 充分发挥班级图书角的作用

只要是新带的班级，开学前一周，我都会动员学生把自己最喜欢的图书捐出来，建立班级"图书角"。图书角就设在教室一角，学生们可以自由地选择自己喜爱的书，课间课余可随时翻阅或带回家中阅读，十分方便。

2. 假期阅读交流不停歇

为了进一步调动同学们读书的积极性，暑假期间我每个星期六上午带大家到离学校较近的戚城公园定期举行读书交流会。为了让孩子们交流得精彩一些，每次我都会提前把交流的内容发给同学们，让大家先在家做好准备。

3. 打造给力的"图书漂流活动"

从上学期开始，我们班开始开展"图书漂流活动"，具体规则是，每人从家里带一本自己最喜欢的书，写上自己的名字，交上来。我再一本本发给其他同学，确保每人都有一本新书看。阅读时间根据自己的阅读速度决定，快的三两天，慢的就给两个星期的时间，看完一本后可自由交流。一个学期下来看得最多的同学看了有20多本。

四、给予学生充分的展示机会

"奇文共欣赏，疑义相与析"，如学习了《草船借箭》这篇课文后，为了让孩子们更深入地走进经典，我带领他们每天坚持读一两个三国故事，并及时写读书笔记、阅读感受。一段时间后，在班里开展了"三国故事"读书交流会。孩子们每人精心准备了一个自己最喜欢的三国故事，讲得绘声绘色，在讲解交流碰撞中，孩子们对"三国"的了解进一步加深了。

五、让学生养成"不动笔墨不读书"的好习惯

每带一届学生，我都会根据年级的不同设计不同的阅读记录本。阅读记录本最重要的一项工作就是指导孩子在读书过程中，将自己觉得特别生动和精彩的词句、文章片段摘录下来。当然，定期检查学生的阅读记录是必不可少的。这样能随时了解学生阅读书籍的内容、种类、数量，并指出笔记的优缺点，明确努力方向。

就这样，在一次次随心所欲的交流中，让孩子们尝到了因为读书而被老师欣赏、因为读书而被同学认可的甜头，体验到了成长拔节的幸福，阅读的兴趣日渐浓厚。

做孩子的点灯人

濮阳市实验小学 司培宁

阅读是储智,也是借力。心理学研究证实,阅读可以让一个人的智商更高,逻辑判断更清晰。它超越年龄、种族、性别,在阅读面前,人人平等,无论你出身是贫是富,无论你身居乡野还是都市,都可以借此获得丰富的智力储备和内生力量。苏霍姆林斯基说:

我坚定地相信,少年的自我教育是从读一本好书开始的。

教育的过程与阅读息息相关,人生读书少年始,作为教师,引导学生爱上阅读是责任,更是使命。

收到这本《从阅读走向悦读——如何提升学生的阅读兴趣与能力》时,正值复习考试,我便迫不及待地读起来,翻开古朴又淡雅的封面,在书中寻觅着成为孩子阅读点灯人的秘诀法宝。掩卷沉思,闭眼全是那清新的智慧淡香,从李桂荣副校长简洁真诚的文字中,我分明读到一位爱教育、懂教育、会教育、能教育的教育智者,怀着对教育的敬仰和热爱,真挚地表达着自己对教育的情怀,为了实现学生从阅读走到悦读的理想境界,不遗余力地探索和实践。

阅读是伴随人一生的能量补给。点亮学生对阅读的兴趣和渴望也是一个大工程,从家庭、学校到社会。为了不错过学生6—12岁的阅读关键期,李副校长结合自身多年的教学经验,总结归纳出了五个方面的方法和途径:"环境氛围营造,激发阅读兴趣;课堂情境创设,培养阅读兴趣;活动拓展延伸,发展阅读兴趣;读写融合提升,升华阅读兴趣;探究主题阅读,拓展阅读兴趣。"同时做到"四结合",即坚持课内阅读与课外阅读相结合,主题阅读与自由阅读相结合,深度阅读与快速阅读相结合,名作阅读与习作练习相结合。把提升阅读力的工作渗透环境、课堂、活动、写作之中，在持续陶冶和循序渐进的训练中，教给学生一把通向自我成长的钥匙——阅读。

著名学者钱理群说："学好语文有很多要素，但最核心、最根本的方式就是阅读。"提升语文素养在于阅读，全民整体素养的提升在于阅读，国家的创造力和持续力还在于阅读，作为同是家长和语文教师的我能做些什么？还能再做什么？如何做好孩子的点灯人？书中文字带给我很多启发与思考。

一、家校协同，培养良好阅读习惯

美国教育家吉姆·崔利斯的《朗读手册》扉页上有句很有名又暖心的话：

你或许拥有无限的财富，一箱箱的珠宝与一柜柜的黄金。但你永远不会比我富有，因为我有一位读书给我听的妈妈。

读书被认为是最贫贱的高贵。0—6岁是培养阅读兴趣的关键期，这一时段的阅读可以帮助孩子建立起安全感，培养良好的亲子关系，丰富孩子的大脑链接，使孩子更聪明。父母是阅读的启蒙人，应该利用好这一关键期，把书放在孩子可以随手取到的地方，把"给孩子读书"当作最美好的陪伴。进入小学，学校在培养和保持学生阅读习惯方面同样大有作为。可以利用楼梯拐角、窗台、圆厅等地方建立读书角，让学生利用午后课间的闲暇时间随处读起来；可以建立阅读小组或阅读社团，在同伴之间形成互助阅读；可以开展读书漂流，采用多种奖励方法促进阅读……营造阅读氛围，鼓励学生做"书香少年"。

若想把阅读推向新的天地，家校合作就显得尤为重要，需要教师更好地把家庭促进阅读的有益因素发掘并坚持下去。义务教育统编版语文教材设置的"快乐读书吧"和"和大人一起读"板块，这里的"大人"可以是老师，也可以是家长。要想实现阅读效果的最大化，就需要教师调动家庭积极参与到亲子阅读中来，或开启每日睡前故事，或闲暇相伴去图书馆，或节假日研学旅行等，与教师形成合力，做好阅读规划、积累及分享，让孩子真正把阅读当成和呼吸一样自然的事情。

二、站稳课堂，收获对文字的眷恋

语文的根在课堂，语文课上要带领学生在文字的海洋里遨游，形成个体语言经验，感受语言文字的丰富内涵，建立对国家通用语言文字的深厚感情。

要站稳课堂，对教师而言，备好课就显得尤为重要，备学生、备大纲、备教材，更要备自己，全面提高自身的专业素养，写字、朗读、写作一个都不能少。为了给学生一瓶水，教师必须是长流水，源源不断广博的知识就来源于阅读。

钱理群先生讲道：

教师的责任就是牵着学生的手，把他们引导到巨大的身旁，让他们与创造历史的人、创造未来的人进行对话。教师就是这样打开学生一个文化空间。

教师要利用好课堂，有计划地进行主题阅读、群文阅读、延伸阅读，精心准备能够启发学生思维的问题，牵着学生的手近距离触摸语言文字。

本书中列举了很多好办法，提供了很多有价值的课例，让我们可以很清晰地寻找到语言训练的路径。教师立足文本，创建开放式课堂，搭建朗读、表达、理解的支架，创设生动有趣的学习实践活动，让学生站在课堂中央，读、思、练，不断提升对语言的敏感力和亲近感。

三、做活动家，促进阅读落地生根

"以活动促发展"一直是濮阳市实验小学文化中的一个重要理念，这一思想源自皮亚杰的认知发展理论，是蒙特梭利教育理念在小学阶段的延伸。读书社团、朗诵演讲比赛、阅读论坛、阅读俱乐部、阅读风采大赛、研学旅行、校园朗读者、诗词大赛、校园吉尼斯等活动层出不穷，教师就是个活动家，为学生搭建了很多施展才华的舞台，以活动促进阅读。

这让我想起四年级时举办的阅读风采大赛，当时每个班级选出一名学生代表参赛，活动准备只有短短的三天时间，分为自我介绍、好书推荐、现场问答三个环节，不仅考察阅读积累和阅读视野，还考察学生的语言表达能力和现场应变能力，这对14名小选手来说是个不小的挑战。可喜的是，这些小选手都能从容应对、侃侃而谈，与小伙伴切磋交流，接受考官询问。我班学生田博当时顶着高烧参加比赛，取得了第二名的好成绩，事后，她妈妈告诉我，田博参加完比赛之后变得更加乐观、自信了，阅读的积极性更高了，平日里还经常跟其他几位阅读达人联系，交流读书的相关问题，取长补短。一次活动让我们再次看到了学生身上的无限潜能，也让我们看到了活动给学生带来的改变。

做个活动家，为更多的孩子创造阅读、交流、展示的机会，收获的一定是一个个更爱阅读的孩子。

四、朗读背诵，按主题有序推进

自从《朗读者》节目推出以来，社会上又把久违的朗读拉回到了日常生活中。朗读背诵的益处自不必说，大声朗读可以开发右脑，可以改变性格，可以提高学习成绩，可以促进理解，有利于集中注意力，帮助形成语感，提高写作能力等。童年时期大量的背诵积累，会丰富孩子的语言，提升格局和思想境界。所谓"书读百遍，其义自见"，朗朗的读书声是校园中最亮丽的风景、最动听的音乐，主题阅读是提高学生语文素养最有效的方式。

为了更好地将朗读背诵进行到底，落实学生语文核心素养，受本书启发，也在自己班级实践着主题阅读和背诵，按照模块划分到每个学期，有序推进。如经典诵读模块可以分为：《弟子规》《三字经》《笠翁对韵》《论语》《大学》《中庸》《孟子》《宋词》《诗经》等，儿童文学根据题材分为：记叙文、散文、小说、童话、科幻、现代诗等，结合每学期的必读书目逐步推进。

相信，有了这样海量的朗读背诵做基础，学生的成长将超乎想象。

五、读写融合，以写促读提升格局

架起读书和写作的桥梁，帮助孩子文字输出，可以激发小作家的写作欲望。如何做好读写结合，以读促写，以写促读，提升孩子的思维能力、写作能力和人生格局是教师非常重要的一项任务，书中的教学案例就给我们很多有益的启示。

教给孩子读书方法。"不动笔墨不读书"是流传最广、最有效的一种读书方法，因此，教师必须教给孩子批注的方法，帮助学生学习写作的方法和技巧。批注的内容可以多样，某个词的意思、某个词句的表达效果、阅读的感受等。批注的过程便是凝练思维的过程，为凝思成文打下基础。

结合文本开展练笔。除了阶梯状的单元习作，很多文本中都有切中单元主题的语文训练点，适时开展仿写或续写的小练笔，会让语文学习更加深入。书中，支俊花老师学习《一个中国孩子的呼声》创写书信、于文玲老师开展的"拟人句"专题训练、张丽花老师结合《尊严》进行的外貌描写的写作指导等，都做到了从"教课文"转向"教语文"，结合文本有效开展语言训练，同时还可以文本为根据发挥想象力进行补白、续写；还可以结合生活实际进行写作指导，如新学期竞选班委，肖晓燕老师就适时进行"学写竞选稿"的习作指导，收到很好的习作效果。

循序开展创意写作。李桂荣副校长《把动画融入作文教学》一文亮点多多，能够启迪教师打开思路，把绘本、音乐、橘子、白菜、姜糖、图画、童话剧等引入课堂，鼓励学生把观察到的、想到的记录下来，使学生不再"谈文色变"。

如书中所言，我们不辞辛劳的最终目的，是让每个孩子实现好读书、好写文、读好书、写好文的理想境界。愿每一个孩子都能被阅读这根"魔杖"点中，变得更聪明。

让孩子爱上阅读,必须要正确引导

濮阳市体育场馆管理中心 张清杰

我的恩师李桂荣老师的著作《从阅读走向悦读——如何提升学生的阅读兴趣与能力》出版,这本书是非常适合家长、教师乃至学生阅读的。

作为家长,从中可以获益教子方略

李老师从自己作为家长如何引导自己的孩子喜欢上阅读讲起。书中,李老师谈到和在北京上大学的女儿相约国家图书馆,参观我国最庞大的藏书宝地,和孩子以朋友的身份聊阅读心得。并且讲了如何恰当地运用奖励激发阅读。李老师以自己小外甥的教育为例,用物质奖励的办法引导孩子,但显然不如用精神鼓励的办法更有尊严,让孩子从阅读中得到更大的精神满足。所以,作为家长,确实应该多用精神来鼓励。我的体会是每个家庭都可以在家里举行仪式感满满的阅读颁奖礼,所有家庭成员都参加阅读,并且一起交流,谈体会谈感想,再针对读书的质量和数量颁奖,让孩子在家庭氛围中树立正确价值阅读观。我还读到"5+2"有可能等于0的看法,5天是教师的在校教育的习惯培养,周末休息2天,如果家长没有督促孩子保持在学校的良好习惯,在学校养成的好习惯很可能会付之东流。

作为教师,从中可以学习教学策略

李老师以30多年的教学经验娓娓道来,她运用生动的例子讲述了如何从课文中引人入胜地引导学生爱上阅读,从阅读到精读课文,从中找到学生与课文的共鸣之处,如何引导学生通过阅读获得学习课文中的重要知识点,如何用动画及游戏的方式带学生进入阅读仙境。阅读会使学生爱上优美的语境，了解本文的背景，悟出语言的精妙，从而学会运用祖国的语言文字准确表达自己的真情实感。这就是"教课文"到"教语文"的最终目的。

作为学生，从中可以悟到学习方法

阅读的最终目的是表达出所思所想，形成文章，也就是书面表达，要用阅读积累的词语、写作手法等表达自己的感悟，让孩子真正成为阅读的主人。从读书社团到行走阅读间，让孩子成为阅读的主体，营造阅读气氛，从阅读中走来，达到悦读的理想境界。书中教会孩子从阅读存折到悦读随笔的积累，从引导孩子深读精彩部分到仿写课文，再升华到自己的思想，进行习作表达，日益积累，孩子在阅读的海洋中一定会成为好的舵手。

这本书围绕"阅读是什么、为什么要引导孩子阅读、阅读是为了什么"等方面，从家长、教师、孩子多角度、多方位地引领指导并巩固阅读、爱上阅读、运用阅读，让文字成为孩子的好朋友，陪伴孩子，成为主宰自己世界的主人。

书香润心灵

濮阳市实验小学　支俊花

　　一本好书犹如一股清泉，不仅清澈明净，而且沁人心脾。读完李副校长《从阅读走向悦读——如何提升学生的阅读兴趣与能力》这本书，使我大开眼界。阅读、品味这本书，语言简洁，深入浅出，通俗易懂，每一章谈一个大问题，文中以生动的案例、精辟的分析、完整的体系娓娓道来，正如和读者面对面谈话一样，让人如沐春风，引人入胜。

　　当读到《怎样的奖励最有效》一文时，我觉得受益匪浅。现在为了帮助孩子养成良好的学习习惯，许多家长想尽一切办法激励孩子："下次数学考试得90分，爸爸就给你买辆自行车。""每天回家多做5道数学题，妈妈过些天给你买条漂亮的裙子。"……这些话几乎是一些家长的口头禅。有的家长认为"学习好，便一好百好"，所以，为了刺激孩子好好学习，习惯于把物质奖励作为条件，跟孩子谈判。殊不知，方向错了，越努力，效果越差。有的教师为了鼓励学生好好学习，自掏腰包给学生买奖品以此激励学生的学习积极性，但久而久之，教师不仅会在经济方面出现问题，而且教学效果也不好。因为，物质奖励适度是药，过度则是毒。给予学生过度的物质奖励，必然掉入物质奖励的泥沼，使学生产生"物质依赖症"，适得其反。需要明白的是，奖励不是交易——学生用努力学习的方式或良好的表现，换取老师的物质奖励。也就是说，奖品有时可以是物质的，但奖励不应物质化。

　　物质奖励尽管有积极的作用，能够激发孩子的学习动力，但消极作用也是十分明显的，会让孩子对物质更加期待。孩子的需求是有层次感的，一个较低层次的需求得到满足，便会追求更高层次的需求。一旦物质奖励达不到学生的预期，不能满足学生更高层次的需求，那么他们便会失望，其学习动力和积极性便会受到影响。由此可见，单纯的物质奖励不可能达到理想的奖励效果。与其说采用的是奖励机制，不如说是单一的物质奖励方式。奖品刺激产生的是"泡沫效应"，孩子的"表现良好"只是暂时的，是不稳定的。一旦家长、教师按下奖励的"暂停键"，学生就会"原形毕露"。因此，奖励的方式要多样化，形式要灵活化，奖品要丰富化。

一个人除了物质需求以外，还有被尊重、被爱、被认可等精神需求。那么奖励的方式除了物质奖励，还有精神奖励。精神奖励比物质奖励往往更重要、更有效，因为精神需求是更高层次的需求。更为重要的是，奖励也是教育的一种方式，而精神奖励与教育的本质相吻合，是唤醒和点燃。只有那些能够满足孩子精神需要的奖励，才会唤醒孩子沉睡的心，才会点燃孩子心中那个追求进步的火种，从而使孩子产生获得感和成就感。

单纯采用某一种奖励方式，是奖励的窄化；执意采用一成不变的奖励方式，是奖励的僵化。无论是窄化还是僵化，都是走进了奖励的误区，弱化了奖励的作用。正确的奖励原则是物质奖励与精神奖励结合，精神奖励为主，物质奖励为辅，适时、适度、适合。奖励孩子，家长老师不仅要尽"力"而为，更要尽"智"而为。所谓的尽"力"而为，就是自掏腰包奖励孩子时，要量力而行，不要给自己制造经济压力，造成负担，更不要把奖励物质化，误导孩子为奖励而学习。所谓的尽"智"而为，就是家长、教师要充分发挥自己的聪明才智，不断创新奖励办法，让每一种奖励形式或奖品有创意，给孩子新鲜感，富有趣味性，成为点燃孩子的"火把"。

孩子的习惯是要养成的，孩子的兴趣是要激发的。至于如何培养孩子的习惯并激发孩子的学习兴趣，则需要家长、教师开发智慧的头脑、寻找有效的方法。相信真爱孩子的家长，一定会找到适合自己孩子的方法。相信智慧的教师，一定能发现更多灵活多样的激励策略。

小时候幸福是一件东西，拥有就幸福；长大后幸福是一种目标，达到就幸福；成熟后会发现幸福是一种心态，领悟才幸福。捧起这本书，一遍遍阅读，一次次走近，它宛如一盏明灯，为我们的教育教学生活开启导航。著名作家贾平凹总结出的"三遍阅读法"——第一遍可囫囵吞枣读，这叫享受；第二遍静心坐下来读,这叫吟味;第三遍一句一句想着读,这叫深究。三遍后再读,你一定能悟出真正属于自己的东西。《从阅读走向悦读——如何提升学生的阅读兴趣与能力》是一本值得反复研读的好书,与阅读携手同行,开启心灵之旅,课堂将充满智慧,教育将一路书香,生命将更加充满力量。

不畏任重求童趣，飒沓诗书生浩气

安阳市文明大道小学　张志华

《从阅读走向悦读——如何提升学生的阅读兴趣与能力》是中原名师李桂荣老师集多年的教育教学实践，以及作为家长的经历，饱蘸一腔爱教乐业的深厚情怀，尽吐教书育人之道的倾情精心之作。该书被推荐为中国教育新闻网2019年度"影响教师的100本书"之一。

第一眼看到李老师的这本书，封面简洁而又清新，左侧书脊处配有深咖色线装古书的仿装订线图案，乳白色的背景浮现淡咖色的纹理，如袅袅书香浮于水面，水面间显现两行竖排一大一小的字："从阅读走向悦读，如何提升学生的阅读兴趣与能力。"虽简简单单，却能让人感到亲切温暖，产生美好的向往。翻看总序与前言，前者是全国名师闫学老师所写，后者是中原名师李桂荣老师的自序。读之，便可明白此书的出炉经过与编著者的初衷，从中也可窥见编者与作者那份沉甸甸的责任心与情深深的敬业心。再看目录，全书围绕如何提升学生的阅读兴趣与能力，通过"氛围环境的营造、课堂情境的创设、活动拓展的延伸、读写融合的提升以及主题探究的途径"一系列主题展开，分享了作者自己及所在学校在教育教学工作中的一些思考，现身说法，实例引路，主题突出，脉络清晰，字里行间彰显了一位师者引领学生昂首阔步地行走在从阅读到悦读的爱心、慧心和恒心，细细读来，十分受益。

该书第一篇章，主要提倡一种阅读环境的营造，即"造氛围，让学生拥有书香萦绕的童年"。除了学生父母因势利导、言传身教的不可或缺，教师要在培养学生阅读兴趣、引领学生养成阅读习惯方面多下功夫。书中列举，教师可以从一年级开始就运用讲故事的方法。这个方法我在自己教学实践中，尤其是低年级的教学中也屡试不爽。另外，书中提到的建设班级图书角、年级好书交换站、教室前"书袋子"、学校的走廊图书角、阅读书屋……无不在想方设法为学生营造一种"从阅读走向悦读"的氛围，从而为学生拥有一个书香萦绕的童年搭桥铺路，很值得推广。

  第二篇章，李老师主张在课堂上注重情境创设，即"渗课堂，让学生置于书声琅琅的童境"。这部分也是最使我感触深、受益大的。我从中学到了提高学生阅读质量最有效的方法之一，就是圈点批注。而且学习了可以从文本标题、重点词句、文本内容、文本情感、文本运用的写法，对文本的感悟等方面着手。还学习了创设恰当巧妙的导课情境对引领孩子迈入愉悦阅读大门的重要性。尤其是从列举的一节节课堂实例中，我明白了游戏、读说等关照童心童趣，对于调动孩子学习积极性的重要性，如果教师都能如书中提到的庞自娟老师一样，把课堂内容一个个融于学生喜闻乐见的游戏中，使课堂变成愉悦的学习场，学生自然兴味十足，情绪高涨，学习效率事半功倍了。还有，从《教师少说，学生多表达》一文中，我不仅能感受到教师对于课堂预设的精心准备，对于教学内容的巧妙设计，更感受到教师把学生放在学习中央，让学习真正发生的"生本理念"已落地扎根，发芽开花。这些都是当下教师需要认真学习并努力践行的。

  接下来的三个篇章中倡导的"展活动，让学生涌现读兴盎然的童心""融读写，让学生锻炼快乐表达的童语""贯主题，让学生尽享行走阅读间的童乐"，无不是在千方百计利用一切资源、一切方法，引导学生从阅读走向悦读。其中的活动拓展，读写融合的做法也有教师做过或正在尝试的。不论是开设读书社、建立阅读俱乐部、举行阅读报告会、创办阅读小报，还是读写融合、玩转作文、引导孩子自改作文、真实表达、鼓励发表，这许多方法和措施，都应像书中李老师和她所在的学校那样，去真正坚持做好，最终才能花开满径，硕果飘香。

阅读，智慧的源泉

濮阳市华龙区人民政府黄河路街道办事处　武晓娜

李桂荣老师——我的恩师、小学班主任，现任濮阳市实验小学副校长，中原名师，是《从阅读走向悦读——如何提升学生的阅读兴趣与能力》这本书的作者。

如何提升学生的阅读兴趣与能力，这是家长、教师在育儿过程中最感兴趣的问题。怎样提升学生的阅读兴趣呢？在《从阅读走向悦读——如何提升学生的阅读兴趣与能力》这本书中可以找到答案。说起这本书呢，是在一次很偶然的机会，我在朋友圈看到一篇文章，很惊喜地看到了一张熟悉慈爱的面孔——李桂荣老师！文章中介绍了老师的著作《从阅读走向悦读——如何提升学生的阅读兴趣与能力》，我当时第一反应就是要马上看到这本书，它一定能助我提高孩子的阅读能力。于是，和张清杰相约一起去找李老师求书并亲笔签名，非常开心。

阅读真的很重要，大量地阅读可以扩大知识面，提高对语言的兴趣，帮助自己形成语感。我很认真地阅读了李老师的专著《从阅读走向悦读——如何提升学生的阅读兴趣与能力》，这本书介绍了怎样激发、培养、发展、升华、拓展阅读兴趣，使孩子养成习惯，进而爱上阅读，非常实用。在读到《相约图书馆》一文时，我感同身受。由于在基层工作，任务重，压力大，我基本上没有时间陪孩子去图书馆看书。再加上周末和节假日孩子参加了美术、舞蹈、钢琴等兴趣班，所以很难挤出时间再去图书馆读书了。而去图书馆是孩子极为渴望的一件事情。看了老师的这本书，我深受启发，不仅认识到了阅读的重要性，还学习到了培养孩子阅读兴趣的方法。

阅读这本书，也激起了自己对于几年来引领孩子阅读的深刻反思。从小潼出生至今五年的时间里，我买了很多书，从《唐诗三百首》到《弟子规》，从逆商教育绘本到趣味数学，从中文到英文等各种书籍装满了书架，不仅是孩子，连我自己看着都很是欢喜，每天一本新书，看完这本再挑另一本，有时候在为看哪一本书而发愁，等一本本看完了，我再从网上往家一堆堆地买。孩子接着一本本地看，这样一天天周而复始，每天看的都是新书，而对于之前看过的书是什么内容，竟都忘得一干二净了。没有温习与分享，缺乏针对一本书的深入交流，有的也只是简单的睡前故事，没有内容记忆，也没能更好体会阅读的乐趣。在《用自己的话讲书中的内容》一文中提到，可以采用"读读—说说—演演"的方式，通过创设情境，激发兴趣，使学生越读越爱读，越说越爱说，越演越爱演，打好读的基础，才能说好，说得好了，语言就丰富了。在《反复阅读一本好书》一文中讲到，李老师和她的女儿一起观看电视剧《射雕英雄传》，进而喜欢上了老师买的《射雕英雄传》这套书，并且对这本书反复地阅读，因此开启了阅读金庸小说的大门，说明反复阅读的好处。老师也曾有"反复阅读一本书，会不会错过更多的书，影响阅读量"的质疑，直到女儿说要把金庸的小说全部读完才恍然大悟，原来这样阅读是有效的。李老师提道"首次拿起一本书阅读，读到的可能只是它的肤浅表面，读过之后，记住的可能只是书中一个难忘的故事情节，或是一个诙谐小笑话、一段优美的语言。而如果过些日子再去重读，就会有很多意想不到的收获，或许这种收获与自己当时的心境有关，再继续深度下去，也许就会质疑作者的观点、书中人物的想法"，这都是反复阅读带来的深层思考。

总之，这本书，于我真的是及时雨。我相信，这本写给教师阅读的书，对于小学、初中孩子的家长朋友同样具有重要的指导作用，对于自己乃至指导孩子阅读兴趣和方法上会有很大帮助。

第六辑

阅读，
走向未来的基石

——读《让学生站在课堂中央》

　　《让学生站在课堂中央》是中原名师出版工程的一本力作，主编是中原名师李桂荣小学语文工作室主持人李桂荣，编委会由勤勉的一线优秀教师组成，本书是他们对小学语文本真课堂教学多层面、多方位思考与实践的结晶，主要介绍了"三重四会五环节"的理论构建与实践操作，教学案例丰富，涵盖学段全面，分别是教学现状、理论探索、实施策略及各年级段不同题材、部分语文元素的典型教学案例。这本书出版后，老师们又以读者的身份品读并反思凝结成果，那发自心灵的呼唤，闪烁着教师的智慧和对教育的深度思索。

书，指引前进的方向

濮阳市实验小学　王　利

我是一位不会唱歌的语文教师，但是当我听到《荷塘月色》这首歌曲时，我却产生了罕见的冲动，我要学唱它，而且一定要学会它，期望能站在大众场合引吭高歌。这种理想源自我对这首歌里有这样一种画面"游过了四季荷花依然香，等你宛在水中央"。立在有荷花的池塘中间，那是一种幸福的感觉。让学生站在课堂中央，不仅仅是作为师者赋予学生课堂学习的主动权，更多的是让学生被尊重、被重视的一种精神体验。所以，当我们课题组就确定书名为《让学生站在课堂中央》时，我的内心又一次对教育的挚爱情感得到深深的洗涤。

看到这本成品书时，作为李桂荣工作室的一名成员，作为此书一位平凡的编者，犹如远行的孩子归来，急不可待地从书皮看到书尾，不敢漏读一个字。当时适逢寒假，三天，我精读了一遍，一天几乎读十个小时。家人都笑我说："知道里面有你写的，但是也不能废寝忘食吧？"的确，吃饭时人来喊几遍也不肯动身，深更时分了我还在灯下批注阅读。我记得特别清楚的是，我读到第三章第二节"'五环节'的实践操作"的第一部分"五环节之预习检测"，其中二年级下学期设计的"预习五步曲"是这样的：一是读熟课文；二是读熟文本中"我会认"和"我会写"的生字，并写出它们的音序和部首；三是圈出文中的生词并读熟；四是描红田字格中"我会写"的字；五是出"测试题"。我仿佛又重回到了课堂，重回到了为研究预习策略的日日夜夜。

一提到预习，对于低年级学生来说，好像是最轻松的事了——"匆匆读，快快画，走到课堂上都忘了"，是比较真实的写照吧。为了使学生的预习有效，更为了使学生爱上预习，我连续两年时间都在研究预习的方法。前四步的预习步骤，的确使预习的有效性在不断提升，但是我总感觉学生对预习的喜爱程度以及主动性还不够。

有一次课间的时候，有位比较内向的女同学跑到我面前，兴奋地对我说："老师，我给你说一个脑筋急转弯儿吧，你肯定猜不到。""为什么？""因为这个脑筋急转弯儿是我自己想出来的。"她兴奋而骄傲地说。

她脸上的幸福、快乐定格在我脑海中，能给人出一道题就这么令她激动。我忽然受到启发，学生预习课文时，让他们自己出检测题考同学，把预习变成同学之间的游戏，张扬学生爱表现的个性，不正符合小学生的特点吗？于是，就按照我们设计策略中的第五个预习步骤"出测试题"进行实践。细心指导学生出题的范围、难易程度，学生一个个都成了出测试题的高手。"预习五步法"，带给学生学习的妙招，有趣且有效，使我真切感受到一位平凡教师躬耕实践的自豪。

这本书中的案例都是鲜活的，每读一篇都很有画面感，犹如坐在教室聆听老师的真实课堂，翔实、真实、扎实，案例的可操作性也很强。

前几天，我按照书中李玉萍老师的"学习略读"教学案例，上了一节学习略读课。我几乎按李老师的原教案和学生一起践行课堂。让我真正感觉到，课堂上，学生始终站在了C位，他们积极主动地交流表达，思想活跃，课堂生成智慧，思维碰撞的火花到处闪现。

读着这本书，批着、画着、圈着，看了一遍又一遍，书中的很多句子几乎都印在脑海中。《让学生站在课堂中央》是有教育情怀教师的梦想，随着教育的改革，我们把它作为心中的灯塔，一路践行。

让课堂更闪亮

濮阳市实验小学　司培宁

还记得第一次听李桂荣副校长谈及《让学生站在课堂中央》要出版发行时的欣喜。拿到这本书，就被封面吸引。蓝绿色的主色，干净、清爽、舒适，两道彩色的不规则长方条从封面的右上向中间延展，如语文和生命的跑道，各自缤纷，互不相连。连接两条跑道的是"让学生站在课堂中央"九个醒目的大字，白色做底，蓝白规则两个平行四边形错落叠加，就像一方为学生搭建的宽阔闪耀的舞台，将课程与育人融合，将课堂与未来相连。

这是一本研究与实践完美融合的著作，浓缩了编委会教师们的实践、探索和反思。教师带领着学生真阅读、真积累、真写作、真思考、真交流，帮助学生在合作学习研究中会读、会写、会思考、会表达，习得语文学习方法和能力，提升语文核心素养。读完此书，收获满满，启发很多。

启发：讲台之上，站着怎样的人

作为教师，每一次站在讲台上课，应该思考讲台上的人是什么样的，能否将学生当成发展中的人？能否把立德树人放在心上？每一节课后，去掉知识，能否留下核心素养？以前，每每想到这些问题，我总感觉很遥远。看到此书，仿佛找到了答案。

书中，教师研究实践都是从课标出发，让语文核心素养落地生根。基于改变传统课堂"教师讲授居前，学生视听在后"的授课方式，倡导本真课堂，追寻的是一种师生"双向"交流，是一个生命的共同体。教师是学生在学习道路上的引路人，为学生的学习创设一个个情境，搭建一个个平台；学生是教师教育生涯中不断结识的新朋友,在教师的引领下置身于探索、实践,不断地提升语言能力、思维品质、审美情趣和文化观念。

一个个案例给予我很深的思考。所谓立德树人、培养全面发展的人,不正是来自一节节的课程吗?是精彩的课程帮助学生逐步形成正确价值观、必备品格和关键能力,让他们边学习、边成长,使他们能做事,习惯做正确的事,坚持把事做正确。

而要讲出这样的课程,那站在讲台上的人,一定是虚怀若谷、气定神闲、眼明心亮的人,一定是眼中有学生、心中有目标、脚下有路的人,一定是勤勉精进、切问近思、躬身践行的人。

思考着这些问题,促使我又重新认识讲台上的人。有人说:

"不要去追一匹马,用追马的时间种草,待到来年春暖花开之时,就会有一批骏马任你选择。"

作为教师,最根本的还是要不断提升自己,在课堂实践中研究,在研究中改进课堂,转变学习方式,施以沃土助成长,把时间还给学生,让课堂充满情趣,把学生的成长时刻放在心上。教师潜心深耕课堂,才能真正令人肃然起敬。

反思一:讲台之下,人在做什么

观念的转变随之而来的应该是课堂的更新,学生成了课堂的主人,学生学到了何种程度?他们的认知兴趣点和盲点是什么?一节课需要达成怎样的目标?需要通过怎样的活动和方法来培养孩子什么能力?孩子会得到哪方面的成长……借问良方何处觅,一盏心灯点智慧。

该书从各年级段、不同题材、语文要素等方面列举了30多个典型教学案例,让教师看到了讲台之下的主人翁——儿童地位的凸显。

坐在讲台下的儿童在充分地读。自由读、默读、小组检测读、展示读、分层读、配乐读、情境读、分角色读、比赛读、合作读、齐读……琅琅书声重现课堂,在读中感知,在读中领悟,温润的气息扑面而来。《鸟的天堂》里,配乐回望大榕树的美,在"感情朗读"中感受众鸟纷飞的欢腾场面,"带上动作读",读出鸟的热闹,"变换节奏和语气读",读出作者心情的变化……

坐在讲台下的儿童在深思。"学而不思则罔,思而不学则殆。""学贵有疑，小疑则小进，大疑则大进。"养成独立思考的习惯，与文本对话、与作者对话、与自己对话，会让孩子终身受益。《军神》里联系生活实际想象刀划出伤口后的疼痛，思考为何称之为"军神"；《"精彩极了"和"糟糕透了"》中反观来自父母双方截然相反的评价，共同的出发点是什么；《掌声》里对比阅读中去发现英子两次掌声里发生了什么变化……课堂，有了思维的攀登和翻腾，更值得回味。

坐在讲台下的儿童在自信表达。"说"是语文工具性的直接体现，也是落实核心素养"语言建构与运用"关键所在。自己说、小组交流、全班展示、评价鉴赏，"说错了没关系！""谁想让我们欣赏他思维的火花？""没关系，再来一次，你一定说得更完整"，教师给学生埋下信任的种子，静静地等待，慢慢地练习，每一朵莲花定会绽放自己独有的芬芳。学生在表达中爱上国家通用语言文字，在表达中提升思维，在表达中增加自信，在表达中涵养审美情趣。

坐在讲台下的儿童在自由地写。书面表达有助于学生更深入沉静的思考，把动笔实践的机会留给学生。仿写《伯牙绝弦》钟子期的赞叹，仿写《匆匆》时间转瞬流逝的排比，仿写《少年闰土》中的人物动作、神态、心理和外貌；补白《怀念母亲》中作者的无限思念，补白《老人与海鸥》中海鸥依依不舍之情；依据原文续写《卖火柴的小女孩》，续写《凡卡》；向雷锋叔叔说出心里话，向周总理表达敬佩之情，向军神抒发崇敬之声；想象画面看《荷花》，赏《月迹》……

一个个鲜活生动的教学案例，让我们可以换位思考，探索学生内心的奥秘，通过他们的反应，来反思课堂教学，不断调整改进讲课方式，让课堂更具有吸引力和感染力。

反思二：博观约取，且思且行之

博观而约取，厚积而薄发。知行合一，才能让所学内容真正内化于心，成为自己。在我执教"纳米技术就在我们身边"一课时，就运用学习这本书的所得，把学生推向了课堂中央，以学定教，在活动中促进学生的成长，学生学得开心，学得透彻，学有所获。

这节课是统编版语文教材四年级上册第二单元的第三篇课文，这一单元的语文要素是"阅读时能提出不懂的问题，并试着解决问题"。我围绕着大单元教学的大情境——做个问不倒的小博士,分设了三大任务和六大活动,目的就是带领学生在任务型学习活动中实现"关注科学、热爱科学"的人文主题与"学会提问、尝试解决"双线合一的完美落实。

  本单元语文要素是"提出问题,并试着解决问题",在前节课语文要素落实的基础上,本节课期待有进一步的提升。围绕课文的三个主问题"什么是纳米技术?为什么说纳米技术就在我们身边?为什么说纳米技术使我们更加健康?"设计这节课的学习活动——做纳米技术馆的推介人。在解决问题的同时,渗透写法的提问,及时把握提问的时机,探寻三四自然段"纳米技术就在我们身边,纳米技术可以让人们更健康"的表达密码,让学生去发现、探究、交流,课堂上给学生充分的时间读、思、练、说。

  在解决问题时,我充分了解学情,帮助学生学会从众多的方法中选择更好的解决方法,比如,联系上下文、结合资料,把学的机会充分还给学生。鼓励学生大胆尝试、发现,从词语到句子,从知识到人文,从学习方法到学习态度、思维方式,学生一路向高处攀登,畅想纳米技术的未来发展,下课了还在兴致盎然地讨论着。让学生真正站在了课堂中央,这个课堂就像被施与了神奇的魔力。

  向着未来育己,向着未来育人,让学生站在课堂中央,期待课堂更闪亮。

你在课堂中央

濮阳市实验小学　杨文娟

2021年小年那天,《让学生站在课堂中央》新书发布会的消息传来,期待着,期待着,李副校长亲手把这本书送给我时,激动的心情感觉无以言表。我接过来,捧在手心,这是一群热爱教育的教师的共同心血,经过了无数个日日夜夜的思考和实践,变成铅字,跃到了纸上。

捧着这本书,欣赏着这份沉甸甸的成果,迫不及待地打开。封面融入了多种色彩,其中最多铺陈的便是青色和蓝色,青出于蓝或许正是每个教师教导学生的愿望。小心翼翼地轻启书页,"把学生放在心上,把学生放在课堂的中央,把学生放在校园的中央,把学生放在教育的中央"映入眼帘,也深深地印入心中。

《让学生站在课堂中央》这本书,主要陈述了从小学语文的教学现状点名教学存在的问题,到呼唤语文课堂回归;从深入解读本真课堂的内涵与外延,到以"三重四会五环节"构建设计小学语文本真课堂;从结合各年段的实施策略详细展现"五环节"的实践操作,到各年级段经典教学案例、不同题材典型教学案例以及不同语文元素典型教学案例,手把手地帮助教师提高课堂教学实效,调动学生学习的主动性,让学生成为学习的主人,让课堂学习真正在学生身上发生。

尤其是对于青年教师而言,这本书正如一根定海神针,让刚刚走进教育天地的我们在教育教学道路上有了可循的方向与方法,不再彷徨左右。

在读的过程中,不断回忆着、反思着自己的课堂。我不禁想起,很多次在公开课前磨课时,多少个夜晚辗转反侧,哪怕在上下班的路上也不肯让大脑放松，时刻在思考教学的这个环节到底怎么设计才好，那个活动究竟怎么开展才更完善。我们常常绞尽脑汁地寻求有效的教学策略，可教学虽然是需要策略的，但教师始终要坚持一个理念，那就是"站在C位的始终应该是学生"。

读到"新课程小学语文课堂教学存在的问题"这一篇章时，我不禁自愧，原来初入岗位我的教学方式存在着这样多的问题。刚刚站上讲台时，我便学着印象中小时候教师的模样，在课堂上滔滔不绝。初时还颇为自得，可是很快我发现，自己总是课堂的主角，学生仿佛成了我的观众，而不是学习上真正的主体。课堂上学生都是被动地去听，而不是主动地去学。提问指向不明确而且过于泛化、繁多、无意义，对于小组合作的指导不细致、方式不明确，不仅浪费了宝贵的课堂时间，还会导致花大量时间解读和挖掘教材后的课堂，却是高耗低效。

所幸现在早已不是当初那个模样。摒弃无效环节，挖掘课堂核心，守住以学生为中心，"三重四会五环节"帮我守住了课堂的本真，促使语文教学回归"语"和"文"的本真，切切实实提升学生语文素养。在"重阅读、重积累、重素养"的"三重"基本理念和"会读、会写、会思考、会交流"的"四会"语文素养指导下，以"预习检测、读透文本、评价鉴赏、拓展延伸、习作练笔"的"五环节"教学策略承载提升学生语文素养的教学任务，贯穿于语文课堂，真正意义上提高课堂效率，系统提升学生的学习能力。

书中除了理论研究精华，还有大量的课例实录，对于我们一线教师来说既有高度又有非常强的操作性。

在备"鸟的天堂"一课时，我遇到了纠结不解的问题。这是一篇经典的课文，对于经典课文该如何把握才能不失其风范，又能文法结合，带领学生真正达成学习目标呢？我不由自主地望向书架，那就接着读《让学生站在课堂中央》这本书吧，于是我又捧起它翻阅。读着读着，一缕清风拂过，我借鉴书中赵瑞红老师的教学案例"抓住关键词"，读中悟，悟中再读，感受动态美。从静态美，到动态美，再到写法美，各美其美，美美连贯。于是，在整堂课上就看到了学生始终在主动地寻找美、感受美、表达美，作为教师的我，心里就更美了。

除了各年段经典案例的学习，按照不同题材类型分类的课例也值得教师学习。平时备课多是就课论课，或者结合单元主题、语文要素进行设计，而对于

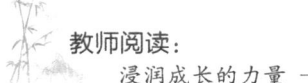

课文题材的关注度不高。记叙文、说明文、诗歌、童话、小说……课文题材不同，其表达内容和语言表达形式也不同。所以，教师要树立题材意识，从关注学习课文内容转变为兼顾注重学习表达形式，不仅能优化教学效果，还能帮助学生迁移运用，使学生受益终身。

　　读得多了，渐渐地也引发了我自己的思考：作为教师要时时让学生站在课堂中央，同时还要激发学生的内驱力，点燃学生的学习热情，让学生积极主动地学习探究。目前我已带班走到了六年级，随着学生年龄的增长，自学能力也越来越强。比如，教授"七律·长征"一课时，我仅仅为学生进行了一个简单的导课之后，就把课堂交给了四个小组的主讲人。课前我结合全诗结构首联、颔联、颈联、尾联分设了四个研究小组，发放研究单。每个小组在了解全诗的背景及大意的基础上，深入研究其中一联，并由小组长带领整理出本小组的研究结果，选出主讲人。在主讲人正式上台前，他们先将整理的研究结果发给我，在我细细筛选、调整后，再指导学生融入课堂活动，如男女生对读、范读等各种方式读，以手抄报、图片、视频、讲故事等形式讲解背景资料，用出题的方法考察学生的学习效果……整堂课，我站在讲台的旁边，把讲台留给了学生，让学生站在课堂的中央。看着台上的学生挥洒自如，同时也观察着台下学生踊跃参与程度，那一双双求知若渴的眼神让我感觉到，这堂课这样讲真是一个非常明智的选择。课后那些小主讲人围着我不停地问："杨老师，我站在讲台上既紧张又兴奋，但是后面我觉得自己越来越自信了！咱们什么时候还这样上课呀？我还想当一次主讲人！"

　　读书的目的，不在于取得多大成就，而在于，当在生活中遇到挫折，茫然无措时，书给你一种内心的力量。《让学生站在课堂中央》就是这样一本能量之书，在你面对课堂教学中诸多问题时，它总能给予充足的勇气。

　　读自己写的书，别有一番风味。由作者转变为读者，就像是欣赏、审视自己悉心培养的孩子成长的模样。学生不仅仅在课堂中央，也是教学设计的中心，更在教师的心上。学生的成长既是出发点，也是教师想要到达的终点。把学生放在心上，我们研究求索在路上。

把课堂还给学生

濮阳市实验小学　宋彦菊

课堂是教师耕耘的牧场，但更是学生发展的舞台、成长的摇篮。让学生"C位出镜"，站在课堂中央，教师退居一侧做点拨者、指导者，应该是所有教师追寻的目标。但现实课堂上，也许是不知该如何做，有时不知不觉间，教师就成了课堂"舞台"上的主角，学生成了配角和观众，而长此以往的后果，使学生养成了心甘情愿做"接纳者"而不是"思考者"的不良习惯，逐渐变成了学习中的"懒惰者"。做作业时遇到稍微有难度的题目，要么等着教师讲解，要么询问家长，要么上网直接搜答案；素养检测时要么空着不做，要么随便写个答案。面对学生这种"不良"表现，教师常常恨铁不成钢地抱怨学生，岂不知，之所以产生这样的后果，追根溯源，源头常常是在教师自己身上。

"'三重四会五环节'小学语文本真课堂教学实践研究"课题组多年的研究成果《让学生站在课堂中央》就能够帮助一线教师解决这种教学中的很多困惑。课题组践行"重阅读、重积累、重素养"基本理念，提升学生"会读、会写、会思考、会交流"语文素养，探索出"预习检测、读透文本、评价鉴赏、拓展延伸、习作练笔"教学策略，充分调动了学生学习的积极性，真正落实了把课堂的时间、空间、内容还给学生，把教师从烦琐的分析中解脱出来，把时间和精力转移到如何指导学生学会学习的方法上，变"教师教"为"学生学"，带领学生真阅读、真积累、真写作、真思考、真交流，使学生在自主合作探究的过程中，习得语文方法，形成语文学习能力，从而提高教育教学质量，提升学生综合素养。

让学生C位出镜，站在课堂中央，强调把时间还给学生，即把读的时间、写的时间、思考的时间、说的时间还给学生。回顾自己的课堂，先前也是教师讲得多，学生被动听得多、思考得少、说得少，认识到问题后，我就有意控制自己少讲，把思考和表达的时间留给学生。一开始，学生还不习惯，依然做被动的倾听者，我就从课堂回答问题开始"逼着"他们思考，"逼着"他们表达。因为我发现大多数不回答问题的学生表现出的是被动接受，而不是主动思考，一旦作业中出现超过课堂讲授的内容时，他们就不知如何解决。不主动思考的这部分学生中还有一部分是"思想游离型"的，他们看似身在课堂，心其实是漂浮在半空中的，做作业时连课堂上学习的知识点也不知道是什么。为了弄清楚是不是这样，学习"丝绸之路"一课时，我运用希沃白板的"班优点名"功能进行了一次检验。

课文的第二部分是作者根据史料记载想象的公元前115年，汉朝使者出使安息国，安息国国王派一位将军在边境率兵迎候，两国使者见面时的场景。这一场景描写得非常好，在写法上抓住人物的动作、语言、神态对人物进行了形象的描写，并把当时安息国迎候大汉使者的隆重场面描写得清晰明白。我抛出了一个问题："你觉得作者想象的这个故事有哪些地方值得自己学习？画出有关语句，并批注值得学习的方法，跟同学交流。"自学过后，我打开班优中的点名功能，让电脑系统选择回答问题的学生。结果点到的六名学生中，只有两名平时还比较爱回答问题的学生谈了自己的看法，另外四名学生站起来则一言不发，我请他们随便说，我们以前学到的文章的表达方法，他们只要说出一点，就给他们组加分，可他们仍然紧闭嘴唇，惜字如金。我观察了这四名同学，有两个属于性格"内向型"，有两个则属于上课"溜神型"。此时，那些迫切想表达看法的学生早就等不及了，"老师""老师"地喊上了。如果再这样点名，估计点到跟他们一样的学生还是站起来不说话，实在太浪费时间了，于是我请举手的同学来回答。我一边表扬他们会思考，一边给他们所在的小组加分。这下吸引了所有学生投入进来。后来，开始不回答问题的四名同学中有两人——一个内向型，一个溜神型的男孩子都高高举起了手。我马上请他们回答，尽管他们的表述还不那么准确，但能够主动举手实在是很难得了。在课程快要结束时，我抛出一个问题后，又用班优点名的方式请两名学生回答，他们居然都能说出个所以然了。看来，对于大多数学生来说，他们其实还是很愿意参与课堂交流的，只是有时候需要逼迫他们一把。如果教师只考虑上课时提的问题学生能快速回答出来,那就只叫举手的学生好了,在这部分学生的配合下,课程也许是行云流水,很快就按照预设进行完了,但却不能保证全体学生的学习效果,因为其中有相当大一部分学生也许根本没有思考,心中的疑惑也不敢说出来,长此以往,这部分学生就会跟其他同学的差距越来越大,这也是班里的后进生为什么越来越跟不上的原因之一。

  作为教师,逼着自己少说少讲,逼着学生去思考去表达,让所有学生真正参与到课堂学习中来,让所有学生都能"C位出镜",时刻处于思考的状态,以思考的状态迎接每一节课的到来,才是我们理想中的课堂。

C位出镜，唤醒潜能

濮阳市实验小学　任中娜

那日，正值小年，窗外，寒气袭人，风声依稀可闻。我却沉浸在暖融融的世界里。只因，《让学生站在课堂中央》新书发布会的消息如春天般扑面而来。一个个熟悉亲切的名字，一张张幸福灿烂的笑脸，一幅幅醉心阅读的画面，如绵绵春雨洒落心田。我多想把它捧在手心，抚摸那精致的纹理，轻嗅那文墨的幽香，触碰那智慧的结晶。终于，春暖花开，有幸亲见，一抹古朴典雅的青色迎面扑来，直叫人想一口气看完。望向封面，我不禁读出声来："把学生放在心上，把学生放在课堂的中央，把学生放在校园的中央，把学生放在教育的中央。"

一、关注每一个学生的需求，才能让学生站在课堂中央

课堂是师生教学活动的主要场所，每一个学生都希望教师关注自己内心真正的需求，因为他们渴望被重视、被关注。那么，教师如何关注每一个学生的需求呢？首先，教师要营造安全和谐的环境。帕克·帕尔默在《教学勇气——漫步教师心灵》中曾说，充满恐惧的课堂导致许多天生热爱学习的孩子产生憎恨学校的念头。这当然不是教师愿意看到的现象。课前，教师可以告诉学生："上课要积极思考并举手回答问题，勇敢举手并发言是认真听讲的表现之一。"课堂上，教师认真实践自己对学生的承诺，即使有的学生想法和表达有误，教师也要先尊重学生的个性差异和多元体验，不批评、不轻视，而是循循善诱，给足学生安全感。课后，教师再奖励课堂上认真思考、积极举手回答问题的学生。长此以往，学生便会产生安全感。其次，教师要善用肢体语言。课

上，当结束一个知识点讲解时，教师可以"目光巡视"，"我说明白了吗？还有不懂的吗？"目光的注视、询问、查看，都能让学生体会被关注的感觉。在学生真正学会之后，竖起的大拇指，就是对学生认真倾听、努力学习的肯定。最后，教师也要把目光投向表现欲望不强的孩子。"我想请这节课没举过手的孩子来回答这个问题""我找一位思虑周全却躲开我眼光的学生"等充满期待的话语，能够给予学生以信心和鼓励，教师更多地关注到了那些平时极少回答问题的学生。这就是眼里装着课堂上的每一位学生的教师的样子。相信，在教师不着痕迹的引导下，这些孩子会开始专注课堂，健康成长。我想，这才是真正做到了以学生为主体，这也就是让学生站在课堂中央。

二、让学生深度参与课堂，才能让学生站在课堂中央

只有把课堂上的学习时间和空间还给了学生，让学生去深度体验和参与，学生才有可能站在课堂的中央。有些课文记述的事件，离学生的生活较远，比如《开国大典》，这时该怎么引导学生理解课文并感悟写法呢？首先，我让学生课前搜集关于开国大典的资料，资料呈现形式可以是图片、文字，还可以是视频，每个人选取最有代表性的资料用两分钟时间在小组群内分享交流。接着，课堂上设置情景让学生感同身受。在学生朗读课文，了解大典的程序之后，利用多媒体的声、像、色再现当时盛况。学生看完视频，激情澎湃，情绪受到感染，再不失时机地抛出问题引导他们："你如果是开国大典的一名摄影师，要把典礼的盛况用相机记录下来，会抓拍哪些镜头呢？说说你的理由。"学生争相举手，畅所欲言。有的学生说："老师，我想把镜头聚焦到毛主席的身上，当他宣布公告的时候，我的自豪感油然而生，接着我要把镜头转向群众，用广角拍摄，因为他们的情绪激动，我被深深感染了！""老师，我想补充：小明把镜头转向群众的时候，可以把所有的群众以及外宾都拍摄进去，这样我们就能感受到典礼的隆重！"我不由得赞叹："你们真是一名合格的摄影师！其实，本文的写法'点面结合'跟摄影有异曲同工之妙哦！"听到学生侃侃而谈，看到学生用情地读，深入地想，用心地写，才感受到学生主体地位已经落实。学生在课堂上尽情听、说、读、写，肆意飞扬，这才是让学生站在课堂中央。

三、让思维的火花在课堂中碰撞，才能让学生站在课堂中央

如果你有一个苹果，我有一个苹果，彼此交换，我们每个人仍只有一个苹果；如果你有一种思想，我有一种思想，彼此交换，我们每个人就有了两种思想，甚至多于两种思想。

——萧伯纳

课堂上师生分享交流就是在分享彼此的思想。观点的表达、思维的碰撞、智慧的生成，是课堂应有的样子。教师可以为学生营造各抒己见的民主宽松氛围，激发兴趣，激活思维，还可以设计恰当的问题，触动学生的心灵，可以用自己幽默轻松的评价为学生的思维碰撞助力，可以用精准恰当的总结提升学生思维碰撞的结晶。课堂上最亮、最吸引人的当属学生展示自己思维的那些瞬间，学生在思维中发掘知识的内在魅力，实现与自己的心灵对话，这时，学生和学生，学生和教师，都紧紧围绕在思维火花碰撞的能量场之中。彼时，所有人都被深深吸引，学生已站在了课堂中央。

四、关注学生学的起点，才能让学生站在课堂中央

教师要提前备好学生，基于学生知识能力的生长点、困惑点、需求点去确定目标，组织教学，因材施教，机智应对。比如备课时，作为一名语文教师，就要思考学生在读这篇课文时，哪些会读错音，哪些会写错字，哪些长句子可能需要教师指导，学生在读完课文后会在心中留下怎样的情感体验。站在学生的角度思考并制订学习目标，设计教学活动。在备课时，还要琢磨学生会在哪个学习环节遇到困难，着重思考搭个什么支架帮助他们学习。这样，教师充分备学生，备教材，才有可能把课堂调控于把握之中。再比如上课时，有的教师会把自己预设的每个环节都"走"一遍，恐怕漏掉哪一句话。其实，这样做是错误的，教师预设的教案只是上课的参考，课堂上要以学定教，如果学生已经完全掌握了字词，就没必要再按原计划学一遍，完全可以把字词教学环节省掉，立即调整自己的预设，直接检测学生字词是否掌握牢固，然后根据学生当堂的听写情况指导错误率高的字词。这样，教师的教才有意义，才能高效，才是真正站在学生学的起点而教。当学生在基于自身情况之上有所进步，有所提高时，在经过多次的课堂实践，历经千淘万漉的辛苦之后，学生才会真正迁

回、螺旋发展起来。这时,学生才算站在了课堂中央。

让学生站在课堂中央,心心念念只有学生,主动去寻得课堂的原点、守得教学的初衷、回归语文的本真。让每位学生都"C位"出镜,长成期待的模样。让我们一起在这春的盛会,种下一粒希望的种子,静待花开似锦。

那方舞台，你最闪亮

濮阳市实验小学　闫昱臻

犹记得，从李副校长手里接到这本书时内心的欣喜，沙沙地翻阅着散发书香气的新书，眼神在自己的名字上凝视，是真正尝到了笔下生花的美妙。

《让学生站在课堂中央》是一群秉怀教育初心的热血人，在追求语文本真教育的路上，朝着简简单单教语文，本本分分为学生，扎扎实实求发展的彼岸，不断求索的历程。本书倡导的理念是"把学生放在心上，把学生放在课堂的中央，把学生放在校园的中央，把学生放在教育的中央"，在读了这本沉甸甸的教育之作后，更加坚信每个教师都会有"柳暗花明又一村"的顿悟，也会享受到"润物细无声"的收获。

翻开书页伊始，看到书中提到的教育课堂上存在的弊病，我不禁想到了自己小时候上学的画面，一堂课，教师的提问无处不在，黑板上的板书密密麻麻，可是学生又收获了些什么，恐怕有可能也仅是几声咿咿呀呀的应和机械性的摘抄笔记吧。现在我们的课堂上学生成了光彩夺目的主角，一切活动设计围绕学生展开，使学习成果真真正正地从学生的思考碰撞中发生。

一节40分钟的课堂，教师只讲20分钟，学生活动学习20分钟，或者教师只占10分钟，可以说现在的课堂回到了"百家争鸣"时代，把时间还给了学生。

一、把读的时间留给了学生

在教学中，我们要把读渗透于语文教学的全过程，要努力提高学生读的水平，学生只有很好地读才能更好地走进文章，才能触摸到作品的灵魂。作品的理解和疑难，主要是通过读来解决的，读本身就具有感染力，语文课堂不可缺少学生的朗朗读书声。

在教学统编版语文教材三年级下册的一篇课文《花钟》时，在课堂上，我就把充分的时间留给学生朗读。学习第一自然段，首先让学生找出花名的词语，围绕花开的动作词语、开放的时间、情景等，以默读、男女互读、师生对读、分组来读、全班齐读等各种方式读句子，引导学生多样化充分地朗读文本。这一段的学习目标就是感受语言不同的表达方式，只有在朗读的基础上，学生才能感悟到丰富而有变化的表达，体会语言的魅力。同时，反复地朗读，才能熟读成诵，积累生动优美的句子，也为后面的仿写运用做了铺垫。

课堂上把读的时间留给学生，教师引领学生走进文本，带领学生在字里行间体验感悟，这样的课堂才真正地把语文教学过程变成了学生、文本、教师之间对话的过程，从而真正实现语文教学效率的提高。

二、把说的时间留给学生

如果说课堂是一出相声，那学生无疑就是捧哏，教师应该充分调动起学生表达的欲望，让他们想说、敢说、能说，在交流中产生思维火花的碰撞。这让我想起了在讲"西门豹"这一课时，围绕"部分官员认为西门豹的方法不巧妙，太费时、太费事、太客气，你认为呢？如何反驳？"这一话题展开辩论，一节课堂仿佛成了一场没有硝烟的"唇枪舌战"，学生反复读文，通过西门豹言行找到可以突破的点，生生之间在你来我往、你一言我一语中明白了本文的重要思想。

对于小学阶段的学生来说，有跌宕起伏的情节、特点鲜明的人物的这一类故事性文章肯定会更具有吸引力，而略有些枯燥、单纯解说知识类的说明科普文，兴趣则不是很高。比如，在统编版语文教材四年级下册学习的第二单元就是几篇介绍自然奥秘、科学技术的文章，同样还是一个学会提问，并尝试解决问题的策略单元，那如何引导学生保持探索知识的兴趣，并乐于思考、解决问题呢，我便设计了"小小解说家"的课堂活动。"琥珀"一课，学生以大自然代言人的身份，讲述了什么叫作琥珀？琥珀还分为哪几类？文中的琥珀是怎么形成的呢……这些问题都是学生在预习时提出的，他们通过自己课下思考解答，以思维导图或是连环画等形式，在课堂上展示出来。"飞向蓝天的恐龙"一课，又以博物馆解说员的身份向我们讲解了恐龙的演变历程。教学中，我会对需要强调的知识重点再次进行总结规范，也会有针对性地评价学生的长短之

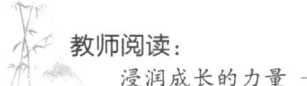

处，取长补短，这样学生对于知识点的提炼便会更加准确了。

教师放手让学生自己去练、自己去学，就给了部分学生表现的良机，得到了教师的肯定，又使课堂"活"了起来。同时，在充分让学生讲的过程中，不能忽视教师的主导作用。学生真正不易理解的难点，教师应给予提示，但不能完全包办，做到学生的主体和教师的主导和谐统一，才是一节真正的高效课堂。

三、把写的时间留给学生

如今，不少教师的教学设计刻意追求完美，课堂上热热闹闹，教学手段丰富多彩，学生也学得饶有兴致，但是，教学效果却不尽如人意。过度追求华丽，却忽略了实质性的东西。课堂上除了有效的侃侃而谈之外，还应给学生留一些空间，让学生静下来，动笔写一写。

比如，在统编版语文教材五年级上册《"精彩极了"和"糟糕透了"》一文中有这样一段话："我再也受不了了。我冲出饭厅，跑进自己的房间，扑到床上失声痛哭起来。饭厅里，父母还在为那首诗争吵着。"我便借鉴了濮阳市实验小学教师的教学经验，在此处设计了一个小练笔：父母还会怎样争吵？会争吵些什么？请联系上文和自己的生活实际，想一想，并写下来吧。学生在学习一篇课文后，学到了一些写作方法，或是有了一个写作契机，教师就应该抓住时机，结合生活实际来引导，引导学生观察、发现生活情趣，激起写的热情和愿望。

这样的课堂小练笔就没有破坏课堂情境，所写的内容依然在情境之中，而且更加优化了课堂情境。所以，基于教学情境之中、课堂推进过程之中的小练笔才是最有效的。

在课堂这个舞台上，教师唱得好，不如角色扮得妙；天花乱坠讲得好，不如教学活动组织得有效。教师在课堂上一定要做到"惜字如金"，把更多发现问题、评价反馈、总结升华的机会还给学生。在教学过程中，学生主动思考、各抒己见，不仅使课堂学习气氛轻松愉快，也能使学生的认知能力得以充分发挥，同时通过学生之间的互动，达到人人教我，我教人人的目的，弥补了教师一个人不能面向每个学生的不足。其实，这既是一种检验课堂注意力的途径，又是一种授之以渔的方法。课堂改革道路还很漫长，作为青年教师才刚刚起步，或许这一路会走得很慢，或许在摸着石头过河，或许会跌跌撞撞，但只要我们在携手前行，终能拨开云雾见晴天。

让课堂充满情趣

濮阳市实验小学　彭芳慧

看到《让学生站在课堂中央》这本书,仅仅是书名就让我感受到编者超前的教育理念,与《义务教育语文课程标准(2022年版)》核心思想不谋而合:立足学生核心素养发展,充分发挥语文课程育人功能;增强课程实施的情境性和实践性,促进学习方式的变革。于是翻开书细细地品读,对于"课堂情趣"这一内容深有感触。

情趣,指积极向上的情感、意趣,课堂情趣就是教师通过有效的教学方法,充分调动学生的学习积极性和主动性,师生共同打造出充满活力与魅力的智慧课堂,使学生享受到热烈的、沸腾的、多彩多姿的精神生活。那么怎样让语文课堂充满情趣,使学生乐意学、主动学呢?

一、创设情境,激发兴趣

在课堂导入时,联系生活实际,创设一定的生活情境,有助于激发学生的学习兴趣,使学生以积极的状态、活跃的头脑进入新知识的学习中来。比如,在学习统编版语文教材一年级下册中的"夜色"一课时,在课前先搜集一些精美的濮阳夜景的图片,在课堂导入时边播放图片边用优美的语言介绍濮阳的夜景,这些夜景选择的地点大都是学生熟悉的、去过的地方,用身边事物的美好形象可以自然地与课文知识衔接起来,激发学生的学习兴趣。再如,在教授统编版语文教材一年级下册中的"吃水不忘挖井人"一课时,课前先出示毛主席的图片并反复播放《我爱北京天安门》的歌曲,教师和学生一起边拍手边唱歌,很快学生就进入"北京天安门"的情境中来了。所以,创设合适的、有吸引力的课堂情境，更能激发学生学习兴趣，为营造课堂情趣做好准备。

二、开展游戏，调动情趣

在小学语文课堂中，游戏是调动学生情趣的有效方式。比如，在低年级识字教学中，学习"提手旁"和"足字旁"的形声字时，就可以采用希沃白板5中的游戏识字方法。在大屏幕上开始倒计时，两个比赛的同学分别站在屏幕的左右两侧，快速识别屏幕中从上方掉落下来的生字，并把带有"提手旁"的生字找出来，这时他们的注意力是高度集中的。座位上的学生也情不自禁地站起来一边加油助威，一边仔细看着掉落下来的生字，生怕错过了一个。用游戏辅助教学，既掌握了知识，又减轻了被动接受的压力，在轻松自在的氛围中学有所获，这正是教师要追求的本真的高效的语文课堂。

三、结合文本，提升情趣

在统编版语文教材一年级新增了"和大人一起读"的板块，这一板块以享受阅读的乐趣为出发点，主张轻松、愉快的阅读氛围的创造，引导儿童尽早爱上阅读，在此目标上编排了儿歌、童谣、童话故事、绕口令等不同文体的文章，十分符合低年级学生的年龄特点。在学习这一板块时，可结合文体特点采用不同的教学方法以提升课堂情趣。例如，在学习《小兔子乖乖》这首儿歌时，可以采用"唱一唱"的方法，教师和学生一起跟着节奏边拍手边唱，课堂气氛就迅速活跃起来了。在学习《谁会飞》《谁和谁好》时就可以在语言文字的基础上，展开多层次的对话。第一层次，文本对答。教师读问句，学生读答句。学生接答时，脑海里自然会有鸟飞、马跑、鱼游的画面。第二层次，想象对答。教师问"谁会爬？"学生思考，虫儿在小脑海里以各种样态爬动起来："扭扭身子爬呀爬""一拱一拱往前爬""弓着身子慢慢爬"等等，于是鲜活的话语，源源不断地从学生口中"淌"出来。对本栏目中的童谣、儿歌，都不需要进行过多解释，只要教师按节奏与学生展开对话，自然而然地就会把他们带入想象的世界，提升了课堂情趣。

四、多元评价，发展情趣

学生是课堂的主体，要使课堂充满情趣，关键还在于学生的思维、表达、语言是否有了新的发展。课堂上学生的表达能力和水平与教师适时适度的评价是分不开的，展开多元评价，可以使课堂迸发出不一样的火花。首先，评价学生的学习习惯。在一节课初始，针对学生的坐姿、课前准备做出评价，不仅树立了榜样，强化了行为，而且还提醒了个别偷懒的孩子，及时改正。其次，在课堂教学中，针对学生的回答做出恰如其分的评价，引导学生掌握知识，打牢基础。最后，在一节课结束时，除了对本节课上学习的知识进行总结，还要对学生的上课状态进行评价，可以利用一些代币或实物进行奖励，也可以利用"班级优化大师"一类的班级管理软件及时评价学生的行为，不断强化学生的个性表达，为课堂情趣增加色彩。

充满情趣的课堂，对提升学生学习效率起着至关重要的作用，教师要善于发现和挖掘课堂中的情趣元素，让学习自然而然地发生，让学生乐于学习，让教学更高效。

聚焦素养，回归本真

新乡县小冀镇京华社区小学　梁千昭

2022年6月24日，我收到中原名师李桂荣老师主编的《让学生站在课堂中央》。蓝绿色的封面，简洁的设计，尽显质朴、典雅、大气，深红色的衬纸上是李老师亲笔书写的"做卓越教师，向星星瞄准"，这是李老师对教师专业发展的希望与勉励。我认真读，细细品，并在教学中践行。

一、把时间还给学生

把读的时间、写的时间、思考的时间、说的时间留给学生。美国心理学家布鲁纳说："学习者不应是信息的被动接受者，而应该是知识获取过程中的主动参与者。"教师在课堂上要给学生参与活动、发展自己的时间。这就要求课堂"慢"下来。反思自己的课堂，不少是"稀里糊涂，匆匆忙忙"。但现实中的不少课堂，教师总希望自己的设计、预设的流程，顺利地牵着学生走。抛出一个问题，看到一个、两个、三个……有六七个学生举手了，就赶紧让学生回答。"学习似浮光掠影，训练似蜻蜓点水"，此时的课堂教学，失去了"本色"，犹如镜花水月、海市蜃楼，学生在课堂的学习难有所得。"把时间还给学生"，让我进一步明白了在课堂上真的要慢下来，要等一等。只有当教师真正学会了等待，那些不会的学生才能学会，教师也才能逐渐领略到教育的真谛。"把时间还给学生"，让我进一步明白课堂上教师要真正地尊重学生，以学生为中心，以学习为中心，敢于放手，相信学生。教师要为学生创设安全、民主、和谐的环境，让他们想表达、敢表达，给他们参与、尝试、交流、探究、体验的机会，唤醒学生内在的思想力量。前段时间进行教学研讨课"千年梦圆在今朝",教师就将"把时间还给学生"作为重要的一个教学设计思想,课堂上结合学生的疑问明确教学目标,学习中引导学生自主读,自主汇报谈理解体会、讲"飞天梦圆"的过程和原因,说感想,引导学生自主动笔填表格厘清中国"飞天梦"实现的历程,动笔写中国航天事业新的发展成就的内容片段,分层布置给家人讲中国"千年梦圆在今朝"的过程以及制作中国航天事业发展最新成就手抄报等实践性作业。这节课,学生有效地参与学习、探究,教师耐心引导、等待,取得了目标达成度高的理想的教学效果。

二、让课堂充满情趣

教师要善于创设有意义的学习情境,引导学生在语文实践活动中学习语言文字运用,感悟语言之趣,享受思维之趣,发现活动之趣。

教师要真诚地认识到自己是为学生服务的,既然教师是为学生服务的,那就必须把学生当作学习的主人,课堂的主人,就必须充分发挥学生的积极性、主动性。

——叶圣陶

这就要求教师在组织教学活动的时候心里装的是学生,而不仅仅是自己的教学设计。教师既要研究教材又要研究学生,既要读透文本又要读懂学生。学生已有的经验是什么,需要什么,难点在哪里,兴趣点在哪里,什么样的方式适合孩子等,这些都需要我们在设计、组织教学前积极认真地思量。在教学研讨课"千年梦圆在今朝"中,教师以无垠、瑰丽、神秘的太空视频创设情境激发学生探索欲望而引入课文学习,在课文学习过程中又通过我国第一颗人造卫星发射、神舟五号成功发射和返回的视频创设新的学习情境,引导学生深化理解感悟,学生油然生出民族自豪感和向中国航天人致敬之情,为接下来的读、说、写训练奠定了很好的基础。这样,学生就很自然地感受到了学习过程之美,获得了成功的情趣体验。好的课堂情绪氛围,确实能非常有效地提高学生的学习效率,让学生逐渐爱上语文课,爱上学习。

"三重四会五环节"课堂实践,因文施教,以学论教,让课堂充满情趣,"回归语文课堂的真实,回归语文课堂的自然,回归语文课堂的魅力",实实在在给予教师教学上的指引,教研上的帮助,专业发展的引领。"教育的真谛应该是用最简单的方法在最短的时间内让学生获得最大的收获。教学应真正做到教师简简单单教,学生实实在在学,回归本真。"让我们一起,共勉共进。

教师阅读：
浸润成长的力量

做卓越教师，创智慧课堂

新乡市实验小学　杨玉莹

2022年6月间，最开心的事莫过于收到了李桂荣副校长寄来的《让学生站在课堂中央》这本书，扉页李副校长的寄语"做卓越教师，向星星瞄准"，就像一团火点燃我的阅读热情，封底的"把学生放在心上，把学生放在课堂的中央，把学生放在校园的中央，把学生放在教育的中央"也让我为之一振，令我迫不及待地阅读这本书。

一、让学生站在课堂中央，是"以学生为中心"的教育理念的回归

首先，这本书剖析了现在语文教学课堂的"泛化"现象：教学目标的泛化、教学内容的泛化以及教学活动的泛化。同时指出了语文教学课堂存在的问题：一些课堂语言训练落实不到位。课堂上不抠词抠句，不纠正学生错误的语言，不辨析词意，不辨析字形……脱离文本的讨论太多，自由诵读少。还有的课堂上热热闹闹，给学生思考的时间不够，给学生质疑的机会不多，致使缺少个性的声音，缺少独特的感悟，缺少多元的结论，缺少因思维碰撞而迸发的火花。有些问题脱离了时代背景，远离了学生实际。各种非语文现象、非语文活动占据了课堂。还有一些课堂活动只是给少数优等生提供了展示才华的机会，大部分学生是旁观者，致使教学不是面向全体学生，效果不大。

其次，提出了"三重四会五环节"语文本真课堂实施策略：重阅读、重积累、重素养；会读、会写、会思考、会交流；课堂教学实施过程中的预习检测、读透文本、评价鉴赏、拓展延伸、习作练笔。让语文教学回归本真，培养

学生的语文学习能力，提升语文学科核心素养，使学生自由全面发展。

最后，以丰富全面的教学案例和实录，来分析如何落实"三重四会五环节"语文本真课堂实践的理论实践，可操作性和实用性极强。

二、只有让学生站在课堂的中央，学生才可能真正获得自主发展

拜读过《让学生站在课堂中央》，我思绪万千。

第一，教师要更新观念，要敢于打破传统教学中的条条框框。在教学过程中敢于创新，敢于从实际出发，弃繁就简、返璞归真、讲求实效。我们要不断地学习理论知识，不断地拓展自己的阅读领域，用新的教学理论指导教学实践，同时把学习和探索教育教学规律结合起来，努力做一个专家型、学习型的教师，使自己无愧于"人类灵魂的工程师"。

第二，教师要真正做到尊重个体、尊重差异。学习是孩子人生道路上重要的一段历程，并非教师教学路上的标本。每个孩子的人生都是他自己的，教师是孩子人生路上的一个引领者和陪伴者，要做的是引导孩子探索知识的殿堂，在人生之路上走得更加精彩。教师有责任关注每一个孩子的学习体验，引导每一个孩子收获成长与快乐。

第三，教师要真正更新课堂，摆正位置。教师要时刻牢记教学的主体是孩子，牢记"用教材教"而不是"教教材"，是"引导孩子学习"而不是"把知识点交给孩子"。教师要汲取传统教学中可取的东西，更要摆正教师的引导、点拨的位置，努力防止走向"教材中心、教师操控"的误区。

第四，教师要根据学生特点讲究课堂教学艺术。如小学生天生活泼好动，需要有趣的东西来吸引他，学生的注意力集中了，就能更好地开展教育教学。有趣的语言、好玩的教具、漂亮的板书等，都是我们落实让孩子站在课堂中央的有效手段。

小学语文教学工作任重道远，做卓越教师，创智慧课堂，我们勇毅前行。

第七辑

阅读，
让教育充满爱的情怀

——自读书目

　　著名教育家夏丏尊曾经说过："教育之没有情感，没有爱，如同池塘没有水一样。没有水，就不能称其为池塘；没有情感，没有爱，也就没有教育。"是的，爱就是教育，教育就是爱，爱是教育力量的源泉，有爱才有成功的教育事业。师爱是伟大的、神圣的；师爱是人类复杂情感中最高尚的情感，它凝结着教师无私奉献的精神。一个献身教育、用心工作的教师，必然表现出高度的责任感和强烈的事业心，在教育过程中就会给予学生更多呵护、关心、关怀，用自己的行动践行人民教师的初心使命，用爱温暖学生，温暖家长，努力培养出更多眼里有光、心中有爱的追风少年。

多一把尺子量学生

濮阳市实验小学　李玉萍

我阅读了李希贵写的《为了自由呼吸的教育》一书，看完收获很大，也有许多的共鸣。特别是作者的学生观，给我很大的启发。他提出的"多一把尺子就会多出一批好学生"的观点更应成为我们每一个教育者的共识。他说：

过去，我们衡量学生的尺子只有一把，那就是教学成绩。在这唯一的衡量标尺下，大部分学生成了失败者。教育是农业，不是工业。工业的特征是流水线，是标准化，而农业的特征是生态化，多元化。学会用生态的多元的观点来看我们的孩子，我们就会发现大树有大树的风采，小草有小草的魅力。地球正因为生物的多样性，才显得如此的生机勃勃，如此美轮美奂。正所谓：多一把尺子就会多出一批好学生。

是啊，在一些学校里，皆以成绩高低论"英雄"：学习好的就是好学生，分数高的就是教学质量高。"一把尺子"替代了"多把尺子"，许多学生其他方面的才能、天赋、创造力全部被这把大尺子泯灭在摇篮里。因为有些学生，培养他出类拔萃才是成功；有些学生，能让他自食其力就是成功；还有一些学生，能让他快乐生活就是成功。因此，多一把衡量的尺子，教师就能少一些挑剔和苛责，而学生则能多一分自在和绽放。孩子毕竟喜爱不同、智能有差异，谁能断言一个成绩平平的孩子，在其他方面就肯定处于劣势呢？就算是一个各方面都让我们伤透脑筋的学生，也并非一无是处，而往往是教师疏忽了或不能极力去发现他的闪光点。

由此想到陶行知先生说过的："你的教鞭下有瓦特，你的冷眼里有牛顿，你的讥笑中有爱迪生。"这也在明确地告诉我们，任何一只"丑小鸭"在不久的将来，都有可能变成一只美丽的"白天鹅"。学生就像一粒种子，需要教师提供土壤、肥料、空气和阳光。每个学生都有要求进步的愿望，每个人也都有丰富的发展潜能。因此，在日常的教育教学生活中，就要求教师能多一些宽容，用发展的眼光去关注每一位学生，尊重他们的个体差异，为每一位学生量身定做一把"尺子"，更好地评价。

这一把把带有魔法的尺子，需要每一个教育工作者用心地制作、精心地测量。如，在绘画比赛中发现学生的绘画天赋，在作文比赛中发现学生的写作才能，让学生在篮球场上一展风姿，在书法比赛中找到自信等，重在测量学生自身能力的标尺，还有"助人为乐标兵""班级劳模""节俭能手"等重在评价学生美好品质的标尺。

于是我们的"班级吉尼斯纪录光荣榜"教育阵地就诞生了！我把它张贴在我们班教室北面墙上最显著的位置。

光荣榜共由28个小项组成：阅读、背诵、博客、口算、奥数、唱歌、跳舞、书写、体育、劳动、卫生、团结、助人、爱惜书本、宽容大度、文明游戏、不挑吃穿、爱护公物……语文、数学、综合学科、校里校外等等，尽量都有体现，和学生息息相关。只要学生在某一方面表现突出，照片就可以上墙。一个星期进行一次更换。对于学生来说，照片上墙可是一件光荣的事呢！怎样努力才能使自己的照片上墙呢？

我把"进步"这一项放在了最前面，意在鼓励暂时落后的孩子，让他们体会到老师并没有遗忘他们，一直在关注着他们，只要有进步，老师都能看到！

阅读：旨在培养阅读兴趣，展示阅读质量与数量。与每周的阅读记录卡相联系。

书写：写一手好字在任何时代都很重要。要从一年级这个关键期抓起。

劳动：意在培养学生养成爱劳动的好习惯。评价标准是在学校能主动捡起教室及校园内废纸杂物，在家则能主动帮爸爸妈妈做家务。

爱惜书本：旨在让学生养成不在书上乱涂乱画、不随意撕下作业本纸的好习惯。

文明游戏：针对低年级学生活泼好动的特点，谨防发生意外伤害。

……

这样，学生争上光荣榜的积极性被大大调动了起来。我惊喜地发现，一到课间，总有一些学生围着光荣榜叽叽喳喳地述说着自己要争取的项目，目的已达到。好的教育不是强制、不是结果，而是真实、是唤醒、是生命徐徐展开的过程。尊重孩子的个体差异，悦纳每一个来到你面前的孩子，应该是教育的起点，也是教育的归宿。

多一把尺子量学生，就会多出一批好学生，定能量出个精彩纷呈的世界！

重读陶行知,坚守精神的家园

淇县前进小学 杨艳云

整理书籍,《陶行知教育名篇》又吸引住了我的目光,轻轻拂去封面的浮尘,心潮澎湃。在新课程改革开始时,我就认真地阅读"三老"理论,"先生的责任不在教,而在教学生学""千教万教教人求真,千学万学学做真人""教育即生活"等深邃的思想,一直践行于自己的教育教学中。今天,再次捧起这本书,重读经典,助力教育教学,把握前进的方向。

一、"教育即生活"的深层启迪

陶行知主张"教育即生活",认为学校以生活为中心,生活和教育是一种东西,生活即教育,生活便是教育。但现在我们的教育教学离学生的生活渐行渐远。

学生在学习知识技能的时候,可以从生活中学习做起。一面学一面做,一面做一面学。在学生的求知过程中,教师不能再仅仅传道、授业、解惑,更要关心学生的生活,善于从学生的生活细节中捕捉教育资源,利用身边的实例让学生体验感悟生活,形成辨别是非的能力;学会生活、劳动、相处、学习、创造,形成积极的人生态度和正确的价值观。

在新课程改革的今天,特别是"双减"政策的落地,重读这位教育家的警示,作为教师要重新审视自己的观念与做法。如我在教学秋天一课时,不仅仅是讲秋天的景色及变化,而是放手先让学生去大自然中寻找秋天,感受秋天事物的变化。在课堂上,学生表达精彩纷呈,很有生活气息,从天上的飞禽到地上爬的昆虫,从天气的变化到地上植物的生长,无不涉及。学生在生活中学到知识，在"做"中获取知识。

书也只是一种生活的工具，一种学"做"的工具。时常牢记陶行知的"千教万教教人求真，千学万学学做真人"的格言，提醒自己，努力读书，提升自我，力求为学生一生的成长奠基。

二、"教学做合一"的深邃思想

"教学做合一"是生活现象，即教育现象。在生活里，就事情来说是做，对自己之长进来说是学，对人之影响来说是教。教学做的含义是，教的方法根据学的方法，学的方法根据做的方法。事怎样做就怎样学，怎样学就怎样教，教与学都以做为中心。陶先生给了"教学做合一"的三个理由。

1. 先生的责任，在教学生学

陶先生这样比喻：

教育如一个新学生坐在洋车上，叫车夫拉着拼命地跑几十里，结果自然是学生逸，车夫苦。但让学生自己再回来恐怕还是不能。如果去，不坐车，不识路就问警察，自然是辛苦一点，但到回来时，保管还能回来。

今天，我们教师还在做着辛勤的车夫，自己累得不行，学生也叫苦不迭。当然许多人也会说，教育一方面教师要负起指导的责任，一方面学生要负起学习的责任。在实际的生活中，家长、教师替代学生做了许多本应该是学生自己承担的责任，他们没有把学习当成自己的责任，而当作给家长、教师学习的，甚至有孩子会觉得自己考试成绩好了，就有了向父母提条件的筹码。在这样的物质刺激下，孩子的学习兴趣其实是很难长久的。因为学习是一个漫长的过程，如果没有持续的动力，让学生保持一种学习的热情是困难的。如果我们教会了让学生负起学习的责任，那么在这个过程，孩子会获得自尊、自强，获得自主学习的动力。对于一个问题，不要拿现成的解决方法来传授学生，而要"授之于渔"。

2. 先生教的法子，必须根据学的法子

如果让教的方法根据学的方法，先生会用力少且效果很明显，学生肯定乐学，这就是常说的"以学定教"。德国教育家第斯多惠说："教学的艺术不仅在于传授本领，而更重要的是善于激励、唤醒和鼓舞。"卢梭也说："教育的艺术是使学生喜欢你所教的东西。"而教师更多的是关注教学生学哪些东西，

却不太注意怎样更有效地让孩子通过自己的体验去发现，所以有一些孩子学习成绩不理想甚至不愿意到学校，如果教师让孩子体会到了成功和快乐，他们都有可能是优秀的。

3. 先生须一面教，一面学

孔子说"学而不厌，诲人不倦"真是经验之谈。因为一定要学而不厌，然后方可诲人不倦，否则年年画葫芦，但还是十分枯燥。这也许就是当前所产生"职业倦怠"的原因之一。当然要学的东西不仅仅限于书本，包括生活、天文、地理、人文、科学等方方面面，因此，才会越来越觉得自己之不足。我也学习陶行知的建议，从最切实的、最近的入手，比如专业知识涉及的，尽量了解面宽一些，文学作品、历史的知识多阅读。行动起来，慢慢积累，终有所获。所谓"行是知之始，知是行之成"。

三、"捧着一颗心来，不带半根草去"的深度滋养

在今天这个物欲横流的社会，作为教师，如何坚守自己精神的家园。陶行知的"捧着一颗心来，不带半根草去"令人震撼！他作为一名留洋的教育家，提出教育学说，理论和实践成为中国血液的重要成分，如今的教师要时时叩问自己：今天我怎样做教师？认真反思自己的教学，用陶行知的理论时时刻刻提醒自己。

1. 追求真理

大众长进得很快，教师必须不断地长进，才能教大众。一个不长进的人是不配教人，不能教人，也不高兴教人的。

2. 跟学生学

你要教你的学生教你怎样去教他。如果你不肯向你的学生虚心请教，你便不知道他的环境，不知道他的能力，不知道他的需要，那么，你就有天大的本事也不能教导他。

3. 教你的学生做先生

你跟学生学，是教学生做你的先生。如果停止在这里，结果怕要弄到师生合做守知奴，于大众毫无关系。你必须进一步教你的学生去教别人。

不但如此，还要让学生的目标和社会的期望相符合。你如果把你的生命放在学生的生命里，把你的生命和学生的生命放在大众的生命里，这才算尽了教

师的天职。在践行自己教育理想的时候，教师要放开胸怀，以"立德树人"为己任，以天下、国家、社会为先。

董必武有诗："敬爱陶夫子，当今一圣人。"陶行知是中国近代教育圣人，教师要沿着他为教师修筑的台阶继续前行。重读陶行知，重新找到一种精神源泉。

让教育充满爱的情怀

濮阳市实验小学　武雪君

教育在古汉语中是"上施下效",在英语中是"抚育,自身生成",在德语中有"引导唤醒"的意味,可在现实生活中,教育常常是"生育孩子,教授知识",家长常常以孩子"学习好坏"来互相攀比,老师常常以学生"成绩好坏"来评价孩子,社会常常以"文凭高低"来对待"人才"……所以,教育中的灌输、欺骗、蒙蔽、操纵、控制、奴役、规训、模塑、愚弄、歧视等现象和手段屡见不鲜,学校成了加工车间,按照人们对学习的标准批量生产,把学生塑造成"标准件"和"工艺品"。

教育到底是什么呢?《教育的力量》中有人对于教育这样诠释:"把所学的东西都忘了,剩下的就是教育。"想想自己上的十几年学,高深的知识又记住了多少?记住的是常用的知识和生活常识,更主要的是为人处世的态度和方法,这些让我在生活和工作中受益无穷,而这些,学校又能给予多少呢?再想想自己工作中,结合自己所掌握的教育思想,结合学校办学理念和教学实践,我深深体会到:教育不仅仅是知识的传授,更主要的是"面向心灵成长的活动",是充满爱的活动。

我国从各方面对国人进行爱的教育和引导,创建和谐文明的国家,学校是爱的教育的主阵地。

首先,学校要给学生提供一种良好的校园生活,创造一个氛围温馨和谐的校园文化环境。处处洁净、清新明丽,让每棵树、每朵花,每面墙、每条路……都会"说话"。孩子身处其中,感受到的是浓浓的文化气息,是润物细无声的潜移默化,是蓬勃向上的生命启迪。校园里,没有恐吓,没有压力,有的是人与人之间的团结互助，有的是人与人之间的鼓励和欣赏，有的是处处搭建的适合发展学生天赋的成长舞台……学生人人都是宝藏，健康快乐、充满自信地成长着。要让爱充满校园，要使学校成为人们舒展心灵、放飞想象的处所。

其次，课堂是教师教育的主阵地，教师要"创造一个带给学生情绪上有安全感、充满鼓励和温暖的课堂"，让学生"智力得到愉悦、情感得到陶冶、心灵得到净化、道德得到升华"，这才是有效的课堂。教师要具有一颗博大的爱心，要面带微笑，课堂上教师的微笑就像冬天里的一缕阳光，能给孩子们带来温暖。教师是长者，更是朋友，不歧视学生，多关注、欣赏、鼓励每一个学生，关注学生"精神的成长"。每个人的存在都能得到大家的尊重，得到承认，让学生的表情不是紧张和呆板，而是脸上有微笑、眼里有光泽。在教室这个"文化生态圈"中，让每一个人都能感受到自主的尊严，感受到独特性存在的价值，感受到心灵成长的愉悦。教师要具有先进的教学理念，创设与学生生活相关联的生活场景或实践活动，触发学生的生长点，让学生有更多的机会参与，更多地感受到被人鼓励和欣赏，让学生站在课堂的中央。教会学生怎样去爱自己、爱父母、爱别人、爱国家，这是每个教育工作者义不容辞的责任和义务，因为教育不仅要对学生的升学考试负责，更要对学生的终身发展和幸福人生负责。

爱的教育还应体现在同伴关系、课外活动、课业负担等很多方面，但一定让"教育充满爱的情怀"，让教育撒满孩子成长的道路，让爱去温暖生命，让爱去呵护生命，用爱去滋润生命，用爱去灿烂生命。

用爱做教育，用心立德行

濮阳市子路小学　王淑兰

教育是一件最值得做的事情。

没有爱，就没有教育，爱使教育成为真善美的乌托邦。爱使学校成为真实的人的学校。

这是读到的张文质的著作《教育的十字路口》中的声音，至今使我时常想起，萦绕心中。在张文质老师的指引下，我将"用爱做教育，用心立德行"作为教育准则，鼓励与陪伴学生学习、成长。

究竟什么是教育？究竟什么是教育中的"爱"？与学生一起互动交流是爱？与学生一起做活动是爱？还是对学生嘘寒问暖，给予直接的帮助是爱？这些其实都是正常的教育行为，也是教师的教育责任，或者说是教育责任具象化的一种形式。我在阅读《教育的十字路口》这本书时，深切地感受到了作者对我国现行教育体制的困惑，其中有对教师教学行为的理解，也有作为学生家长所体现出的一种无奈。在面对体现出的这种情绪时，我总会思考，教育的本质是什么？如何表现教育中的"爱"，或者如何才能做好教育，给予学生公平的、良好的身心教育发展环境。

教育中的爱是一种具象化的爱，其针对的是具体的人，而不是"人"这个名称。在阅读《教育的十字路口》这本书时，我不由得想起法国作家卢梭这个人。在其忏悔录中，卢梭会说他的爱是多么的伟大，他的爱是一种正义的爱，他的爱是对全人类的爱。但是，他却把自己的五个孩子都送给了别人，剥离了对自己最亲近的人的爱。实际上，卢梭犯了严重的错误，他混淆了具体的人与"人"这一概念，他犯了糊涂，以一种罪恶的行为表达了自己的爱，而在其不正当的思想浸染下,卢梭自己却浑然不自知。与现实相联系,我努力反思自己,回想自己是否也犯了同样的错误,是否真觉得应该爱学生,但从未真正地关心过具体的人,或者只是仅凭经验去处理一些个性化问题,而忽略了与孩子之间的沟通和交流,没有换位思考,没有推心置腹。在《教育的十字路口》一书中有写道"当每班学生数超出了30个人的时候,教师就从对个体的关注转为了对班级的控制"。此时,无论是教育行为,还是教学行为,均会从行为主体的层面发生转变,而随之而来的,即为教学思想的转变。这个过程是一种相对自然且正常的过程,但"对班级的控制"并不意味着对"个体关注"的放弃,而是转化成了一种更为高效的形式,这样才能在有限的教育教学精力下,将对学生的爱落实到学生个体。

"人类感受到的最大快乐之一是迅速逃到无知中去追求新的知识",我在教学中将其转化成了一种实践性的教学行为。语文课堂教学是一种实践性教学经验的积累过程,在选择教学资源时,在结合立德树人的要求拓展教学资源时,我都会去思考此类资源是否具有新意,是否可以对学生的学习兴趣形成具象化的引导。这是一种引导性的教学思路,将"新的知识"与学生的认知"盲区"对应起来,产生一种认知思维层面的新鲜感。此时,小学生在其好奇心的引导下,将会更加积极地参与到课堂实践活动之中。但是在这个过程中,学生是否真的快乐了,学生是否获得了具体而微的学习体验,则需要教师去深入思考,细化总结,分析归纳。我在实践教学中,会根据《教育的十字路口》书中所说,将"学生放在心上",将学生的学习情绪、学习状态放在心里,在教学中自省自警,揽镜自照,问自己是否及时地关注了学生的实际学习情况。这是一种自我斗争的过程,在阅读了《教育的十字路口》这本书之后,我觉得,自我斗争还不足够,教师还需要在实践教学中再反思、再斗争,始终以优化学生的学习环境为己任,突出课堂教学的实践引导性,使学生快乐起来,这样才能学得好、学得牢。

教育之道,在于引导;教育之法,在于交流;教育之本,在于解惑。教师与学生之间是师生关系,更是朋友关系。教师应在实践中对学生进行爱抚与照料,在实践中,与学生进行对话和合作,共创有秩序、有兴趣的教学课堂,共建有价值、有责任的教育体系。作为一名教师,应尊重学生的主体价值,明确学生在课堂学习中的主体地位。《教育的十字路口》写道,"教育就是反思与行动""教育就是互动与相互成全"。教师在开展教学工作的过程中，应积极地与学生进行交流，并在交流中思考和分析学生的问题。我在语文教学中也是如此。我会将这种交流转化成一种收集教育反馈信息的渠道，在与学生的互动中，形成有效的教学反馈意见，从而以此意见为基础，对自己的教育教学流程进行细化分析，优化改良。若想提升与学生沟通的实效性，教师就应换位思考，循循善诱，因势利导。同时，更应结合学生的实际生活，拓展生活化的教育视角，这样才能践行教育的本质，突显教育的育人价值。正如《教育的十字路口》中所说，"主体意识的萌发恰似教育促进人的发展的基本点"。通过与学生之间的互动和交流，唤醒学生的主体意识，而在主体意识被唤醒之后，学生又会更加积极地参与到与教师的互动和交流过程中，从而形成有效的、良性的循环。

  教师是教育行为的发生者，是教育活动的引导者，教师的能力水平会直接影响教育工作的整体质量，其德育思想更是会左右教育工作的最终结果。我在阅读《教育的十字路口》这本书时，深切地感受到了提升自我的重要性和紧迫感。我要反复地读，结合自己去思考、去体会、去结合新时期教育教学工作的新要求，出新知、出真知。这样才能将书中的教育思想和教育经验，转化为教育中的实践行为，才能真正从爱学生、爱教育的角度，认清教育的本质，践行教育的原则，落实教育的规范，拓展教育的途径，提升教育的质量。用爱做教育方能为真师，用心立德行乃能育人才。

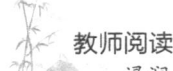

有效的鼓励

鹤壁市淇滨区福源小学　程建红

一本好书能启迪人的智慧，涤荡人的心灵，美国的简·尼尔森写的《正面管教》就是这样一本书。在阅读这部著名作品时，我深深地被作者的教育思想折服。今天读到"有效地运用鼓励"这一节，让我受益颇深。

孩子需要鼓励，正如植物需要水。没有鼓励，他们就无法生存。但是，要对一个正在做出不当行为的孩子进行鼓励却不是一件容易的事，况且许多成年人不知道什么是鼓励……

一、赞扬与鼓励

人们常说"好孩子是夸出来的"，其意思就是说"好孩子是鼓励出来的"。

赞扬实质上是一种精神奖励，是针对某件事情的结果而做出的。但是这些评价往往是从家长的观点与角度出发，将自己的感受和认知叠加在孩子身上。所以赞美是一种促使孩子去追求外在奖赏的方式，为了得到赞美，孩子会重视结果或者只做父母喜欢的事，却忽视了自己的感受。

鼓励则是针对孩子的努力或进步所做的，哪怕只是小小的进步。不论孩子当前做某件事情是优秀、普通还是有点糟糕，都值得被鼓励。鼓励是一种促使孩子发挥及贡献自己潜能的方式。鼓励，能更多地帮孩子发现自己的快乐和价值。

在孩子成长路上，他们需要自己走过漫长的努力期，家长和教师的鼓励起到很大的作用，对于孩子的鼓励，无疑是一个强心针和安慰剂，让他们感觉到自己在这条努力的道路上并不孤单。

教师、家长要学会正确地鼓励孩子。懂孩子是鼓励孩子的前提，了解孩子的智力能力、性格习惯、优点缺点、喜欢的害怕的才能有效地鼓励孩子。要给孩子自主选择的权利，给孩子自己选择的空间，鼓励孩子别怕啰唆，认同孩子的付出，不吝啬表达自己的喜悦，陪伴孩子，见证孩子的努力和付出，真诚地向孩子表达自己内心的感受。

因此，帮助孩子建立自信、保持勇气、获得进步，鼓励也许是比赞美更好的方法。让我们的鼓励成为孩子成长的原动力吧。

二、鼓励与批评

我们通常认为对孩子做错的事先进行批评，然后再进行思想教育。读过《正面管教》中的"鼓励与批评"之后，彻底颠覆了我的教育观点。原来讨论有效改善的一个方法是问孩子："你觉得自己哪些地方做得好？哪些地方需要改进？"孩子往往不用你告诉就知道了，而且当孩子自己承认需要改进时效果会更好。接下来还可以问："你打算怎么改进？你需要做什么来实现你的目标？"然后和孩子一起想出可以帮助他们各种改进的方法。读过此篇文章我受益匪浅，找到了教育的有效方法，在接下来的教育教学中我会试着采用这样的方法，相信一定会事半功倍的。

三、利用好时间

"花一些时间训练孩子"让我意识到，学生有时候没做好的原因是我们从来没有花一些时间来训练他们。我们自以为很简单，就让孩子去做一些没有训练过的事情，通常只是告诉孩子自己的期盼，而不愿意花费时间准确地说明这些期盼如何才能达到，学生就会不知所措。于是大人与孩子，教师与学生之间就会产生误会。

如果我们不花时间训练孩子，那么很快就会发现，我们需要花更多的时间纠正未经过训练的孩子的行为。而不断地纠正无法教会孩子技能，因为批评只能让孩子更加沮丧。下面有4个建议能带给大家一点帮助：①家长一边做，一边和善地给孩子讲解；②家长和孩子一起做事情；③让孩子自己做事情，自己监督；④当孩子感觉准备好了，让他自己做。

请对孩子多一点耐心，多一些鼓励，相信在教育孩子的道路上，大家都能有所收获!

四、把握住时机

读完这篇文章,我想到曾经看过的几米的一则漫画故事《我不是完美小孩》,读过的每一个人都会情不自禁脱口而出:"这个小孩和我很像呢!"

这则故事讲的是一个叫郝完美的小女生在学习、生活,尤其是与大人相处中有自己的困惑和烦恼,终于有一天,她再也承受不了来自大人的各种要求,呐喊出自己的心声:我不是完美小孩。

成长,对于孩子其实是一种历练:日夜谨慎地顾虑来自四面八方的各种期待,有时还需要在别人的欲望与幻想中适时调整成符合所谓的"完美"的基调。成长,是每个孩子的权利,也是他们必经的征程,或平坦,或崎岖,有悲观,有离合。挫折在所难免,坦然面对,欣然接受,要让每个孩子越发坚强,将每一次遇到的困难都化作动力,让每一步都成为向上的阶梯。

"这本书献给放弃追求完美的小孩和大人。"没有完美的人生,也没有完美的自己,但并不代表我们就要放弃追求完美。我们要做的,是接受每一个不完美的小孩,允许一点点的不完美,鼓励他们,鼓励自己,在完美的道路上阔步前行。

五、提问有技巧

启发式提问,就是不要直接告诉孩子发生了什么事情以及该怎么解决,而是通过一些启发性的问题来沟通。比如,"宝贝,你清楚发生什么事了吗?你觉得发生这样的事情的原因是什么?你从这件事中学到了什么?你怎样把这次学到的东西运用到将来?"等。注意,提问的时候不要预设答案,慎用"为什么"。原因在于"为什么"听起来像是指责,可能会引起孩子的戒备甚至反感,只有当学生觉得你对他们的观点真正感兴趣时,"为什么"才能起作用。问孩子该怎么做比告诉孩子怎么做更能引起孩子的注意。相比说教,利用启发性提问能够帮助孩子探讨选择带来什么后果,促进孩子探索式的思考与自主寻找答案的能力。

要明白,和善而坚定是正面管教的核心,只有保持这样的教育态度才能真正培养孩子的归属感与价值感,同时使用积极的暂停可以帮助我们在情绪激动时保持和善而坚定，避免在不理智的状态下进行教育。而利用启发式提问引导孩子解决问题，能帮助孩子在和善而坚定的气氛中成长，避免陷入说教和惩罚的怪圈。

六、抱一抱孩子

书中讲述了在孩子行为不当时，我们可以试一试拥抱而非惩罚来解决问题。也可以让他们通过贡献来感到自己有用，从而受到鼓励。

当有的孩子犯错误被他人指责时，虽然孩子表现得满不在乎，但是孩子此时的心理却是很脆弱恐惧的，他需要别人的理解和宽容。如果此时家长雪上加霜，继续指责谩骂或动手打孩子，只能叫孩子心寒得自暴自弃，或产生逆反心理。所以，当孩子犯错时，给他一个温暖的拥抱，放下家长的架子，真诚地倾听孩子的心里话，站在孩子的角度理解包容。那将会同样收获一个通情达理、知恩图报的好孩子。有这样一句话：蹲下身子，孩子的眼里就有你。当然，蹲下的不只是你的身子，还应该包括你的观念。

我觉得《正面管教》这本书在很大程度上提升了我的教育能力，指导我用最有效的方法培养孩子积极的心理品质，让孩子在自信、自立的环境下健康快乐地成长，能够学会以积极、阳光、正面、乐观的态度去看待世界。

做一个"三心"班主任

周口市扶沟县城关镇红旗小学　鲁慧霞

2022年暑假期间，我认真阅读了李镇西老师的《做最好的班主任》一书，书里的一个观点深深地吸引了我：要想成为一个优秀的班主任，必须具备"三心"，即童心、爱心和责任心。

一、童心

在日常工作中常觉得自己和学生之间会有一种无形的隔阂，总不能和学生充分地沟通，还宽慰自己这应该是彼此之间存在代沟的缘故吧！李镇西老师在书中关于童心的论述，帮助我解决了这个问题。他说作为一名班主任，需要用童心来理解童心，要善于把自己变成和学生一样年龄的一个人，这不但是教师最应该做到的，还是班主任能对学生付出真感情的基础。所谓把自己变成一个学生，就是指教师要努力使自己与学生的思想情感保持一致，尽可能让自己具有同年龄学生般的情感、兴趣、纯真。比如，今年你该教几年级的学生了，你就是几岁孩子的心理、行为和语言，也就是说一定要有相同的心理，这一点对于成年人来说有一定的难度。但是，如果教师能够保持住这份童心，就构建了一条通往学生心灵深处的小路，会在不经意间融入学生的心灵世界中。当学生发现教师和自己变得"一样大"时，有同样的话题、一样的行为、共同的爱好，他们也会在不知不觉中把教师当作朋友，成为生活中无话不谈的好朋友。当教师开始卸下成人的面具，俯下身子，蹲下来和学生一起嬉笑游戏时，学生会对教师油然而生亲近之情，这时候教师已经从教育成功的起点出发了。

当教师以一颗童心去理解学生的童心时，就能够发现学生的可爱，身上的优点和种种长处。当学生有小的缺点时，可以暂时忽略；当学生表现好时，立即表扬他、肯定他。因为学生总是怀着善良、美好的出发点去说自己认为对的话，总是怀着渴望得到周围人的赞扬、被认同的心理去做自己认为对的事，这样一来或许会好心办成坏事，但是当教师以童心去衡量这一切的时候，自己就会变得心情温和、平易近人，也更具亲和力。因为，学生的现在也是曾经的自己。童心理解童心，童心决定着童心，拥有永恒的童心，是当好班主任必不可少的条件。

二、爱心

李老师说"离开了情感，一切教育都无从谈起"，可见教育离不开情感。

经常听到身边的一些班主任谈论：为了班里的学生，我付出那么多，带病上课也不请假，利用自己的休息时间给他们讲题，我对他们学习上的关心比自己的孩子还要多，想让他们一个个都学好，可是学生为什么不领我的情呢？难道我还不具有爱心吗？其实，这是他们对爱心的含义理解得还不够透彻。爱心应该是教师在教学活动中的真情流露。

为学生付出爱，并不是以牺牲自己所产生的伟大的奉献，简简单单才是真。心里有抱怨，不平衡也是正常的，那都是短期的功利心使然，不知道爱学生是为了付出与欣赏，只一味将爱心建立在分数的高低、纪律的好坏、进步的快慢上。"爱心"变成了这种标准，就无法考虑学生能否接受这种爱，乐不乐意接受这种爱。看来只有教师真心去爱学生了，在日常教育教学活动中，把爱心融进平常的一言一行上，用真诚的言行去感动学生、感化学生，就可以了。所以，教师要真正爱学生，爱班里的每一个学生。

三、责任心

经常有人认为责任心就是从早到晚一直陪着学生，学生的成绩普遍提高，班级成绩名列前茅。读完李老师的这本书，我知道了所谓真正的责任心，不仅是班主任认真做好每一件小事，更要注重学生品格和习惯的培养。

未来社会需要有强烈责任心的人，有担当的人。为国家培养合格优秀的建设人才，是每一个教育者神圣的使命，更应该是班主任的自觉意识和永远的任务。班主任每天在学生面前的言谈举止，都会潜移默化地影响着学生的成长。

教师今天怎样对待学生，当什么样的榜样，以后学生就会怎样对待他人，影响他人。教师手中诞生的将是未来的人才、社会的栋梁、国家的希望，所以任重而道远。

而责任心的背后是这些教育者是否具有教育理想。当今的社会越来越功利化、技术化、庸俗化，受目前疫情大环境的影响，人心躁动，焦虑常伴，幸福指数急剧下降。教师也是平凡人，初入岗位时的雄心壮志，被烦琐日常一点点磨蚀，还有更多的人把当教师作为一种谋生的职业，自然谈不上什么教育理想，更不会存在所谓的责任心。而现在需要的班主任，应该有面对残酷现实的勇气、有越挫越勇的精神、有化腐朽为神奇的双手、有展望美好未来的眼光，更得有耐得住清贫的傲骨。在他们的心中应有一把永远燃烧着责任心的火炬。

教育者有怎样的思想行为，就会培养出怎样的人才，想培养出什么样的学生，自己首先要成为这样的一个人。"登东山而小鲁，登泰山而小天下"，教师所处的高度，决定着学生能力的高低，眼界的大小。所以，只有站在别样的高度来看待班主任所应该担负的责任心，教师才无愧于这种职业独有的历史使命。

我想是这样，也应该这样，当教师真正懂得了"三心"的含义，明白班主任是用"心"去干，用"心"去做的一种事业的时候，相信就能成为一名优秀的班主任！

和孩子一起读

濮阳市实验小学　李桂荣

一个朋友曾向我诉苦："给孩子买了好多书,可他就是读不进去,真是叫人头疼啊。"我问:"孩子读的时候,你在做什么?"她说在做自己的事。我建议道:"你和孩子一起读,试试看会怎么样。"

其实,这种现象普遍存在,大人总是理所当然地要求孩子多读书自己却不读,好像读书这件事在成人与孩子之间是隔离开的。其实,阅读不是孤立的,而是需要互动的,读书不只是孩子一人的事情,需要大人和孩子一起读,共同投入进去,尤其是对于需要引导的孩子,需要氛围的影响,需要交流和共享。

过了一段时间,又有机会和这位朋友见面,她说:"我和孩子选了一本书一起看,刚开始自己读不进去,为了引导孩子,结果真的就读进去了。孩子对于此很惊讶。后来,他看我每天坚持读书,自己也开始读。在读的过程中,我们还不断地就一些问题进行交流,讨论激烈时,甚至会找其他人来评判。等我们读完了这本书,孩子说很高兴我能和他一起读他喜欢的书,觉得我就像他的同学一样,什么都可以交谈。"

能帮到朋友,我还是很欣慰。其实,这是简单且奏效的方法。所谓"身教胜于言教",遇到孩子应该去做而他又不愿意做的时候,我们就要往自己身上找原因,认真反思一下自己做了什么。后来,我也常拿这个作为例子对家长和同事说:"你在要求孩子读书的时候,不用多说其他,先自问一下'我读了吗?'"

一、为什么要和孩子一起读书

21世纪的公民被定义为"参与",细想,这个"参与"非常对,它是我们做所有事的态度。官员参与百姓生活，就能苦民所苦；老师参与学生学习，就能依照学生的程度因材施教；父母参与孩子的生活与学习，就容易走进孩子的世界。和孩子一起读书，好处也多多。

一是，和孩子一起读起来，拿自己做个榜样，以深沉的关爱熏陶孩子养成良好的习惯。科学研究发现，2岁的孩子就已经能够潜移默化地学习新事物，这是内隐的学习。模仿是最好的学习，在小学阶段，孩子的心智还未成熟，很善于模仿别人，这时，你希望孩子做什么，除了告诉方法，最好还要有一个榜样让他看到怎么做。或者说，除了在精神上崇拜的人物形象树立榜样，除了和小伙伴之间的共同学习阅读，还要有一个实实在在的人给予引领，给他满满的温暖和强大的支持，最直接也最易见效的就是我们了。因为，孩子听家长的自不必说，而对于老师更是崇拜，我们和他一起读书，能达到"此处无声胜有声"的效果，从对书的尊重、读书的态度、书本内涵的解读等都会给孩子带来强有力的影响。更重要的是，孩子会感到备受重视，心理上是安全的，情绪上会更加稳定，感情上会更加亲近，态度上会更加端正，行动上也就会格外投入，那么学习力、阅读力、理解力都会超乎个体阅读，不仅激励了孩子养成良好的习惯，带来的效益甚至是无法估量的。

二是，和孩子一起读起来，深入其中，能近距离地了解到孩子在学习、心理、困惑等多方面的情况，利于及时发现问题、提出建议，或帮助解决问题。如，对于一本书所要表现的价值取向，存在的知识难点我们都能第一时间给予引领，不至于让孩子跑偏，避免走弯路、浪费时间。当然，孩子的想象力很丰富，创造力也很强，有的想法甚至新奇得让你瞠目结舌，这都是有可能的，作为成人的我们就要站在孩子的角度去看待这本书，去融入孩子的世界，给他足够的自由空间，一定要尊重他、理解他，呵护并鼓励他的奇思妙想，或异想天开。成人的理解有时虽然定式或者固化，但是对于孩子来说，毕竟是一个不同的角度，以你储存的背景知识来建构此书的解读或许能更丰盈他的认识，你将书的深层内涵进行的提炼对于孩子就是一次拔高或升华。

三是，和孩子一起读起来，更利于教学相长，亲子共长。每个人都需要成长，尤其是在规则意识下，岁月的磨损、世俗的腐化有时候会给我们带来一些模式化，甚至于无奈。小孩子没有受到这些影响，一个生命个体就是一个鲜活的思想的种子，其新的思维方式反而能生发火花，触及心灵最深处。自己能从孩子身上学习到很多意想不到的东西，成就自己，促使自己在教育孩子方面更加完善。朱永新教授曾谈起自己读书的热望至今未减，就是从小受到父亲关于读书做人的深厚影响。童话大王郑渊洁老师，更是在如大山一样深沉的父爱关注下成长起来的，他将父亲给予的慈爱渗透于作品之中，影响着一代又一代人，把自己的获得融入对儿女的教育之中，传承着慈爱、鼓励、温暖、指引等无限的正能量的同时，自己又获得新的成长。《朗读者》栏目再次放大一路携手并进的父子情深，他们的故事感动着每一个人。至今，父子俩还在一起共读一本书，共同创作，相互欣赏、鼓励，彼此获取无穷的支持力量，这是亲子成长的典范。

和孩子一起读书，既是参与又是融入，既带动了解又互动共生。

二、怎么和孩子一起读

和孩子一起读起来，给孩子一个温暖宽松的内心环境，这才是刚刚迈出了最基础的一步，核心环节是要讲究科学的方法和策略。那么，怎么去引领呢？首先，是在书的选择上。阅读的内容，只要是好书都可以。通过跟孩子一起读书，引导孩子思考，导正孩子的观念，是很有必要的。但是，我们也不要干涉过多，只给出方向、系列等合理化的建议供他参考，让孩子去挑选喜欢的书籍。结合孩子学业上的实际情况，有计划地做真正有效的落地的阅读。其次，是在时间设置上。可以定出每天读的时间点，比如在晚饭后或睡觉前以20分钟来共读，时间既定以后，就要和孩子如约进行，可以根据书本的难易程度确定大概要读的页数，从而形成习惯。再次，是注重方法的引领。这要根据书的实际情况来看，可以采取浏览读、速读或交流着读，如何做圈点批画，在阅读时遇到障碍从哪些资料上去查阅等，在刚开始时要做好细节上的引领，要教给孩子专注等良好的阅读品质，养成习惯以后，就可以逐渐放手。最后，要坚持下去。和孩子一起读起来，走进孩子的精神世界，促使阅读形成习惯，这是需要毅力和耐心的。父母对孩子的态度决定着他的命运，我们心中要有一个坚定的信念做支撑，只有持之以恒的坚持，才有可能看到惊喜，我们就是促使孩子走向成功的基石。而且，我们还要保持一颗童心，以同理心看事情，与孩子沟通，并通过阅读进一步创造亲子间的共同话题，引导孩子确立正确的人生观。

第八辑

阅读，
向下扎根向上生长

——自读书目

　　风的摇曳，是一道自然的风景；雪的飞舞，是一页自然的诗词；教师的阅读，是一种成长的必需。尼采说："人跟树是一样的，越是向往高处的阳光，它的根就越要伸向黑暗的地底。"教师越是心向阳光，追逐梦想，就越加需要厚植育人根基，丰润心灵沃土。阅读是教师成长最基本的修炼，也是需要付出一生时间来必修的课程。本辑教师都能在阅读中觅到教书的桃花源，在书本中寻到育人的水云间，因书明道，以爱怀教。教师们书海纵目间，不忘本来，吸收外来，面向未来，有的追寻到课堂实现高效的"最佳路径"；有的觅得到教育名家的"育人之道"；有的汲取到名师大咖的智慧心得；有的感悟到当下教育的真谛要义。浅浅纸上书，深深足下行；阅读增智慧，成长送清风。蔚蓝的天空下，阳光普照，来吧，让我们一道浸润迷人的书香，向着阳光那方，进发，再进发！

上有灵魂的课

原阳县第四完全小学　董小莉

好课是有灵魂的，上有灵魂的课是教学改革的初衷和永远的追求，有灵魂的卓越才是真正的卓越。做一个道德优美、学术纯粹、灵魂卓越的教师。我有幸拜读成尚荣先生的著作《上有灵魂的课》，这是一本献给民族未来的磅礴赞歌，是献给中国教师的心灵笔记，他作为一名资深的国家督学，教育学者，学养丰富，底蕴扎实，80岁高龄，一辈子研究小学课程，喜欢儿童文学，关注教育发展。"上有灵魂的课"，我很喜欢这一新颖别致的名字，渴望一读为快，期待能够取得灵魂真经。

一、教师能走多远，学生就能走多远

读了《上有灵魂的课》，思绪万千，使我更加深刻地理解到：教育的真理在于将知识转化为智慧，将文化积淀为人格，教师因读书铸就备课灵魂，便成为教育的永恒爱心、理想信念、社会良知以及社会责任心，这才是一个真正的教师不可或缺的灵魂。而淡泊名利、志存高远，铸就高尚师德，一名合格教师，应该以身示范，在思想上崇尚师德，在行为上体现师德，在师德中体现自我价值，实现崇高的教育目的。要关爱每一名学生，关心每一名学生的成长进步，以真情、真心、真诚教育去影响学生，努力成为学生的良师益友，成为学生安康成长的指导者和引路人，这就是师爱。基础教育课程改革正在深入，教学改革与发展面临着新的要求和挑战，作为新时代的教师，要转变观念，学科教学的根本宗旨应回到"育人"上去，把立德树人的根本任务落实在学科教学中，关心学生的全面发展，促进学生的心理健康。首先，教师应转变"成绩好才是优秀生"的错误观念。每一个人都各有各的长处，成绩差的学生不一定就没有他的闪光点。其次，要在充分了解每个学生已有发展水平的基础上，创设不同但适合于他们的水平的目标，使每一个学生能享受到成功后的喜悦，进一步增强学习的信心与勇气。除此之外，最重要的一点是，教师要尊重信任学生、关心热爱学生，能与学生建立起民主、平等的师生关系。师生之间互尊互敬、平等交流，同时能使教师清楚地了解到学生每个"细胞"的活动，有的放矢地进行工作，让校园成为学生健康成长、快乐学习的乐园。

二、点亮一盏心灯，塑造一颗心灵

成老在序言中很谦虚地说自己"晚熟、不成熟"，我很敏感地联系自身，原来是"知音"，年过40的我何尝不是"不成熟"？也许我也是"晚熟"，总觉得自己"长不大"。原来是我的心里一直住着一个儿童，有一颗童心，活泼泼的，有时会一下子蹦跳起来，不能自已。成老这样接纳晚熟，我也就释然了自己。

成老说："人的心灵首先要干净，灵魂才会美丽。"他还勉励自己做一个眼睛干净的人，做一个心底纯净的人。成老高度赞誉于漪老师，于漪老师说：

理想就在岗位上，信仰就在行动中。老师是教育工作者，一定要站得高、看得远、想得深。老师的"立足点"不能只在地上，如果只站在地上，视野是有限的。老师一定要有战略视野。

于漪老师的这段话让我震撼不已。我仔细地把它摘抄在本子上，铭记在心。教师的心灵应充溢着理想、信念，进而形成一种信仰，锻造有信仰的灵魂。灵魂超越了心智，引领着心智的发育，而灵魂应当用理想、信念、信仰来照耀。灵魂向着高尚而生长，生命为崇高而歌唱，精神为祖国而澎湃，这才是光明的、美好的、伟大的，这才是真正的成熟。让有信仰的人讲信仰，才是判断一个人根本的价值尺度。

把课堂还给学生，我国著名的教育家陶行知先生也说：

要想学生好学，必须先生好学。唯有学而不厌的先生才能教出学而不厌的学生。

在学生心目中，教师是社会的规范、道德的化身、人类的楷模。教师以自己的真诚去换取学生的真诚，以自己人性的美好去描绘学生人性的美好，以自己高尚的品德去培养学生高尚的品德。教师上好一堂语文课，可能从此就让学生爱上了语文，可能会播下一颗热爱文字的种子，也可能让学生的生命更成熟……无论如何，这节好课因而有了意义，有了价值，有了生命。这不仅仅是一节课，更是一个生命成长的密码，一颗充满生机的种子，一种神奇的力量，从此伴随学生茁壮成长。

有幸听过一些名师的公开课，最后总能听到评课教师掷地有声地说：这既是激发学生兴趣的课堂，也是生命在场的课堂，我们从学生发亮的眼睛、积极的参与，教师的游刃有余、会心的微笑中看到了一堂有灵魂的好课堂的样子。我也曾用心在网上学习观摩过王崧舟的"诗意语文"，潜心学习过王君的"青春语文"、孙双金的"情智语文"等，他们虽风格各异，但各美其美。一言以蔽之，上的都是"有灵魂的课堂"。我自己亦开始琢磨，怎样才能融会贯通，呈现有自己特色的"灵魂课堂"呢？"灵魂课堂"最大的特点是什么？

我想起曾看过的一部电影《食神》，男主角最终在食神大赛上用"黯然销魂叉烧饭"击败对手，重新夺回食神封号。评委们认为吃出了这碗普通叉烧饭中的悲伤、苦痛、情义和辛酸，不同凡响。两位食神用的都是极为普通的食材，均以做法而取胜，秘诀就在于这普通饭菜中蕴含着浓得化不开的情感。"情"之一字，重如千钧。无独有偶，我为家人做饭时，有时也曾笑谑：这可是一碗有灵魂的西红柿炒蛋啊。甚至，因为学生不爱吃蔬菜，我就挖空心思、别出心裁地为一些炒好的蔬菜取上诗意或有趣的名字，比如今天叫"春意盎然"，明天叫"绿野仙踪"，后天叫"彩云追月"，孩子的胃口因而被高高吊起，进餐时总是甘之如饴。这并非我做的菜味道有多么特别，实在是饱含了浓烈的母爱，或者因孩子对母亲的情感依赖，吃出了菜里亲情的味道。上课与做饭异曲同工，无非着眼于一个"情"字，情到深处，好课频出。

一般来说，教师为上一堂好课，所做的基础准备工作大同小异，无非是仔细研读教材，深究文本，备好学生，精巧设计，环环相扣，案例反思……为什么上出的课有高下之别，优劣之分？哪怕是同一个教师指导，或同一个教师上的不同的课也会不一样。我想，除了熟能生巧之外，就是"情"之境界的差别。你是真用心还是做样子，是真心爱学生还是叶公好龙。更多的时候，我们在一堂课中看到的是表演，是技巧，却没有关注"人"的活动，缺乏"生命的唤醒与激荡"的课堂。当然，上一堂有灵魂的课，必须有精湛的教学艺术，有丰富的内涵、精心的构思、巧妙的切入，但更要"眼中有人"，有浓浓的情感投入。若只展示技巧而缺乏真情投入，课堂设计再完美也了无生机，如同花瓶，美则美矣，毫无灵魂。那是缺少温度的作秀课堂，只有道与术完美结合，才能上出一堂"有灵魂的课"。教师的真情传递，学生自然能感受到，这样，师生一体，琴瑟唱和，好课油然而生。

希望在自己的教学中，多为学生上一些这样的好课，多播撒一些有助成长的雨露，挥洒出真正有价值有意义的教学生涯。

上有灵魂的课，做有灵魂的人，这是多么美好、多么诗意、多么浪漫的渴盼，作为教师应该为此努力修炼自己的灵魂境界。我要向成老学习，提升自己的品格，塑造自己的灵魂，把整个心灵献给儿童，献给教育的未来。

抓语文要素，寻最佳路径

信阳市平桥区外国语小学　付荣华

读了王崧舟教师的书《美其所美》，我很受启发，这本书既有理论指导，也有举例分析，读起来轻松，不是纯理论晦涩难懂，也不只是课例分析，既有方法提炼，也有实例解析。有时让人忍不住点头称是，有时让人拍手叫绝……我手不释卷，一口气读完。这本书给我的语文教学提供了新的视野，让我以一种研究的态度重新审视语文课堂，尤其是王教师在"创新课堂教学模式"这一讲中，提到教学线索的陌生化给我很多启发。例如，选取文中比较特别的点，然后就这个点来进行教学，就是一种陌生化的线索处理。教学线索是一条线，教学结构由这条线展开到面，由面展开再到篇。抓住线索了，就能牵一发而动全身，让语文教学模模糊糊一大片，转而成为清清楚楚一条线。师生更容易碰撞出课堂的思维火花。

一、抓单元主题，文以载道

统编版教材根据单元编写，每个单元会有主题和主题语，巧用单元主题，让它成为教学的线索，串起课堂始终。如六年级下册第五单元，以科学精神为主题组织单元，在教学《真理诞生于一百个问号之后》这篇课文时，课前让"每天精彩两分钟分享"的学生上台讲述课后链接——詹天佑的事迹，感受詹天佑的科学精神，听完故事后，让学生结合詹天佑的事迹，说说自己对科学精神有怎样的认识？学生都能认识到，科学精神需要精密计算、实地勘测、巧妙设计……在学完课文后，我再次抛出问题："学完这篇课文，你对单元主题'科学精神'又有了怎样的认识呢？"学生谈到了科学精神需要试验、质疑、发现，需要锲而不舍等，课前、课后两个问题引导学生对单元主题有了深入认识，更好地落实了语文学科的人文性。

二、扣课文题目，突破重点

课题是课文的文眼，理解课题是语文课堂的重要环节。我在教学《真理诞生于一百个问号之后》时，导入出示课题后，告诉学生这句话是作者的观点，对于这个观点，你是否确信呢？由于学生初次接触这句话，还是不够完全确信的。我及时表扬学生不迷信权威的精神，让他们读课题，读出自己的质疑来。第二次感知这句话，是在学习完文中列举的三个真实的事例后，让学生再回看作者的观点，你觉得他说的正确吗？你相信了这句话吗？再读这句话，读出你的相信来。第三次感受，是在补充类似的科学发现的事例后，同学们通过阅读，再次认识到这句话的确切。这样三读这句话，读出来自己的确信无疑。第四次再回看这个观点是在课堂结课时"通过这课的学习，我们知道了一个真理，请你把这个真理大声说出来"。这篇课文的课题就是作者的观点，也是文章的中心论点，理解了这句话，也就突破了重难点。

三、依课后问题，深入解读

课后问题往往是提纲挈领性的，是教学的抓手，运用得当可以起到事半功倍的效果。

如在学习五年级《圆明园的毁灭》时，课后第一题是这样的：默读课文，想想课文主要表达了怎样的情感；反复朗读，读出情感的变化。我就依据这一题设计教学思路，让它成为学习的抓手与线索，贯穿全程。

安排有这样六项活动：

第一项抓情感"变"，理层次。按照文章情感变化分出三个层次。第一部分就是第一自然段，表达对圆明园毁灭的痛心、痛惜之情；第二部分是第二、三、四自然段，表达对圆明园昔日辉煌的赞叹之情；第三部分为第五自然段，表达了对英法联军毁灭圆明园的痛恨之情。

第二项抓情感"叹"，悟辉煌。在写到圆明园昔日的辉煌时，作者的赞叹之情溢于言表。让学生读第二部分，在学习圆明园昔日辉煌时，你会赞叹什么？赞圆明园的结构恢宏，赞圆明园的建筑宏伟，赞圆明园的文物珍贵。通过画图感受圆明园结构上的众星拱月;通过填空,抓"有字句",感受圆明园的建筑宏伟和作者的文字处理;通过理解词语"上自……下至……"感受圆明园的文物珍贵。

第三项抓情感"恨",惜毁灭。通过抓住分号句式感受侵略军的破坏行径,抓侵略军的动作行为,感受他们的无耻行径与可恨行为,通过今昔图片、视频资料对比感受圆明园毁灭的痛惜之情。

第四项抓情感"变",习写法。抓问题"课文题目是圆明园的毁灭,作者为什么用那么多笔墨写圆明园昔日的辉煌?"通过对比,感受到情感变化更强烈,视觉对比更有冲击性,情感碰撞更有升华性,让人们对侵略军的无耻行径更痛恨,对毁灭的体会更深刻。

第五项抓情感"似",学链接。补充资料,了解中国近代史,感受民族屈辱,学习阅读链接,体会三首诗歌与《圆明园的毁灭》表达情感的相似之处,从而对接单元主题"爱国之情",说一说他们分别是怎样表达爱国之情的?

第六项抓情感"耻",明责任。这一段段历史就如同身体上的伤疤,为什么要把它掀开给你们看呢?通过学生的回答,总结"勿忘国耻,振兴中华,是我们每一个中国人的责任"。

四、借文中插图,激发兴趣

教材在选编时,除了有文字内容,大多还有图画信息,这些插图也是教学的突破口,能够提高学生的学习兴趣,成为教学的捷径。六年级《那个星期天》中有一幅插图是第四自然段内容的情景图,如何用这幅图更好地突破教学重难点呢?我就"四用插图":一看情景图。找出文中相对应的文字,图文对照读一读。二看图片读出心情。议一议,从作者的这些行为中,你能感受到他此时怎样的心情?能从图片或文字的细节中体会到这种心情吗?看图片,读出心情。三悟插图总结写法。作者在这段是为了表达"等待的时光不好挨"这种心情,从图片可以看到他在做各种事情,而直接表达心情的信息却不多,你对这种表达有什么看法,又有什么收获呢?四配插图写心情。创设一个情境,围绕一种主题性心情,画出连续性行为,然后根据情景图写一段话,写出连续性行为,表达出一定的心情。

五、补背景资料，入情入境

背景资料是学习课文、深入理解内容的一大补充，只有让学生入情入境地走进文本，才能更好地与作者、编者对话，才能真正感受到文字的妙处、主题的含义。在教学五年级《少年中国说》（节选）时，就四次利用梁启超先生创作这篇文章的背景。第一次是在导课时质疑，少年中国是什么意思呢？怎么会有这种说法呢？顺势引出写作背景，梁启超先生写这篇文章是为了反驳帝国主义"老大帝国"和卖国求荣者"外国入侵者不要三日就能侵占中国"的谬论。第二次是在学完第一自然段后，让学生思考：你觉得这一段话最适宜送给谁？引导学生感受到这段话最适合送给卖国求荣者，让他们警醒和振作。接着安排情境演讲：你就是那个时代的新青年，面对着这些无知愚昧者，你当众发表演讲，告诉他们这个道理（提要求，可以诵读原文，也可以变成自己的理解演讲出来）。第三次是在学完第二自然段后，教师引导：很明显，这一段话是为了驳斥外国侵略者"老大帝国"这一言论的，这些象征事物让他们看到我们少年中国的蓬勃之势和强大的生命力。就请你们读出来，读出少年中国的气势，展现出中国少年的风貌。第四次是在学习第三自然段的时候，出示中国发展现状资料，让学生感受到少年中国强大的事实，此时，你想对梁启超先生说点什么，你想对卖国求荣者、帝国侵略者说点什么？再读第三自然段，你会有怎样的情感？（有绝对的自信，有强大的豪气）

精妙的教学处理就是一种教学艺术，需要永无止境的追求与探索，我跟着王崧舟教师走上这条路，开启了寻找最佳教学路径的行程。

最好的教育是学生自主成长

濮阳市实验小学 尚淑丽

2021年暑假前，我们中原名师李桂荣小学语文工作室推荐了徐艳霞的书《孩子，你自己来——低年级学生自主教育策略探究》，这是对于一线教师在教育教学很实用的、很接地气的一本书，读后收获了许多教育妙招。

这本书一共有六个篇章，分别是自我教育、自主管理、自主服务、自主学习、自主选择、主题活动。徐老师通过这六个方面向我们阐释了自主教育的内涵，自主教育是唤醒学生强烈的主体意识，充分发挥学生的主体作用，让学生成为教育的主体。自我教育是形成良好习惯、含蕴修养的途径。

有人说，习惯形成性格，性格决定命运。良好的习惯需要从小培养，发现每一个优秀学生都有着良好的学习习惯。自主教育就是在培养学生良好的学习习惯。

徐老师从教育教学生活中的案例、教育叙事娓娓道来，让我们看到了一个善于发现、善于思考、有教育智慧的教师。从她身上我们学到的不仅仅是教育妙招，更有她浓浓的教育情怀。字里行间透露出她对学生发自内心的尊重，她相信每一个孩子都是一朵花，只是花期不同；她相信每一个孩子都能自己来，能成为最好的自己。从她的身上我们读懂了她对教育的那份执着。

她是怎样让学生自主成长的呢？我阅读着、梳理着、学习着一个个妙招。

在自我教育方面，可以引导没有时间观念的学生，准备一个小闹钟，制定一份亲子实践作业作息表；对于总是忘戴红领巾的学生，可以每天照照镜子再出门；帮助学生私人定制心愿卡，激发学生内在的成长力；设计"尖尖小荷"家长督查表，让优秀品行在家中延续；进行"谁的房间最有书香味"评比活动，让更多的孩子走进阅读的世界，体验读书的快乐。

在自主管理方面，班主任的工作最辛苦。徐老师说，如果班级自主管理，放手给学生，做到视线之内、五米之外，扮演"牧羊人"，才是班主任的最佳角色。可以量身为每个学生设一个"长"，人人扛担子；班级公约由大家来定，公正公信；开展班会"变形记"，学生唱主角；人人当主持，展示自信心；学校运动会，全民总动员。

自主服务方面的活动也是智慧多多，比如，"静音"语文课，我的拿手菜；隔三岔五洗刷刷，"弯腰"最美。

掌握学习方法，永远比学多少知识重要，有了方法，才能自主学习，其中"学习三件宝、快乐复习方法多、长满果实的书签树"等，都值得借鉴。

还可以多种形式引导学生反思自我，如"我是歌谣王"用唱响歌谣进行自我教育；"爸妈开讲"根据职业讲有关知识，拓宽学生视野等。

这本书真是多智慧，慢慢回味，收获满满。愿我的学生都能自主快乐地成长。

刻意练习，向善向上

河南省实验小学　王　峥

2022年，和努力上进的人在一起，也许会很辛苦，但你终究会发现，靠近正能量的人，自己也会在不知不觉中变得上进。

读《刻意练习：如何从新手到大师》这本书是在一年前，不知不觉中已经反复翻看了三遍。作者安德斯·艾利克森博士，是美国佛罗里达州立大学心理学教授，康拉迪杰出学者，"刻意练习"法则研创者。他专注于研究体育、音乐、国际象棋、医学、军事等不同领域中的杰出人物如何获得杰出表现，以及"刻意练习"法则在其中的作用。作者研究发现：杰出并非一种天赋，而是一种人人都可以学习的技巧，成为杰出人物的关键，在于刻意练习。成功需要刻苦，但真正的成就天才之道——刻意练习，又并不等同于刻苦。刻意练习，与其他类型的练习有两个方面存在着差别。一是需要一个已经得到合理发展的行业或领域，也就是说，在那一个行业或领域之中，最杰出的从业者已达到了一定程度的表现水平，使他们与其他刚刚进入该行业或领域的人们明显地区分开来。二是刻意练习需要一个能够布置练习作业的导师，以帮助学生提高他的水平，导师自身必须已经达到一定的水平，并且可以传授有益的练习方法。

一、刻意练习需保持动机

保持动机涉及两个组成部分：继续前行的理由和停下脚步的理由。你不再做自己当初想做的事情，是因为停下脚步的理由最终战胜了继续前行的理由。我们总有100个借口停止前进的脚步。因此我们保持动机就要做到：要么强化继续前行的理由，要么弱化停下脚步的理由。

二、书法中的刻意练习

结合我本人在学习书法的这条道路上,就用上了刻意练习,因为在这个刻意练习里,具备两个特点:第一,在书法领域里,从古至今,太多的书法家已经把篆隶草行楷五大书体写到极致,王羲之天下第一行书《兰亭序》,第二行书颜真卿的《祭侄文稿》,第三行书苏轼的《黄州寒食诗帖》,有古法碑帖,有大师们的真迹流传,有评判书法水平的标准。第二,书法艺术这条路上有太多德艺双馨的书法家可以作为我的导师。所以,我经过10年的书法刻意练习,参展获奖30多次,成为河南省书法家协会会员,被评为全国书法教育名师,河南省硬笔书协金牌书法教师。

无论选择哪一种练习,一旦你已经练习了一段时间,并且可以看到结果了,这种技能本身就可以成为你动机的一部分。为自己所做的事情感到骄傲,从朋友对你的称赞中感到了愉悦,你就开始自信并且保持积极向上的动机了。

三、成为杰出人物,必须经过刻意练习,还要遵循路线图

第一阶段产生兴趣。

第二阶段变得认真。

第三阶段全力投入。

第四阶段开拓创新。

遵循以上四个阶段的路线图,经过一段时间的刻意练习,一定会有不同收获。

四、刻意练习金句,脚踏实地地践行,增效增值

(1)生性懒惰的我们总在寻找借口,试图回避练习。

(2)不论在什么行业或领域,提高表现与水平的最有效方法,全都遵循一系列普遍原则。我们把这种通用的方法命名为"刻意练习"。

(3)对于任何类型的练习,这是一条基本的真理:如果你从来不迫使自己走出舒适区,便永远无法进步。

(4)如果你没有进步,不是因为你缺少天赋,而是因为你没有用正确的方法练习。

(5)心理表征的一个重要好处在于,可以帮助我们处理信息。

(6)刻意练习也是一种有目的的练习,而且知道该朝什么方向发展,以及

怎样去达到目标。

（7）最杰出的人是那些在各种有目的的练习中花了最多时间的人。

（8）不论什么时候，只要有可能，最佳的方法几乎总是找一位优秀的教练或导师。

（9）在任何一个有着悠久历史的行业或领域，要想成就一番事业，致力于变成业内的杰出人物，需要付出许多年艰苦卓绝的努力。

（10）你可以坚持，坚持，再坚持。使你自己变得卓越，卓越，更卓越。你的进步有多大，取决于你自己。

（11）保证充足的睡眠并保持健康，使你更容易保持专注。

（12）限制练习的时间使你保持高度的专注。

（13）尽管父母和导师可以采用许多方法来激励孩子，但动机必须来自孩子的内心，否则是不会长久的。

（14）从长远来看，占上风的人是那些练习更勤奋的人，而不是那些一开始在智商或其他方面稍有优势的人。

（15）你要保持动机，要么强化继续前行的理由，要么弱化停下的理由。

（16）杰出能力是大量的练习与培训的结果。

（17）刻意练习是专门用于帮助人们变成他们行业或领域中的世界最杰出人物。

（18）杰出人物，通过年复一年的刻意练习，在漫长而艰苦的过程中一步一步改进，终于练就了他们杰出的能力，没有捷径可走。

五、刻意练习，要成为练习人

所谓的"练习人"是反映人在一生之中，能够通过练习来掌握自己的命运，使得人生充满各种可能，将来的社会，大部分的人除了不断学习新的技能之外，别无选择，因此，我们需要从现在开始改变，提高对刻意练习的正确认识。对已经在职场世界中打拼的成年人来说，我们需要开发更好的训练方法，以刻意练习的原则为基础，并着眼于创建更有效的心理表征。如果是个正常人的话，每个人都可以掌控自己的潜力。

再次强调，从现在开始，全方位增值自己。减少拖延，立刻去做，让自己少一点焦虑，多一点自律。脚踏实地，定下目标，给未来的生活加一点甜。

爱如空气

滑县教育局教学研究室　侯建华

"师德的灵魂是师爱，但爱，必须以尊重为前提"，我一直很认同这句话。走进《罗恩老师的奇迹教育》，在克拉克学校，看不到任何体制化的刻板教条的框框，相反，平等、尊重及信任这样的元素如此自然地流动于教师和学生、学生和学生之间，像空气一样无处不在。

一、为孩子营造激情课堂

罗恩老师让学生用彩色粉笔在人行道上计算代数题，他布置"不可能完成的任务"，让他们尝试用60秒或更短的时间解出这些挑战性难题，而且还通过使用足球、食品，以及更多的歌曲来使课堂变得有趣。开始的每堂课，如果学生不能尽力而为地解决黑板上的难题，他会给每个孩子一只气球和魔力记号笔，让他们在气球上解题。60秒之后，解出正确答案的学生就可以坐在气球上并把它压破。他用了很多诸如此类的妙招，来使课堂活力四射并气氛高涨。为了使课堂有趣，整整一年的时间，罗恩老师都致力于寻找使课程有趣的方法。方法之多，用时之长，用心之良苦，非一般人所能达到。我们常说学生在课堂上不配合，达不到要求等，总习惯于把问题的存在归结为学生，但罗恩老师却总从自己的课堂找根源，为了使学生能够感到有趣，能够乐学，愿意挑战，罗恩一直不停地改变自己的教学方式，追求有趣的激情课堂，他完全为着学生快乐学习而努力。"我发现当我不把自己看成老师的时候，我的课堂就真正成为一个激动人心的学习场所。"站在孩子一边，就是给予孩子最好的爱！是否与孩子们一致，是孩子们是否快乐与幸福的重要标志！

二、相信孩子，呵护梦想

他愿做瓜，就引导他努力做个上乘的瓜，没必要非让他长成豆；他愿做大树，就鼓励他参天，一半在土里安详，一半在风里飞扬；他愿做花，就坚信他必然百般红紫斗芳菲！让孩子相信自己，别摧毁他们的梦想。

罗恩老师，从孩子出发，呵护孩子的每一个祈求与希望，哪怕一个如小草般苍翠的梦，罗恩都会以自身的力量，帮助孩子为自己的理想而努力！罗恩老师说："我很喜欢听学生跟我说，他要成为美国总统，因为我已经能够想象到他们中的某一个会在将来的某一天梦想成真。"罗恩还说："当然，我知道，任何一个学生将来当上总统的可能性都微乎其微，但这并不重要，重要的是我们要看到孩子们身上蕴藏的潜力。"罗恩老师遵循孩子的需求，呵护孩子的梦想，帮助一个骨瘦如柴的西塔，一个看上去甚至提不起5斤土豆的孩子，实现了自己儿时的梦想，最终获得篮球奖学金进入大学！孩子们的快乐与激情，都来源于罗恩老师的教育理念。他用他的全部激情为教育事业服务，为孩子的未来指路，他爱孩子，从不放弃任何一个，他把他的爱建立在孩子的需求之上，流淌在对孩子的无限尊重里。

像罗恩老师那样爱孩子，是我最愿意努力做到的事。让爱如空气一般，在我们营造的爱的天空下能自由地呼吸！教师要像罗恩那样走进孩子的生活，用心聆听孩子的心声，对他们充满期望，营造激情的课堂，和他们一起创造教育的奇迹。

阅读，最好的备课

濮阳市实验小学　王晓葵

教师工作最大的特点之一就是，忙！在日常生活中，稍一留心，我们就会发现相当多的教师忙忙碌碌，从早晨上班一直忙到下午下班，从一开学忙到学期结束，从满头黑发忙成两鬓斑白。一天又一天，一年又一年，一辈子过去了，最后留下了感叹与追问：时间都去哪儿了？其实，教师完全可以把忙碌、琐碎的时间交给阅读，让自己的教育教学生命更加富有内涵和诗意。因为，阅读，是最好的备课。

一、阅读使教学理论更加系统化、专业化

作为教师，经常阅读的东西不外乎三种：一是教育教学理论；二是报纸杂志；三是文学作品。不论阅读什么，都可以丰富内涵。尤其是教育教学理论的学习，可以让教师的教育思维更加系统化、专业化，避免陷入琐碎与杂乱之中，工作起来事半功倍。这里的阅读，不是完成"学习任务"，而是一种享受，是从"阅读"到"悦读"的升华，真正帮助教师养成良好的阅读习惯。教师爱上阅读，有了悦读的亲身体验，就会在不知不觉中帮助学生寻找和发现阅读的乐趣，让学生也感受到读书是一件美好的事情。

二、阅读借鉴别人的经验教训

一个读书人，总要留一段清净的时间安安静静地阅读。假期，也许就是最好的时间。因为平时，我们的生活节奏太过紧张，订阅的杂志往往读得断断续续。比如，寒假里，我静下心来，用最清醒的大脑阅读久违的《教育时报》

《小学语文教师》《德育报》等报刊杂志，遇到和工作紧密结合的内容就摘录下来，并批注上自己的反思与感悟。读着一个个生动、翔实的教学案例、教育随笔，发现它们均是从教学实际出发，结合了笔者的实践、收获和感悟，既有对教育理念的认识，又有自我反思的提高，令人仿佛置身于课堂教学之中。再次阅读自己摘录下来的一段段文字，想到平时工作中的苦思冥想，想到自己备课时的困惑，不由得再次感慨：如果早点读到它们，该有多好，这样我就可以少走多少弯路，提高多少工作效率。此外，拜读名师著作，可以让平时困惑的问题找到答案，为自己正确的做法找到理论支撑，从而形成自己独特的教育教学艺术。

三、阅读可以碰撞出新的思路

读书时，不仅要读懂字面的意思，而且要读出文字背后的声音，然后进行反思，碰撞教育思想激发灵感，让碰撞产生热能，碰撞生发出新时代教育前行的力量。教育磁场的碰撞，可以激起教师创新的热情，启迪创新思维，激励创新勇气，坚定创新的决心，促进对于未来教育发展方向的思考。与教育家的碰撞，定能激活教育思维，坚守在教育中"不忘本来，吸收外来，面向未来"的原则，突破闭门办教育的"藩篱"，带着自信，扬帆再出发。

阅读是一种自觉、一种习惯，更是一种最好的备课方式。要坚定地走在阅读的路上，演绎出属于自己的、有温度的教育故事。

为什么要多读"无用"的书?

濮阳市实验小学　李桂荣

"无用",是相对于人们意识上的"有用"来说的,有时候也并不像人们认为的那样。正像《水浒传》里的军师"吴用"(谐音"无用"),他真的是无用的吗?大家都知道他是一位智多星。当然这名字的由来施耐庵是特有其用意的。所以,有时候,看似无用其中蕴含着大用,只是在短时间内没有显现出来,或者不到一定的时候就看不出来。这就是一个辩证的问题,凡事要一分为二来看待,因为只要它能一直存在着,就自有其存在的道理。正所谓,看似无用,实则有用,所以,无用即有用。

读书也是一样的,"书到用时方恨少",在用到的时候就是此时此刻,在固定的时间、固定的地点。比如,正写的一篇文章里要用到谁谁的哪一句名言,可遗憾的是只想起个大概,而确定不了原句。如果平日里的那时那刻读那"无用"的书多一些,岂不是张口就来的吗?其实,这也正说明一个人的观念意识问题,不能"有一说一",而要"有百用一",所以,任何时候都要把眼光放长远些。

"无用"的书,是人们一般认为的对学习成绩考试方面用不上或者暂时没帮助的书。我想,这也有相对于教科书来说的文学的、散文的、纪实的、传记的、小说的等课外书中边沿的一部分,比如科幻类、插花园艺类比较远一些的。这些书看似无用,其实真的没有用吗?也不尽然。所谓的无用其实都是暂时的,总有其发挥作用的时候,所以要博览群书。

为什么要多读无用的书呢?我国教育体制一直在改革的路上,像所有国家都会存在需要改进的地方一样,我们也有自己的弊端。比如,对待孩子的学习与读书方面存在急功近利的思想，目光短浅，认为考试的才去学习，考试用得上的书才去读，认为考试的书籍才是于学生有用的，所以，教辅资料一摞又一摞，学校与家长达成共识，这两股力量对于学生都起着决定作用。而从一个人的长远发展来看，就难免有些狭隘，所读的就更加有限。手脚被束缚，思维被限制，就不会生发创造火花，人也就没有灵性，所以，越是这样，越要反其道而行之。

而且，大量的课外阅读本身也是作为语文教学的一个组成部分，在开阔视野、丰富语言积累、发展思维、健康个性等方面都有极其重要的作用。吕叔湘先生曾说，回忆他自己的学习过程，得之于老师课堂上占得少，得之于自己课外阅读占得多，回想自己的，大概是三七开，也就是说，70%得之于课外阅读。课外阅读对于语文课来说，绝不是可有可无的。

朱永新教授说既爱读教科书又爱读课外书的孩子，必然发展潜力巨大，很有道理。尤其在小学阶段是阅读力、学习力的基础，这五六年的时间里，什么都没有以"海量阅读"极大提高阅读能力更为重要。若孩子把大量时间都投到学校课本和大量作业里了，那这孩子的天赋聪明就容易被饿死。只有博览群书、海量阅读古今中外名著经典，广泛涉猎百科知识，才能不断成长孩子智慧，形成强大发展力。所以，要让孩子在读书这件事情上多浪费一些时间。反过来看，虽然是有用的书，学生读不进去又能怎么样呢？说到底，不如先从虽然看起来无用但是孩子很喜欢的书读起，读着读着有了感觉，自然会对教科书感兴趣，以至兴趣会越来越广泛，阅读量会越来越大，这也是一个良性的循环。

那么，怎么去读呢？当然，要处理好学习功课与读课外书这两者的关系。孩子上学之后，家长的压力马上增大，孩子成绩的好坏牵动着父母的心，这个时候，许多家长只让孩子读课内的书，不再让孩子读课外的书。有的家长，孩子成绩好，就不反对；孩子的成绩一般，或者不好时，就不让孩子看课外书，理由是，孩子课内的书还没有学好，哪还有时间读课外书呢？其实不然。孩子看的书只要是健康的，家长大可不必去过多干涉，爱读课外书的孩子，考试成绩未必差，因为知识面宽阔了，可能后劲就会大；不爱读课外书的孩子，学习成绩也不一定优秀，因为知识面越来越窄，后劲就严重不足，即使成绩优秀也只是一时较高而已。特别是进入中学、大学阶段之后，成绩好坏就不再取决于教科书，而是取决于自学能力、独立判断能力，从而形成自己的观点。在小学阶段，写作文的能力也和课外阅读的多少有密切关系。多读课外书还可以开阔思路，提高发散思维、逆向思维的能力，有助于孩子智力的发展。但是也应注意到以下几点：课外书内容要健康、有益，适合少年儿童阅读；以课内内容为主，不能主次颠倒；有备而学，读完之后，让孩子说出收获，指导孩子做读书笔记；节假日多看，期中期末考试复习时间少看。

在现代的社会，孩子要见闻广、有智慧、有创意、懂得借力，这就要从种类繁多宽泛的书籍中获得别人的长处来助力自己成功。当然，随着孩子年龄的增长，会逐渐发现读书的益处远不止这些。读书能让我们遇见有趣的灵魂，从而让我们变成一个有趣的人。

写本文的这一天是2021年4月23日，世界读书日。人们总是在这一天去唤起读书的热望，微信里转的文章谈的话题都是关于读书的。读看似无用实则有用的书，其实，作为一个读书人，不能是"碰巧"去读书。对于爱读书的人，哪天都是读书日，属于自己的读书日。

我曾读到这样一句话：

读书是最低成本的社交，书架添了罗素，家里就有了罗素；书架添了庄子，家里有就了庄子；书架添了鲁迅，家里就有了鲁迅；书架添了胡适，家里就有了胡适。

读书也是最优质的社交，把人的社交圈扩展时空，可以和过往雄杰秉烛夜谈，把他们的知识变成自己的见识，把他们的经验变成自己的经验，让我们犹如站在巨人的肩膀上，得以看得更高更远。数学家巴罗说，读书的乐趣在于能结交好多比我们高明的人，指引我们走向广阔的人生。

只要读，总会获得欣喜，读无用的书，也是很有趣的事，久之，能使自己成为有趣的人。

第九辑

阅读，
为了更好地选择

——李桂荣名师工作室读书交流活动掠影

"茶亦醉人何必酒，书能香我不需花。"手捧一本书静静读，慢慢品，其中乐趣唯有读者才知。但"独学而无友，则孤陋而寡闻"。当"你有一个思想，我有一个思想，彼此交换，每个人就有了两个思想，甚至多于两个思想"时，读书的意义才更加凸显。交流，不管是旗帜鲜明的观点，还是尚存疑虑的质疑；不管是谦虚的抛砖引玉，还是认真的观点剖析；不管是充分准备的长篇大论，还是仔细思考的简明扼要，都能给人启发和灵感。交流的过程，是思维的撞击，碰出的是智慧的火花，如堵塞的河流被疏通，感悟亦越深。

努力做一个学生喜欢的老师

——《做一个学生喜欢的老师——我的为师之道》读书交流会

濮阳市实验小学　尚淑丽

水韵潺潺，书香幽幽，2018年最后一次相约中原名师李桂荣工作室，共享美好的读书时光。

这次我们共读了于永正老师的《做一个学生喜欢的老师——我的为师之道》，这本书是于老师的"封笔之作"。书中，于老师对自己50多年的教育生涯进行了总结，这是一位中国教育家集数十年功力撰写的"一线教育学"。工作室的每一位教师从不同的篇章、不同的角度，结合自己的教学实践，畅谈了阅读收获。

第一章　做"甘草"

于老师在开篇第一章把学生之所以喜欢他的原因和中药甘草的四大特性做了比照——性温、味甘、包容、调和。他认为，做甘草，就是做个好人，做个温和的人，做个宽容的、善解人意的、善待学生的人，做个动脑子的人、有智慧的人。处理教育、教学中的问题，都要思而后行，做到"不过"，也"无不及"，让学生健康地、全面地、和谐地发展。

——李玉萍

第二章　让每个学生都感到我喜欢他

读完此章，我深深感受到了于老师对学生的至情至爱。于老师在文中写道："每接一个班，总有自己不喜欢的学生。但我会尊重他，不会冷落他、漠视他。"每个学生都很在意教师对他的态度，内心深处都渴望老师喜欢他，

"你能行""我相信你""你的潜能很大"这些只要动动嘴的"举手之劳"也是表达对学生关爱的一种方式。多一些微笑,多一些赞美,教育将会是一种别样的境界。

——唐瑞锦

第三章 是师非师,是课非课

在于老师的课堂上,学生个性张扬,智慧的火花不时迸发,原因在于于老师始终保持有一颗未泯的童心,在他的课堂上,他自己"似师非师",他的课"是课非课"。不像老师的老师要具有儿童的天真、稚气、善良、活泼、好奇乃至于"调皮",也就是老师身上要有点孩子气。不像课的课要像游戏,儿童的课堂应该是游戏化的、活动化的、情趣化的课堂,要动静结合。始终不能忘记,我们是在给儿童上课,是引领儿童学语文,采取的教学方式要力求和学生的生活方式相似。

——宋彦菊

第四章 童心不泯

"学生在课堂上出现不好好听课,捣乱调皮时,教师不应该一味地批评学生,应该多反思自己,反思自己的课堂为什么不吸引学生,学生为什么不喜欢。"于老师的这种反思令我感动。于是,我更注意自己课堂的改变,努力把课堂变成孩子喜欢的地方,激发孩子学习的乐趣。小游戏的介入,体育活动的引进,舞蹈动作的开火车,小组合作的团结互助等很多学生喜欢的事情走进了我现在的课堂,感觉学生盼望上课的欲望在增强,窃喜!

——王 利

第五章 行无言之教

于永正老师一直在用自己的亲身实践告诉大家:身教重于言教。教育有"说服"和"看服",前者是有声语言,后者是无声语言,即"事实语言""行为语言"。研究表明,人接受外界事物主要靠视觉和听觉,视觉占83%,听觉占11%。空洞的说教使得教育变成了"叫育"。教师的一言一行,在学生的心中会潜移默化,会产生一种巨大的影响力。小学教师在学生心目中有着崇高的地位,教师的言谈举止都在有意无意地影响着学生;教师的语言是有声的行动,教师的行为是无声的语言;教师的语言应当令学生信服,教师的行动应当令学生佩服。一个人如果口里说得好听,实际行动跟不上,甚至说的是一套，做的是另一套，就谈不上有好的品德。教师要以自己的言行、思想作风、待人接物的态度，给学生做出表率，潜移默化，影响学生养成良好的行为习惯，这同样体现了身教重于言教的道理。作为教育工作者，我们要把"做学问"与"做人"统一起来，在各方面给学生做出榜样，做出表率，以自己的模范言行来影响和感染学生。

——支俊花

第六章 激 励

于永正老师说，如果说教育的第一个名字叫"影响"，那么，它的第二个名字便叫"激励"。可见激励在教育中的重要作用。于老师说激励要讲究五大原则：针对性原则、实指性原则、引领性原则、及时与重复性原则、鼓动性原则。于老师常用语言激励，并坚信奖状和奖品具有巨大的激励力量。我也有同样的感受。

——孙利革

第七章 把课上得有意思（上）

于老师认为，教师最重要的"看家本领"就是把课上好，有了这个"看家本领"，让学生不喜欢教师——难。这一章，主要说"阅读教学"，怎么样教才有意思呢？于老师从四个方面给出了他的建议：第一，教出"恍然大悟"来，有意思；第二，朗读好了，有意思；第三，轻松课堂有意思；第四，学有所获，有意思。

"恍然大悟"来自他在阅读教学、词语教学、写字教学中，不仅告诉孩子答案，更要知其所以然，这样教，学生就会有悟性、有灵性，不至于把学生教"死"，教傻。随后是朗读，要走进课文情感深处，语气自然，把握课文的朗读节奏，才能感动学生，让学生感到有意思。于老师的轻松，来自他的"举重若轻"，备课备足学情，深入浅出；轻松来自游戏，考虑到儿童的"期待视野"，他的课堂是用心设计的"游戏化"的课堂；轻松来自教师的幽默，很多时候，我们最缺的一大优点。于教师一直是带着使命感和责任感教书的，他追求的不是"教过了""教对了"而是"教会了"，语文教育得给学生留下语言，留下能力，留下情感，留下兴趣和习惯，学有所获，才能让学生感到上课有意思。

——司培宁

第八章　把课上得有意思（下）

于永正老师的作文课上得比阅读课更有意思。于老师说："我真的从来没有为写作素材发愁过。为什么？因为我有素材意识。有了这种意识，就会为自己、为学生发现取之不尽、用之不竭的写作素材。"

他总是为学生选择，提供他们喜欢的、容易写的素材，他还把作文教学融于综合性实践活动中，写保证书，转述通知；参观果园，为苹果写"说明"，练习讲解；写"海报"，继续练习讲解；写"照片说明"和报道……学生在这一系列的有趣的活动中，学会了表达，同时在无痕中渗透了不同应用文的写法。他说，所有的说写都是活动的一个有机组成部分，说与写都是活动的需要，不是为说而说，为写而写。

"需要是个性积极性的源泉。"因为于老师活动中的说与写都是活动的需要，所以学生的积极性不言而喻。

——尚淑丽

第九章　明天的风景

初次看到《做一个学生喜欢的老师——我的为师之道》这本书时，就被它的题目吸引住了。就像网上流行的一句话："生活还有明天和远方。"有了目标，有了追求才会有前进的动力。于老师最初想当一名画家，随着年龄的增长，有了新的目标，一直钟爱于成为一名作家，便不断地阅读、写作，这也为他能够成为如此著名的教师，打下了结实的铺垫。其实在追求着远处的风景时，享受着当下，心无旁骛地走好眼前的每一步，美景便会在不知不觉中来到你面前，你也会到达自己的理想彼岸。

在今后的教学旅途中，我也会不断给自己设立一个个小目标，脚踏实地地朝着明亮那方努力前行！

——闫昱臻

第十章　还有话说

于永正老师是一位和蔼可亲的令人尊敬的教师。于老师的简洁、朴素、明快、流畅、幽默的话语风格给我留下了深刻的印象。读他的文字你能深切地感受到，一位和善的老人对于文字的那份敬畏，他的文字里真正彰显着生命的张力。于老师强调做教师的应该成为"文化人"。正如陶继新所说："文化就是以文化人，经典的文化如果内化到我们个体的心里，外化出来就是一道绚丽的风景。""因为经典文化可以改变我们的说话方式、思维方式,甚至是言谈举止,以至于心灵状态。"也就是说,以文化人就是把知识转化为人文素养,把理论转化为行为,即"学以致用"。做教师就要会把别人的理念、经验转化为自己的教学行为,这说的就是一个重要的"化"字。于老师在述说时,总是强调理念思想的出处,是引用了大家们的话,但我分明感觉到,那已经是化入他的内心,成了他自己的行为。于永正,一位令人敬仰的好老师!

——李桂荣

一个多小时的读书时光真是享受,与书为伴,我们的课堂必将充满智慧,我们的教育必将一路书香,我们的生命必将更加厚重深沉。

2018读书会,再见!

2019我们再次相约!

假日里，与书共舞
——《为什么读经典》读书交流会

濮阳市实验小学　王　利

2021年暑期，中原名师李桂荣小学语文工作室全体成员共读书目《为什么读经典》。

这本书是意大利作家卡尔维诺的作品，是他在生命的不同阶段，对认为意义最重大的经典的作家、诗人与科学家所写的评论文章。

卡尔维诺为教师提出了经典的定义，准确而又朴实：经典作品是那些你经常听人家说"我正在重读"的书；经典作品是这样一些书，它们对读过并喜爱它们的人构成一种宝贵的经验，但是对那些保留这个机会，等到享受它们的最佳状态来临时阅读它们的人，它们仍然是一种丰富的经验；经典作品是一些产生某种特殊影响的书，它们要么本身以难忘给我们的想象力打下印记，要么乔装成个人或集体的无意识隐藏在深层记忆中；一部经典作品是一本每次重读都像初读那样带来发现的书；一部经典作品是一本即使我们初读也好像是在重温的书；一部经典作品是一本永不会耗尽它要向读者说的一切东西的书；经典作品是这样一些书，它们带着先前解释的气息走向我们，背后拖着它们经过文化或多种文化时留下的足迹；一部经典作品是这样一部作品，它不断在它的周围制造批评话语的尘云，却也总是把那些微粒抖掉；经典作品是这样一些书，我们越是道听途说，以为我们懂了，当我们实际读它们，我们就越是觉得它们独特、意想不到和新颖；一部经典作品是这样一个名称，它用于形容任何一本表现整个宇宙的书，一本与古代护身符不相上下的书；一部经典作品是这样一本书，它使你不能对它保持不闻不问，它帮助你在与它的关系中甚至在反对它的过程中确立你自己；一部经典作品是一部早于其他经典作品的作品，但是那些先读过其他经典作品的人，一下子就认出它在众多经典作品的系谱中的位置；一部经典作品是这样一部作品，它把现在的噪音调成一种背景轻音，而这种背景轻音对经典作品的存在是不可或缺的；一部经典作品是这样一部作品，哪怕与它格格不入的现在占统治地位，它也坚持至少成为一种背景噪音。卡尔维诺对经典的解读令我们敬仰。

交流会上，工作室老师纷纷发言，表达自己阅读这本书的思考和感悟。

卡尔维诺在阅读色诺芬的《长征记》时，极似观看一部时不时在电视或录像上重播的老战争纪录片，从一个视觉场面快速转换到另一个视觉场面，又从视觉场面转换到一则轶闻，再从轶闻转换到对异国风俗的描写，这种写法更大方更果断。卡尔维诺认为色诺芬不是那种被史诗的英雄风格吸引，或对这种处境下的黑暗面和丑恶面感兴趣的作家。书中的记叙，既有最高指挥部的官方声明，也有色诺芬对士兵或外国大使的讲话，可以说色诺芬是描写动作的作家典范。

——李玉萍

卡尔维诺在谈论奥维德的《变形记》时，他说故事最生动的部分是法厄同驾车横越悬垂在虚空之上的天空这个段落，接下来是对于燃烧的地球所做的令人叹为观止的描写：沸腾的海水里满是海豹的尸体，它们四脚朝天地漂浮在海面上。这是奥维德这位诗人对大灾难所做的经典描述之一。他不断为图像增添细节，因而获得稀薄与暂停的效果。

——宋彦菊

卡尔维诺为了纯粹的阅读乐趣，会拿起普林尼的《自然史》来看，他看普林尼的作品是为了向他请教，一方面找出古人对某个特定的主题所指的事，或自以为知道的事；另一方面是为了设法找出奇怪的事实与稀奇的东西。就后面这一点卡尔维诺说不能错过第一卷，这是整部作品的索引，它的魅力来自不可预测的组合。卡尔维诺说普林尼这位作者值得我们延伸阅读，因为他欣赏存在的一切事物，而且尊敬所有现象无尽的多样性，这使他的散文获得一种从容和安详。

——尚淑丽

我记得在谈《纳扎米的七公主》时，卡尔维诺开篇的这段话：一个人若是属于一夫多妻的文化,而非一夫一妻的文化,事情当然会变得不同。至少在叙事结构上,这一点开启了对西方来说很陌生的无数可能性。这本书里的七则故事充满了令人惊奇的事件,就像《天方夜谭》一样,不过每则故事都有一个道德性的结论,因此新婚皇帝的每周循环便是在演练这些美德,这些人性美德等同于宇宙的特性。这七则故事中又各自包含了爱情故事,与西方模式相比,这些故事以成倍的方式呈现。

——司培宁

卡尔维诺是这样与我们分享《疯狂的奥兰多》的。他说《疯狂的奥兰多》是一部拒绝开始和拒绝结束的史诗。拒绝开始是因为他以续写另一部史诗的面目出现,那另一部史诗是博亚尔多逝世时还未完成的《热恋的罗兰》;拒绝结束是因为阿里奥斯托从未停止过写这部史诗。这部史诗并没有死板的样式。以力场为例,它不断从自身内部制造其他力场。不管我们怎样定义它,那运动总是离心的,从一开始我们就立即处于行动中央,但这部诗不仅整体如此,而且每一诗章和每一插曲也都如此。

——彭芳慧

卡尔维诺对作家博尔赫斯情有独钟,博尔赫斯在文学界好评如潮,他的诗简洁短小,为了写得短小,博尔赫斯发明了一项决定性的东西,这也使得他把自己发明成为一位作家。不过回顾起来,这发明其实很简单。他差不多到40岁,才使自己从写随笔过渡到写叙述散文。帮助他克服这个障碍的,是他假装他想写的那本书已经写成了,这个人是一位被发明的无名作者,一位来自另一种语言、另一种文化的作者,接着,他描述、概括或评论那本假想的书。

——唐瑞锦

我很喜欢卡尔维诺对帕维塞的解读,帕维塞的每一部小说都围绕一个隐藏的主题,某件未言之事其实是他真正想说的,却只能通过缄默表达出来。他在这项事物的周遭建构一系列可见的符号,一些被说出来的话语,而每一项符号也都具有秘密的一面,这一面比它明显的面向更重要,不过这些符号真正的意义存在于他们与那个未言明主题的关系中。

——闫昱臻

通过读这本书,我感受到究竟为什么要读经典?读真正好的书,其实读的是自己,是世人,是世间情谊和花树鸟虫。就像纳兰容若,一切忧愁悲思皆赋予了一夜一秋，寒衾西风；就像辛弃疾，所有的爱国情怀奉献给了国家，了却君王天下事；就像杜甫，全部的怜悯都在于世人，吾庐独破受冻死亦足。

——杨文娟

俗话说，没有意义的事大家都会做，真正有意义的事却是大家不愿做或难以坚持的，但成功的人往往要能忍受常人不能忍受的。网络上的小说、书店小摊上的杂志八卦大概是所有人喜欢的，而经典文学大多费脑子，读懂费时间，这也是很多人不会选择的。但有个问题需要引起思考：喜欢看和应该看，到底该如何选择？就像听到一个好消息和坏消息，好消息是你得到机会去看周杰伦的演唱会，坏消息是患了癌症接受检查就是在演唱会当天，如果只听见了喜欢听的，却错过了治疗时间，这时候才是真正会后悔的。虽然没读经典虽然不会有危险，但它却是让人更进一步的阶梯。

——任中娜

最后，工作室主持人李桂荣为本次读书交流会做总结，肯定工作室成员对《为什么读经典》这本书的认真阅读和深刻感悟，勉励大家要多读经典，读好经典，成为腹有诗书、饱读经典的书香教师。

相约百年华诞，共赴研究之路
——《教师如何做课题》读书交流会

濮阳市实验小学　尚淑丽

7月的天空彩霞万里，7月的党旗鲜艳飘扬。在实现中华民族伟大复兴的征程上，我们迎来了中国共产党成立100周年，在举国欢庆的今天，我们李桂荣中原名师工作室每一位成员如约而至，以读书的方式欢庆中国共产党百年华诞。

在教师专业发展不断推进的今天，进行课题研究是教师成为真正研究者的必经之路。因此，提高对课题研究的认识，不断提升课题研究的能力，成为一个懂课题、会申报课题、会研究课题的教师，是每一位教师不懈努力的方向。在工作室主持人李桂荣副校长的推荐下，我们工作室共读了李冲锋博士的《教师如何做课题》，老师们读后感受颇多，在这样一个特别的日子里大家畅谈收获，以此庆祝中国共产党百年华诞。

本书从课题研究的价值、如何选择恰当的课题、如何进行课题设计、如何成功申报课题、如何做好开题论证会、如何实施课题研究、如何面对中期检查、如何撰写结题报告、如何做好结题工作、如何推广课题成果进行了全面的阐释。本书实用性强，书中典型案例介绍具有很好的释疑与指导作用，帮助我一步步理清了课题研究的思路，逐渐改变了我之前对课题研究的畏难情绪。

——李玉萍

我认为作为一个教师，做课题研究最重要的首先是如何恰当选题和如何设计课题。课题研究从选题开始，选题主要解决"研究什么"的问题，主要包括发现研究问题、筛选研究问题和确定研究课题三个步骤。

——宋彦菊

每学期学校要求做课题，一个最大的困惑是感到没有什么可研究的。通过认真阅读李博士教老师研究课题这本书，我明白了并不是没有什么可研究的问题，而是缺乏一双发现问题的眼睛。想要拥有一双敏锐的发现问题的眼睛，首先要树立起问题意识。问题意识是指人关注事物之间存在的矛盾以及对原因追究的心理品质。作为教师，要在教学实践中时刻存有问题意识，不断追问，以便从中发现有价值的问题，进而形成课题。

——司培宁

筛选问题也很重要，因为这是让后续研究成功的前提。选题时要有新意，尽量避免常见的或已有很多人研究过的问题，多关注新鲜事物，关注研究的前沿。选题必须具有研究价值，符合教育教学发展的需要，考虑现实需求。

——唐瑞锦

通过阅读这本书，我明白了选择了研究的问题并不等于确定了研究的课题，还需要对课题的名称进一步明确和规范，对课题进行论证，最后才能确定研究课题。课题名称的表述，一般由两部分组成：一部分是表明研究手段；一部分是表明研究目的，即通过什么手段达到什么目的。论证研究课题主要看它是否具有代表性、创新性、可行性。

——闫昱臻

李博士这本书是我们教师做课题研究的方向指南，读完这本书，对于课题设计有了更深入的认识。课题主要围绕"为什么做该课题、该课题做什么、该课题如何做"三个方面来设计的。"为什么做该课题"，主要从研究背景、课题依据、核心概念界定、研究现状述评、选题意义等方面阐述。"该课题做什么"主要包括课题的研究目标、研究内容、研究假设、拟创新点等几个方面的内容。"该课题如何做"包括课题的研究思路、研究方法和实施步骤等内容。

——彭芳慧

老师们认为李冲锋博士这本《教师如何做课题》为要进行的课题研究提供了强大的理论支撑和技术指导。短短一小时悦读时光，老师们载着满满收获。接下来老师们会继续在李博士的指导下，立足课堂实践，共赴课题研究之路。

让课堂发声，让学习发生
——《让课堂说话——朱煜阅读教学策略与实践》阅读分享会

濮阳市实验小学　闫昱臻

歌德曾说过："看一本好书，如同跟一位高尚的人交谈。"爱读书的人脚下有路，眼中有光。书籍可让教师与人类崇高精神对话，从中享受教育教学的乐趣，找寻理想的栖息地，增强教师的人文底蕴，而交流还可以分享灵动的思绪、精湛的见解和深邃的思想。

2021年11月2日，中原名师李桂荣小学语文工作室全体成员如期相约，共读了朱煜老师所著的《让课堂说话——朱煜阅读教学策略与实践》。每位教师都分享了自己的观点和心得，在你一言我一语的交流中，进行灵魂的对话，思想的碰撞，每个人都收获着、享受着。

《让课堂说话——朱煜阅读教学策略与实践》一书，由"如是我思""如是我评""如是我教"三部分组成，精选了朱煜老师从教以来对阅读教学策略与实践的自我思考和独特评论，以及结合个人教学经验设计的小学语文阅读教学经典课例，每个课例附有朱煜老师的教学设想和详细的教学流程。整本书主要围绕教师提高教学艺术的方法和策略展开叙写。在大力追求课堂改革的今天，如何让学生站在课堂中央，让学生成为学习的主人，让课堂真正属于学生，朱煜老师的这本书可以说是给了我们切实可行的方法。朱煜老师说："说话之道，归根结底就是将心比心、推己及人。课堂要把话说好，在于教学有没有设计感。教学设计感落实与否，在于教师心中是否有课标、有教材、有学生，是否了解学生学习中的困难，是否能为学生解决困难。"40分钟的课堂，教师究竟该说多长时间的话，该说些什么话，教师是像以往口若悬河满堂灌，还是让课堂成为学生的主阵地，让学生的侃侃而谈在课堂上绽放，都是我们需要思考的地方。那该如何把课堂还给学生，正如朱煜老师所说的，取决于教学的设计感。设计一节课时，教师的心中应装有学生，通过一个个吸引孩子学习兴趣的学习活动来不断激发孩子的求知欲望，在课堂上教师的语言应是指向性的、总结性的、引导性的，简洁明了，直中要害，这才能真正展示课堂上教师和学生的双重魅力。

工作室的教师纷纷表示，让课堂说话、让学生发声、让学习发生、让精彩绽放，需要教师有独具特色的教学艺术，需要教师不断地进行学习、自我反思、研究和实践，在课堂中寻找到属于自己的一片天，带领学生飞得更高，飞得更远……

最后，李桂荣副校长激励工作室的教师们要把阅读与自己的教育教学实践相结合，在研读中思考，在实践中提升，并对下阶段的工作做出了明确安排，提出了新的要求和希望。

此次的交流会虽然短暂，但依然有了"听君一席话，胜读十年书"的茅塞顿悟，也坚定了"一枝独秀不是春，百花齐放春满园"的携手同行。静下心来阅读是一次奇妙而难忘的旅行，一篇篇鲜活的教学设计、一行行深入的教学反思都蕴含着无限智慧，值得我们精心品味、反复琢磨。相信，只要在阅读的路上，就会欣赏到别样的风景。

聊聊"悦读"的那些事

——《从阅读走向悦读——如何提升学生的阅读兴趣与能力》读书交流会

濮阳市实验小学 李玉萍

2019年3月6日,中原名师李桂荣工作室开展了《从阅读走向悦读——如何提升学生的阅读兴趣与能力》读书交流活动。《从阅读走向悦读——如何提升学生的阅读兴趣与能力》一书是濮阳市实验小学李桂荣副校长30多年的教育教学经验集萃,内容平实,案例鲜活,既有理论高度,又有实践意义,可操作性强,既像是跟读者娓娓谈心,又像一杯可以细细品茗的浓浓的香茶。工作室成员老师对该书进行了深度阅读与交流分享。

从李副校长的书中,我寻觅到了作文教学法宝——作文教学引进动画。李副校长指出,在不同的作文教学阶段对动画的运用也有所不同。第一阶段播放有形有声的动画,先播放动画两遍:第一遍,让学生了解故事内容;第二遍,让学生注意观察动物或人物的神态、动作及说话时的语气等,故事情节稍复杂的再播放一遍。然后让学生在小组内把故事讲一讲,最后把自己看到的、想到的、听到的及时写下来。第二阶段播放有形无声的动画,让学生根据画面中的情节,用自己的语言讲述故事,并鼓励学生表演,最后把故事写下来。第三阶段播放有头无尾的动画,猜猜写写。作文教学播放动画的层级性,体现了作文教学的序列性。既符合学生的年龄特点,又极大地激发了学生的习作兴趣。

——孙利革

认真读了几遍《从阅读走向悦读——如何提升学生的阅读兴趣与能力》,我学到了许多工作的小窍门、小妙招,拿来就能用。比如《开放教学是为更好地激活兴趣》中有这样一段话：语文阅读向课前开放，就是指学生在上课前的时间，在预习的过程中，根据需要主动阅读与文本相关的书籍，查阅资料，询问家长，提前自主学习课文，了解与课文有关的知识，将自己不理解的问题记录下来，拿到课堂上探讨研究，参与课堂教学的质疑和反馈。在这个过程中，阅读大量文本，筛选、甄别材料，是学生要做的重要功课。这段话给了我很大的启示，我想到了我们本学期学生要读的课外书，我把它融进文本教学中，把阅读放到了课前阅读。我认真阅读学生要读的课外书，然后和单元预习融合在一起，这样阅读走进了课前。李副校长的一个观点给了我智慧，给了我阅读的角度，欣喜！

——王　利

阅读是需要氛围的，特别是引导学生走上阅读兴趣期间。与各种电子产品相比，捧着书阅读是枯燥的，因此，在激发学生的阅读兴趣时，一定要千方百计营造起浓厚的阅读氛围。

（1）让学生生活在书香之中。有书可读是阅读活动的开始，因此，让学生身边到处都有藏书，并能让他们随手就拿到才好。学生走到哪里，哪里都有书可供他们随时阅读，适宜阅读环境的营造必不可少。

（2）让书在教室里漂流起来。有丰富的藏书只是阅读的前提条件，让学生读起来才能发挥这些书的作用。教师推荐的书学生并不一定喜欢，同学推荐的书更能激发他们的阅读兴趣，因为小孩子往往有共同的爱好。每周的阅读课，拿出10分钟让同学相互推荐，这样的推荐让图书在教室漂流起来。

（3）发挥阅读社团的功效。阅读社团能充分发挥人员少的优势，每次活动，人人都能发言，人人都有诵读，这种全员参与的方式，让学生的阅读更加深入，同时又让学生各方面的能力得到了锻炼，实在是激发学生阅读兴趣的一个好平台。

——宋彦菊

在全民阅读的大背景下，李副校长的《从阅读走向悦读——如何提升学生的阅读兴趣与能力》一书，俨然带我们走进了一个"悦读"新时代。对一线教师来说，这是一本实用性强的工具书，里面有诸多小妙招，比如在氛围营造篇里面，可以通过"好书交换站""书袋子""图书角""读书社团"等形式来建立。既有趣又有益，既有全民阅读的大环境，又有阅览室里的小氛围。激发了阅读兴趣，更要维持下去，给予学生物质和非物质的奖励，持续不断地给予学生动力，长久的阅读兴趣会逐渐带领学生畅游书海，从中受益。

——彭芳慧

　　课堂是培养阅读兴趣的主阵地。语文阅读教学无论是在凸显自主性的课前，还是在凸显多样性的课后，抑或体现实效性的课中，都需要做到开放。开放式的语文阅读教学，能使学生将课内与课外的阅读学习有机结合在一起，真正发挥师生双方在教学中的主动性和创造性，为学生的可持续发展奠定基础。培养学生独立阅读、圈点批注的学习习惯，对于学生养成自主学习、自由感悟、自觉积累的意识，发展健康的阅读个性，建构丰富的情感世界都具有不可忽视的意义。

——支俊花

　　阅读是储智，也是借力。教师应该把提升阅读力渗透到环境、课堂、活动和写作中，在持续的陶冶和有意识的训练中，逐步交给学生一把通向自我成长的钥匙——阅读。主要做好以下几点：①问道环境，熏陶培养阅读习惯。②站稳课堂，收获对文字的眷恋。③做活动家，督促阅读扎根落地。④朗读背诵，按主题有节奏推进。⑤读写融合，以写促读提升格局。愿每个孩子都被阅读这个"魔杖"点中，变成智慧星和潜力股。

——司培宁

　　阅读，是语文教学过程中很重要的一个部分。阅读是写作素材的积累，而写作又是阅读水平另一面的表现，写作即表达。在教学过程中，教师只有将阅读和写作进行有机的结合，让它们之间相互促进、相互巩固，才能达到语文教学的真正的目的。以下是几种阅读和写作结合的模式：①仿写是创作的基础。②续写是思维的发散。③读后感是阅读的收获。万人丛中一握手，使我衣袖三年香。从"阅读"到"悦读"，从"悦读"到"巧读"，让我们尽情享受它带给我们的愉悦。

——唐瑞锦

　　（1）培养学生的阅读兴趣。精心创设情境，培养阅读兴趣；充分发挥想象，培养阅读兴趣；组织课堂游戏，培养阅读兴趣；开展课间活动，培养阅读兴趣。

　　（2）阅读兴趣的层次性定位。教师要因材施导，针对不同学生的年级和兴趣爱好给予不同的定位指导，推荐一些较好的相关图书给他们。

（3）有效读写结合提高读写能力。多层次仿写，这样的教学环节，为激发学生的创造性，想象补白、变式练写、激活想象力。我们只有在日积月累中开阔学生的视野，扩大学生知识面，拓展学生学习语文的渠道，才能提高阅读能力，才能让学生真真切切地体会到语文就在我们的生活中。

——闫昱臻

名师是大树，能改善一方环境，且在枝叶间闪动精彩。书中的许多教学案例让工作室的每一位成员感受到李副校长做每一件事情都很"细"，她是一位很细心、用心的教育者，让人不得不由衷地敬佩和惊叹，更是为我们一线教师做了很好的榜样。

榜样就在身边，身边的榜样是我们成长的动力。在由中原名师李桂荣主持的名师工作室这个大家庭里，我们找到了自己前进的方向，体会到了互助共进的热情，领略了名师的风采。在这样一个团队中，能时时感受到热烈的学习气氛，因为值得学习的对象就在身边。

寻求通向"明师"之道

——《名师的起跑线——做好"明师"的五项修炼》读书交流会

濮阳市实验小学　司培宁

2019年9月16日,中原名师李桂荣工作室的全体成员会聚一堂,共同交流了阅读《名师的起跑线——做好"明师"的五项修炼》的读后感受。

这本书的作者是中原名师刘忠伟老师,一位幽默智慧的小学数学老师。他所提到要做"明师",核心不在"名"而在"明",做贤明之师,有对梦想的追求、成长的思考、思想的梳理、智慧的表达、艺术的诠释。刘老师具体从明理、明智、明辨、明术、明思五个方面具体阐述了名师修炼为"明师"的路径。工作室成员分别从各个角度谈了自己的阅读感受和理解:

明理之师,从原点走向远点。名师在明理,不仅明察事理、知晓道理、追求真理,而且懂得成长之规律,能找到发展的途径,助推成长,从原点走向远点。成长需要心灵的触动。心灵的触动从来都不缺乏,刘老师告诉我们,不能等待触动,更不能去片面追求触动,教师要有清醒的认识,要成为自我成长路上的奔跑者,这才能有希望迎来水到渠成的触动。

——彭芳慧

成长还需要寻找自己的成长偶像。名师有一个共同点,他们内心深处都有指导自己前行的精神导师,在不断地激励着他们,指导着他们向着梦想的远方前行。成长的关键在于自我觉醒。鸡蛋从外面打破是食物,从里面打破却是生命。人生从外打破,是压力;从内打破,是成长。教师的真正成长不仅仅是依靠谁来推动着被动成长,最重要的是自我成长意识,被唤醒后的自发、主动的

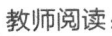

成长。正如德国教育学家斯普兰格所说:"教育的最终目的不是传授已有的东西,而是要把人的创造力诱导出来,将生命感、价值感唤醒。"

——唐瑞锦

要做一个明辨之师,首先要明辨方向,不走歪路,做一个思考者。对事关自己的成长,要有独特的思考,是睿智思考者,还要因智而明。对教育有远见、懂课堂,懂学生更懂自己,能站在高山之端,明确发展理念,明白发展方向,明晰发展道路。

——王 利

感触特别深的就是,作为教师一定要读懂孩子,理解、包容孩子,要形成智慧的教育网,在不知不觉中去教育,也就是像刘老师说的把自己的教育意图隐藏起来,懂得迂回转折,懂得教师的智慧,不要以对孩子负责的名义伤害孩子,站在孩子的角度去爱孩子。

——宋彦菊

"名师"一定要做明术之师,修炼学术素养。教师的主阵地是课堂,学术修炼的核心是精益求精,打造属于自己的课堂。我们一定要提升自己的课堂教学艺术,创造不同的学习活动让孩子站在课堂的中央,使学生主动地向教师学、向同伴学,不断完善自己的课堂教学体系,形成对课堂教学的独到见解。

——尚淑丽

最欣赏刘老师"不怕折腾"的态度。如果刘老师像周围的很多教师一样,日出而作,日落而归,跟着时间的节拍重复着昨天的故事,或许就没有今天优秀的刘老师了。不甘平庸,不甘寂寞,敢于突破自己的舒适区,敢折腾,志存高远,一步步实践着自己的成长规划,专业成长就在这一次次的折腾中实现了自我的突破和蜕变。这种精神很值得我们学习。

——李玉萍

名师不同于明师,回想自己受影响最大的教师,我们都会找得到我们应该做一个怎样的教师。要经常反思自己,是不是课堂上的一个举动或者一句话,一不小心伤害到了孩子,或者对启发孩子智慧起到了阻碍作用,要经常做这样的反思,认真改正调整自己,做一个学生喜欢的教师。

——闫昱臻

最后,工作室主持人李桂荣副校长做总结,她充分肯定大家持续地阅读学习以及进行的深入思考，期待教师们多读经典，反复读，琢磨吃透，从经典中汲取持久的营养。激励教师们要做贤明的清楚的"明"师，要做有自己的思想、主张并敢于发出自己声音的"鸣"师；要做深耕教育教学一线"民"师，把学生放在课堂中央，做实践的思考者，思考的实践者。

读完这本书，大家纷纷表示，要成为名师，路径很多，方式多元，但最基本的就是要成为实干家，所有的想法、理论、经验，最终都要落到教学实践中。哪怕道路漫长，我们还是要坚持行走的脚步，向着"明师"进发。

低年级学生自主教育的策略探究
——《孩子，你自己来——低年级学生自主教育策略探究》读书交流会

濮阳市实验小学　彭芳慧

近日，中原名师李桂荣工作室全体成员齐聚一堂，共同交流了中原名师徐艳霞老师的著作《孩子，你自己来——低年级学生自主教育策略探究》的读后感受。

在这本书中，徐艳霞老师从自我教育、自主管理、自主服务、自主学习、自主选择和主题活动六个维度，讲述了一系列促进低年级学生自主成长的教育故事，围绕学生在当前学习、生活方面值得反思的教育现象，解读了培养学生良好习惯、责任心、爱心和批判性思维等的教育策略，分享了激励学生自主发展的教育智慧，以此印证了一个至真至简的教育真理：很好的教育就是激发学生自主成长的教育。在此次交流活动中，工作室成员从各个角度谈了自己的阅读感悟：

想要调动学生内驱力，就得物质与精神奖励并行。好习惯的养成，需要持之以恒、坚持不懈。为调动学生自我教育的内驱力，引导学生养成良好学习习惯，徐老师在学期初和学期末分别开展了"最美课本"和"最美作品"的评选活动，前后两次评选，让学生懂得善始善终的道理，在不经意间对书籍和知识产生敬畏感，端正学习态度，养成良好的学习习惯。

——李玉萍

在实验小学也早有此类活动，诸如"最美书桌""卫生免检班级""路队标兵"的评选，老师们以活动为契机，着力培养学生良好习惯，调动学生自我

教育的动力。受学校活动启发，我也在班级里进行了评选活动，每次路队走得好的或者有进步的学生都会奖励小奖品，逐渐由物质奖励转变为精神奖励，譬如和教师合影，收发作业的权利，等等，经常为学生送上真诚的赞美与鼓励，班内逐渐形成了一股你追我赶的良好氛围。

——唐瑞锦

师生牵手，才能共同成长。在班级中最容易被忽略的往往是所谓的"中等生"，这部分学生踏实肯学、认真负责、性格内敛，正因为这样，教师的绝对放心让这部分学生很容易成为"隐形人"。其实，这部分学生里面有更多的潜力生，他们需要被关注、被重视。徐艳霞老师提到班里有个叫梦媛的小女孩儿，她是周托生中年龄最小的一个，每天下午一放学就哭着找妈妈，谁哄都不行，徐老师便拉着她的小手在校园里散步，一起读绘本，用爱心温暖着她。

——宋彦菊

读到这里我马上就想起了班里一位特殊的"中等生"——涵涵，她是班里为数不多的在校外周托的孩子，虽然缺少父母的关心，但是她的成绩和习惯并不差，她总是怯生生的，不会与人交流。我首先利用家长会的时间把涵涵的父母和其他有同样问题的家长单独留下来，真诚地交流孩子的现状并提出建议，请父母一定要花时间多重视孩子。其次，在课堂上给这部分学生表现的机会，树立自信心，让孩子从内心肯定自己。课下抽时间与这些孩子谈谈心，说说话，哪怕只是下课后的一句问候，孩子仍然能感觉到"瞧，教师看到了呢！"

——彭芳慧

是啊，这部分学生得到了重视，他们的改变是惊人的，我们班的中等生也让我刮目相看——小雅在课堂上也能"出口成章"，天佑收发作业非常快，小曦每次背诵都很快……教师真诚的鼓励，即时的重视在孩子心中漾起一阵阵暖流，使他们试着打起精神，迎头而上。

——王　利

班主任虽是班级管理的引导者，掌握着"生杀大权"，但班级事务繁多，学会示弱，不仅可以减少班主任的工作量，还能帮助孩子学会自主服务，自主学习。徐艳霞老师一节"静音"的语文课胜过了教师强撑病体、心有抱怨的课堂效果。这一点是我需要学习的，智慧的教师不是一味地消耗自己的体力和脑力，而要善于向学生借力，偶尔的"示弱"，学生体谅教师的辛苦，并且没有了教师制定的条条框框，自己的课堂自己做主，可以更好地完成教学任务。

——尚淑丽

课堂是学生的主阵地，教师要站在学生背后，鼓励学生做课堂的主角，做学习的主人，体验成长的愉悦。从低年级开始，教师首先要着重培养学生的阅读兴趣，教授阅读方法，扩大阅读量。徐老师在班级中制作的"书签树"就是一种很好的方法，而我经常采用"师生共读一本书"的方法，每周一的阅读课上与学生一起读，我读一段，你读一段，我说一说，他谈一谈……书中有趣的故事马上就把学生的兴趣调动起来了。

——司培宁

低年级也是培养学生书写能力，提高书写水平的关键时期。教师在课堂上讲授新字时，必须要遵循"读帖—范写—描红—临写—点评—改写"的基本步骤，指导学生认真细致地练字。我在课堂上尤其注重教师范写和点评两个步骤，课前备课时仔细研究本课生字，力求给学生正确、标准的示范。点评学生书写时不仅有针对全班共性问题的指导，还有每堂课针对书写水平差的孩子单独的指导，甚至手把手地教，今天纠正一个，明天纠正一个，慢慢地学生的书写进步了，态度也端正了。

——闫昱臻

说，即表达。从低年级开始每节课上都引导学生用完整的话来表达，通过教师示范，对不完整的表达提出修改建议，鼓励个性的表达等多种方法培养学生表达能力。听、说、读、写的语文素养都是在日积月累的学习中提高的，我们需要根据各学段目标有意识地渗透进课堂里，让学生学到真正的知识。

——孙利革

最后，工作室主持人李桂荣副校长做总结。她强调，"教天地人事，育生命自觉"，这是教育的真谛。作为教师，我们只能与学生陪跑一小段路，但希望每个学生都能够坚定自信地走好未来的人生路。那么从低年级开始，我们就要学会智慧"放手"，逐步培养学生的良好的生活习惯、学习习惯，建立正确的人生观，具备强烈的好奇心和求知欲，具有较强的学习和反思的能力。

"千里之行，始于足下。"我们应着眼当下，关注每一个学生，关注每一节课堂，用心思考每一句评价语言，培养学生自我教育的能力，不断激励学生，做好陪跑人，与学生一起，读万卷书，行万里路。

畅所欲言谈习作，更新理念促教学
——《教你发现语言密码——小学生习作提升招招鲜》读书交流会

濮阳市实验小学　唐瑞锦

刘娟娟——一个普普通通的名字，听其名朴实，但她却不是一个普通的人，认识她源于"校讯通"博客，熟知她源于《教你发现语言密码——小学生习作提升招招鲜》这本书，崇敬她源于她对教育的热爱与不懈的奉献。今天，我们工作室的老师们就针对刘娟娟老师的《教你发现语言密码——小学生习作提升招招鲜》这本书进行诠释交流，共享这份精神大餐。

每谈起学生对词语的认识和理解，作为教师来说，虽有各种方法来达到教学目的，如联系上下文理解词语、联系生活实际来学习、查字典来解决等等，但一直以来觉得词语的学习缺乏情趣，缺少生命，缺憾那种学习的美好，走进刘老师的词语学习，顿时感觉词语带给学生生活的浪漫和美妙，真正意义上实现词语丰富学生的生活，在学习描写味道叠词时，刘老师和学生一起在写话练习中开始做思维体操：思维体操第一节，谁聚会？思维体操第二节，叠词在哪里聚会？思维体操第三节，聚会中叠词怎么用？这三节思维体操中，前两节重在打开思维，第三节重在语言运用，刘老师用心引导，学生是妙趣横生的童言稚语。在和孩子寻找叠词比赛时，刘老师和学生在沙发上、在卧室里、在天花板上、在花盆里、在书柜上找叠词，在这样的积累行动中，学生的词汇一定会多起来。

句子作为文章的组成部分，如果句句精湛，那整篇文章绝不逊色，读过句子的一些习作手法后，令人感触颇深。排比运用增添文章韵味，就拿句子中的排比来说，作者从见与不见、对比、拟人、节奏等方面进行了具体分析，看过后有种大彻大悟的感觉。诗句、成语、格言、典故引用，提高文章文化品位。用好"加法"，学生从一年级开始接触看图写话，简单的单句，主谓宾搭配对于三年级的学生来说已经比较成熟，书中说的"加法"，就是基于主谓宾单句的基础上加以"增肥"，加以"化妆"，将简单的主谓宾华丽转身为加有定状补，甚至带有补足语的复合句，其中的章法可以将动作细化，将心理细化，将情感细化，将想法扩大化，将人物分类，等等，这些练习不仅需要在课堂上加以引导，课后学生对生活事物的用心观察，家长的日常引导也十分重要。

　　段落叙述是词语、句子的有序组合，新课标指出在小学中年级要注重段的训练。段落的构成常见的是总分结构，刘老师也重点讲了这部分，总分结构段可以用在景物描写中，可以用在动物描写中，可以用在场面描写中，也可以用在写人写事中。段落不仅可以采用这些构段方式，还可以采用动静结合、侧面描写的方法使文段更加丰富。小学阶段写好人物是难点，如何描写人物外貌？刘老师指出："定睛一看"写外貌，外貌描写中如何凸显特点？人物的外貌描写根据表达的需要，哪些外貌特点能凸显人物特点就重点从哪个方面进行描写。刘老师还指出人物的语言描写可以采用加法的方法，注意说话人的位置以及说者与听者的互动，还可以运用密不透风的语言。刘老师教给我们的"段落密码"在平时的课堂中踏踏实实去做，学生的作文水平一定会有所提高。

　　一篇没有结局的课文，一部没有结尾的故事，都给读者留下无尽的幻想，也正因为这些幻想，才有了更多的续集，课文迁移密码教会了我们许多。比如模仿，仿写。模仿是创造的基础，在模仿中我们能寻找到很多创造的快乐。根据课文进行仿写就是学语文最基础的本领。书中讲到利用拟声词来仿写，这让我想到了近段教授的"大自然的声音"这一课中，出现了很多关于风声、水声、动物叫声等拟声词，便以此为契机让学生围绕"厨房是一间奇妙的音乐厅"来进行仿写。"滋滋"的热油声、"哗哗"的流水声、"铛铛"的切菜声……学生笔下生动的语言的确令我惊喜。所以，有时给他们创设一个情景，便会有意想不到的收获。

　　一个惊心动魄的场面，一件耐人寻味的事件，一场生动活泼的宴会，让我们的生活充满喜怒哀乐，生活中洒满了阳光，到处洋溢着笑容，记录情感，记录真实，这是写事篇的魅力。德国剧作家歌德曾经说过："一个人只要能把一件事说得很清楚，他也就能把许多事都说得清楚了。"小学阶段记事作文是一项基本功。练好这个基本功，以后进行复杂的叙事，也就有了基础。第五章"语言密码运用举隅"从生活的方方面面列举了大量的事例，每个语言密码点都特别小，切入点新颖独特，列举的指导方法实用，值得在实践中不断提升创新。

　　都说人物表情、心理、动作是记人的精髓，也只有把人物在不同时间、不同地点的心理、动作描写细致，才能从这些细节中洞察人物、事件的发展变化，让读者"身入其中，不可自拔"。或许"一千个读者就有一千个哈姆雷特"就因此而起吧。书中刘娟娟老师针对小学阶段几类重要题材，写事、写人、写物、写景、写想象、写应用文等，给出了很多实用的案例指导，很多锦囊妙计拿来就能用。针对传统节日，刘老师用了三个篇幅来指导，正好临近过年，我们可以顺便有意识地指导学生的习作。写景写物先要仔细观察，观察时要抓住有特点的地方，观察时要调动所有的感官，用眼睛看、用耳朵听、用鼻子闻，用身体去接触，当然还要用心灵去感受。要把景物写得形象吸引人，一定要展开丰富的想象，运用比喻、拟人、排比等修辞手法。编想象故事，关键是要把故事情节写好，因为妙趣横生的故事才能吸引读者。展开故事情节可以从多个角度指导，如以时间为线，以地点为线，以行为为线，这样学生的想象力更丰富，思路会更开阔。

　　李桂荣副校长在最后的总结中强调，通过今天的读书交流活动，希望工作室成员在刘老师习作教学理念的启发下，使课堂教学充满激情，充满活力，学生更加热爱习作，都能成为习作高手，让我们的校园处处绽放智慧之花。

享受绘本阅读，快乐与我同行
——《绘本课程这样做》读书交流会

濮阳市实验小学　闫昱臻

欲求教书好，先做读书人

2018年5月23日下午，工作室成员就闫学老师《绘本课程这样做》一书开展阅读研讨。大家畅所欲言，从不同的角度交流对绘本的认识，以及阅读这本书的感受，分享读书的收获和快乐。

围绕"绘本的力量"着重谈以下几点：一是，绘本是0—99岁的人都可以看的书。小孩子可以读，他们欣赏图画，从中识字和认识事物；成年人可以读，这是对一个道理的再认识再思考，净化心灵，去除浮华；老年人可以读，因为人在暮年，心理和事实都有可能成为"空巢老人"，读绘本除了能缓解"闲得无聊"的时光，更能唤起对小时候美好时光的追忆，丰富晚年生活。二是，绘本丰富的语言及意象能最大限度唤起读者的生活经验。读过的绘本就像一个故事，会入脑入心留下深刻印象。三是，绘本无国界。即使在文化上存在差异的地方，也可以被接受。四是，绘本篇幅虽小但内容深广，语言简练但含义深刻。

——李玉萍

仔细翻阅这本书，有理论的建构，有典型案例的引领，是一本非常有价值、有意义的教学参考书，特别是在绘本阅读方面，给老师们打开了一扇窗。书中内容有阅读课例，大多呈现这样的模式：导读激发阅读期待，封面介绍，故事情节学习与理解，人生的感悟，阅读或续编故事。这样的模式为初学者提供了具体的范例，好学习，易操作。闫学老师的绘本课程给我这样的启示：绘本就是用图画的方式在讲故事，在教育人们如何做人。绘本中所呈现的各种故事，都不是凭空编造出来的，与儿童的生活、作者的经历都有着千丝万缕的关系，向读者展现的是生活中的喜怒哀乐。读这样的作品，可以让我们更好地体会生活中的美丑、希望、死亡、战争等，使情感更加丰富。通过学习这样的故事，能够培养学生的观察、想象、判断、思维等能力。小绘本隐藏着大智慧。

——于文玲

绘本是通过图画和文字两种表达方式的融合呈现意义，它们之间是一种"互文"关系，能够用图画表达的内容，原则上不再用文字描述，通过两者的互相搭配、相互补充来实现故事的完整。比如《母鸡萝丝去散步》。母鸡萝丝走过院子，绕过池塘，经过磨坊……给人的感觉是悠闲自在的、漫不经心的，绘本中的文字也非常简洁、平淡，如果仅仅阅读文字，基本上感受不到这部作品的魅力。但如果你将目光关注到那些图画上，就会发现，在母鸡萝丝悠闲的背后，有着一场场动人心魄的故事和经历。一只狐狸跟在萝丝的后面，一直想要找机会袭击它，将它作为自己的晚餐。但这只狐狸实在是"运气"欠佳，每发动一次袭击，就会遇到一次惊险的倒霉事情，最后被一群蜜蜂蛰得落荒而逃。而萝丝对此却浑然不知，悠然自得地回到了自己家中。一部绘本作品至少包含着三个故事：文字讲述的故事，图画讲述的故事，文字和图画相结合而产生的故事。很多高明的绘本作者，常常用画面的变化来表达作品主角的喜怒哀乐，每一幅图都有其独特的意义表达，文字只是作为辅助的手段，来强化画面本身的意义。一个真正的绘本读者，应该尝试着从文字的角度、图画的角度、文字和图画相结合的角度，来仔细品味作者要表达的意境和韵味，丰富对故事的理解和认识。

从儿童成长的角度看，绘本在儿童的语言发展、思维训练、情感丰富、美感涵养、想象力的培养等方面，都有其独特性。一个经典的绘本作品，会让孩子爱不释手，一遍遍地听，一遍遍地看。家长给孩子每一次的阅读和讲述，都会被赋予新的意义。一个绘本给孩子讲的次数多了，孩子虽然不认识字，但能够记住每一个画面和内容，自己就会将整个故事串讲出来，孩子的语言和思维就在这其中得到了锻炼。绘本中最为精彩的部分，就是其中的绘画，学生在阅读不同国家、不同风格作者的绘本的过程中，也在品鉴着不同的艺术风格，既能丰富学生的艺术体验，提高审美能力，又能学会观察事物的细节，在寻找和回味中获得美的享受。绘本因为集图像、文字、色彩为一体的独特表现方式，本身充满着幽默感和想象力，给儿童留下了广阔的想象空间，是发展儿童想象力非常重要的载体。正如松居直所言："绘本是想象力的一个重要起点。"

——孙利革

读了这本《绘本课程这样做》，深深折服于闫学老师带领的这支绘本研究团队。"绘本阅读课程不是语文课，不是美术课，也不是思想品德课，它不从属于任何一门课程，它是一门独立的课程。"在闫学老师所在的两所学校，绘本阅读课进入了课表，一二年级每周1.5节，三四五年级每周1节，六年级每周0.5节，也就是说绘本课程与语文、数学、音乐、美术等学科一样，作为一门单列的课程出现在学生的日常生活中。这才是研究，这才是实践。

再看闫学老师带领的研究团队制定的"绘本阅读课程纲要"，就更加佩服得五体投地。这里有课程背景，有课程目标，在课程总目标下分为低、中、高段不同阶段的目标；课程内容包括课时计划、内容安排两部分；课程保障中首先有时间上的保障，既有课表上的绘本阅读课，还有每周一小时全校固定的"快乐阅读一小时"，还有绘本馆阅读时间和社团阅读时间，以及寒暑假全校开展的"阅读照亮童年"亲子阅读活动时间。在课程资源上，学校有23节绘本阅读课程系列"微课"，教会孩子如何从头到尾阅读一本图画书，有绘本主题馆，还有绘本阅读课程各年级的必读书目。除此以外，"纲要"中还有详细的课程评价体系。仔细阅读，这份"绘本阅读课程纲要"就如同语文课程标准一样完善。语文课程标准最后附录有学生必背的150首（篇）古诗文，闫学老师的这份"纲要"后附录有一年级至六年级每学期在九大板块方面的必读绘本。

国家一直倡导在国家课程下，各地可以根据当地实际状况开设地方课程。各地各校也确实开发了很多校本课程，但与闫学老师的绘本课程如此有规模有体系比起来，实在是要好好向闫老师他们学习了。

闫学老师做了多年教研员，如今做两校校长，站位高，看得远。从闫学老师身上我看到了一位醉心于小学教育的行者姿态。

——宋彦菊

对绘本课程的解读让我们每个成员受益匪浅，每到课间操的时候，一听到学校熟悉的音乐节奏，就忍不住要欣赏学生的活泼动感的韵律操，把一段段视频发到朋友圈，迎来好评如潮。有一次和一个朋友聊起这个话题，她笑着说：

"我看到你发的视频了,我们幼儿园也是做这套锻炼操呢。"我很惊讶!看来孩子就是孩子,幼儿园做的操,也同样适合小学生呀。所以,不要以为孩子长大了,小时候的游戏就该被全部换掉了,只要学生喜欢的都是可以的。

由此,我想到了对图画书的认识。以前,对于绘本的认识仅仅停留于表面,认为那无非是吸引孩子的图画书罢了,比较适合学龄前儿童阅读,上小学了,就应该阅读大孩子该读的书,所以,看着身边一群群为图画书着迷的大人就更不得其解。直到从闫学老师那里接触到绘本课程,有了全新的解读,才对图画书有了全新的认识。真正走进绘本才发现,绘本很有趣味,潜移默化地教育孩子从一个个故事中感悟一个个道理,让学生感悟美、彰显善、感受暖、感动爱。我读的绘本虽然还不到50本,但是越读越觉得绘本是那样美妙:故事中一个个鲜活的不同人物形象,就好似真实生活里的你我他;风格迥异的绘图蕴藏着情节的玄机,渗透着审美的熏陶;或含蓄或直接的主题表达,总能给人指引或慰藉。当然,要发现所涵盖的更多的美,需要具有一定阅读方法和阅读素养。

以往只是带领学生简单读读故事,悟出道理而已,错过了绘本所给予的精彩世界,枉费了绘图者与编译者的一番苦心,如今要补上这一课了。图画书中,一般占据主要位置的是图画,而不是文字,有的图画书甚至一个字都没有。比如,风靡全球的绘本《失落的一角》,看起来就是线条的简单勾勒,但是构图很新颖,绘画很有趣,寓意极富哲理:正视缺点,认同自我;有时圆满未必幸福,缺憾有时很有趣味。而且,每个人都能读出自己的理解。其实,所有的图画书背后都有一个庞大的知识集,色彩斑斓的画面渲染、宛转曲折的故事情节等,当你破译了图画书的这些密码,会走进一个想象无限的奇妙世界。

绘本具有无法穷尽的美好。它适合儿童,吻合儿童的天性,同时它又具有奇妙的生长性,每个人都能在其中感受到心灵的悸动,因此它又是可以读一辈子的书。所以,让阅读绘本成为学生童年生活中不可或缺的一部分,让师生共读、亲子共读成为大家共同盼望的快乐时光,乃是我们做教师的核心任务之一。

——李桂荣

一个多小时的读书交流会,使工作室的每一个成员余兴未尽。绘本阅读不是一本本童书,小小绘本,大大智慧!老师们再一次发出这样的感叹。阅读学习永远在路上,在浓浓的交流研读氛围中,我们又议定了下一步深入研读的计划,更加聚焦某个板块,期待继续分享。

后记

"教"以共进,"研"以致远

有人说,和优秀的人在一起,会变得更优秀。

中原名师培育工程,使我有机会接触到了写书和出书。很幸运在河南、浙江两地专家的引领指导下,2018年,出版了教育专著《从阅读走向悦读——如何提升学生的阅读兴趣与能力》(中原名师培育工程·思想与实践系列),由大象出版社出版,这是我的第一本书。次年,这本书被评为中国教育新闻网"影响教师的100本图书"。随后,被评为河南省第五届自然科学学术著作奖一等奖。目前,该书已经第6次印刷。

记得我的写作导师闫学老师曾经说过,出版了第一本书,之后就会出版第二本,甚至第三本。当时认为是闫老师在激励我们,心想哪能那么容易呀,能够出版这一本书就已经很难得了。没想到,正如闫老师所说,出版了第一本书之后,就产生了出版第二本书的想法。

教育专著出版之后,我就琢磨让工作室小伙伴也在著作上能参与创作,思考为更多的教师搭建更加宽阔的成长平台。2019年,我作为主持人承担了河南省基础教育教学课题研究项目,于是带领工作室老师们一起物化课题研究成果,2021年,我作为主编出版了第二本书《让学生站在课堂中央》(中原名师培育工程·思想与实践系列),这本书也是由大象出版社出版。在物化课题研究成果时,带领教师们就只是一门心思地去努力做好。书一出版,老师们才真正感受到这本书的分量之重,效果之好,也真切地体会到成就感之强,幸福感满满，更加激发了大家创作的内驱动力。

  紧接着，就带领我工作室的全体教师共同编写了第三本书。

  "李桂荣名师工作室"于2013年由濮阳市教育局批准成立。2018年，河南省教育厅授牌"中原名师李桂荣小学语文工作室"，工作室公众号也随之运行了起来。2019年，根据河南省教育厅安排，"中原名师工作室"每年要承担培育河南省名师、骨干教师的任务。三年来，工作室已培育了三批优秀教师，这31名教师分别来自河南省郑州、信阳、驻马店、安阳、新乡、鹤壁等十几个地级市。凡是经过我们工作室培育的教师，皆被吸纳为工作室成员。目前，工作室已有近50位教师，这是一个有情怀、有担当、有作为的团队，我们立足课堂，读书学习，研究课题，送课下乡，交流分享，开展了很多活动，做了很多工作。

  2020年突如其来的新冠肺炎疫情，使线下交流活动按下了暂停键，我们工作室就采取了"网络教研"主题活动学习交流模式，内容丰富，延续至今已有40余期。于是，我就思考要带领工作室的老师们，针对这些有意义的事情，从中提炼专题，凝练成果，并确定了书名《让成长花开有声》。这本源于网络教研活动的书，其意义是重大的：其一，这是工作室的又一本有分量的新书；其二，编写人员来自工作室的扩大版，由工作室成员教师和省内名师骨干教师组成，他们都是教师中的精英、骨干；其三，这是中原名师出版工程系列中的又一本教育教学著作。有了一个好的想法，就要积极去实现。我鼓励老师们凝心聚力创作，使这本书在我们手中得以问世。

  "不积跬步，无以至千里；不积小流，无以成江海。"成长是一点一滴积累的。和优秀的人在一起做有意义的事情，是一种修来的缘分，更是一种快乐和幸福。助力教师专业成长，是责任，更是担当。我总是在想，怎么给予教师更多的成长能量，增强教师更大的专业自信。

  阅读，是最好的备课。阅读，可以让我们遇见越来越好的自己，让阅读像呼吸一样自然，成为我们的一种生活方式。作为语文教师，要坚持阅读，积极进取，提升理念，不断地丰厚文化底蕴，除了加强教育教学理论的学习和阅读文学书籍外，还要在阅读量与广度上有所突破，完善知识结构，建构专业知识体系，修炼扎实的理论基础和文化素养。

  作为工作室主持人，我带领工作室成员进行主题式阅读，每年按照计划阅读了许多各种各类经典书籍，三周读完一本书，一学年阅读书籍15本，上不封顶，而实际上大家在此基础上读的书要多得多，对于教育教学理论等书籍有针对性地进行深度研读，对于经典的书要重读，从经典中汲取教育思想的营养，在与教育家的对话中寻找教育信仰。在阅读的形式上，除了自读的书目，还在一起共读了一些书籍，耕读经典，把握最新的教科研动态，学习教育思想。组织教师开展了一期又一期的阅读分享会，荡涤心灵，交流思想，不断汲取着精神食粮，边读边做读书摘记，吸收的同时又不断输出，以专业阅读的眼光，结合自己的教育教学，把自己在阅读中的思考化为心得，每月写千字以上的读书随笔，一年内完成3篇高质量的读书报告，每篇均达5000字以上。让写作帮助教师梳理思想，不断地返回、认同、完善并升华自身。引领教师坚持读起来、写起来、交流起来，几年来，老师们大量地阅读，促进在教育教学等方面产生了质的飞跃，提升了核心素养。

所以，我就决定带领工作室教师物化一本主题为读书方面的书，激励教师奋力成长。那么，即将出版的这本书，是带领工作室教师们编写的第四本书了，它凝结着工作室全体教师的智慧和心血。

读一本书，就是一次思想的远行。回顾往期读书交流活动，历历在目。让经典引路，读经典，学大师，我们共读叶圣陶的《叶圣陶语文教育论集》、苏霍姆林斯基的《给教师的建议》、雷夫·艾斯奎斯的《第56号教室的奇迹——让孩子变成爱学习的天使》、卡尔维诺的书《为什么读经典》等；随名师前行，读名师，学做法，我们共读于永正的《做一个学生喜欢的老师——我的为师之道》、闫学的《给教师的阅读建议》、李冲锋的《教师如何做课题》……引领教师走上专业发展的快车道，夯实教育教学之基，在读书中学会读书，学会做人，让教师的生命走向美好，润泽内涵，丰厚底蕴，精耕细作，静待花开……几十期的读书交流活动，我们坚持了下来，形成了习惯。每次的读书活动都精心策划，人人都参与其中，所读书目很丰富，交流方式也多样化。每本书都能触及老师们的内心深处，大家一起浸润书香，阅读悦心，交流读书感悟，书写教育梦想，增长教学智慧，提升专业能力，收获成长的快乐与喜悦。

"一个人可以走得很快，而一群人可以走得很远。"在中原名师李桂荣工作室这个团队中，教师们互相欣赏，互相帮助，互相鼓励，抱团取暖，大家珍惜一个个学习机会，充分汲取着营养，使自己不断地丰盈，一路向美向善，向上向阳，向着光亮那方，奋勇前行。老师们蜕变着，采撷着一路芬芳，收获着看得见的成长。真的有这种感觉，静静地屏住呼吸，我能切实地聆听到每一个小伙伴向上拔节的声音。

念念不忘，必有回响。感谢，成长的路上有你。致敬，激情燃烧的岁月。

"没有比脚更长的路，没有比人更高的山。"作为深耕教育的实践者，我们既要脚踏实地，又要仰望星空。爱自己、爱学生，爱这个我们为之付出的伟大的教育事业。教育之路是漫长而幸福的。在未来的成长道路上，我们将坚守教育初心，担当教育使命，做卓越教师，向星星瞄准，踔厉奋发，持续向前，不止步！

由于编者水平所限，书中难免有不当之处，恳请读者不吝赐教并提出宝贵意见，相信读者的反馈会为未来本书再次修订提供良好的帮助。

李桂荣
2022年11月16日